実践の
すすめ

地域包括ケアシステムのすすめ

これからの保健・医療・福祉

宮﨑徳子 監修
豊島泰子・立石宏昭 編著

ミネルヴァ書房

まえがき

　1970年，日本は全人口の7％が65歳以上となり，「高齢化社会」の到来を迎えた。さらに高齢化は進み，24年後の1994年には全人口の14％（1970年の2倍）が65歳以上の高齢人口となり，2015年の9月には，全人口の26.7％（1970年の3倍）が65歳以上という「超高齢社会」となった。加えて少子化も伴い，数多の社会問題が生じてきた。こうした社会の変化から，基本的な政策や保健・医療・福祉の政策も変化を余儀なくせざるを得ない状況となっている。特に団塊の世代と言われている人々が後期高齢者として75歳を迎える2025年までには，社会体制を整えていくという喫緊の対策が必要とされる。

　このような状況の下，社会の変化に対応するために打ち出された「地域包括ケアシステム」の政策への変換は，安定した社会の確立のためには必要欠くべからざるものとなり，人口構成の変化に対応した「安心・安全」な社会の構築が，国民生活全体に直接間接に影響を持つこととなった。

　また，1986年のカナダのオタワでのWHO国際会議で提唱された新しい健康観に基づく健康戦略の具体的な行動化が求められ，「人々が自らの健康をコントロールし，改善することができるようにするプロセス」としてヘルスプロモーションを具体的に体制化する必要も重要となってきている。WHOの理念に基づく生活者としての健康社会の創造と，少子・高齢社会の体制に対応する必要が目前に迫ってきている。

　私たちの前著である『保健・医療・福祉のネットワークのすすめ──ヒューマンサービスの実践』は，こうした健康社会の創造を踏まえての指標として，"ヒューマンサービス"としての健康社会を目指したものとして編集した。しかし，少子・高齢社会という新しい局面に対して社会全体の再構築が迫られている現在，一人ひとりの健康生活のあり方にかかわる専門家として，「地域包括ケアシステム」を理解し，役割を果たしていくことが，一層重要となってきた。

　今回の地域包括ケアシステムへの変革は，医療施設中心の従来のケアシステムから長年住み慣れた生活の場を基盤として，切れ目なく保健・医療・福祉が提供され人々の健康生活を支援し，地域に根差したシステムとして構築していく方向

への転換をしたと言える。

　また，日本全体という大枠ではなく地域の生活に根ざした構築が要求され，医療と介護と福祉が生活支援サービスにおいて連携と協働を推進していくための地域の実情にあわせて変革していくことが要求されている。

　本書においては，「総論」でその施策を通じて概説し，「各論」では，各看護学の領域においての変化を概観し，「援助活動」においては実際の先駆的活動の事例を通して現在の課題と将来の展望を報告してもらった。特に地域看護においては，今回の変革の大きな焦点として地域医療，訪問看護での連携と協働が重要な活動を支える場となることが考えられる。さらに少子化の対応においては，母性看護における変革である社会全体での支援「健やか親子（第2次）」の対策が重要な要素となる。すなわち，今後の少子高齢社会の「安心・安全」を基盤とした人々のしあわせに結びつくような展開が効果的にできるか実践活動の中で成果が評価されてくると言える。

　また本書では，補章として，豊かな福祉国家を目指して国民の生活を追求し続けているスウェーデンの現状の問題と展望をひとつの指標として報告してもらい，日本における地域の社会資源の連携や協働を医療・福祉の視点を中心に，これからのコミュニテイワークの課題を将来の実現を含めて施行することが肝要であるため，将来展望としての視点での論点について概観をいただいた。

　今回，在宅看護学を長年にわたり研究・実践されている豊島泰子氏に編者として参加してもらうことによって，より充実した内容となったと考えている。

　本書が，新しい地域包括ケアシステムについての学びと，保健・医療・福祉にかかわる皆様の一助となることを祈念している。

　末筆ながら，今回の企画にあたり支援を賜ったミネルヴァ書房杉田啓三社長，企画段階よりご助言・助力いただいた編集部戸田隆之氏に深く謝辞を申し上げる。

　2015年10月1日

　　　　　　　　　　　　　　　　　　　　　　　　　　監修　宮﨑徳子

目　次

まえがき

Ⅰ　総　論

第1章　地域包括ケアシステムの実現 …… 2

1　地域社会を支える保健・医療・福祉　*2*
　保健・医療・福祉の関係　*2*
　保健・医療・福祉を支える担い手　*4*
　ライフサイクルの変遷　*5*
　社会資源のマネジメント　*5*

2　地域包括ケアシステムの構築　*6*
　地域社会の構造的転換　*6*
　地域包括ケアシステムの提案　*7*
　地域包括ケアシステムの推進　*8*
　地域包括ケアシステムの具現化　*9*
　行政・サービス提供者・サービス利用者の役割　*11*

3　地域包括ケアシステムの概念　*12*
　ケア付きコミュニティの構築　*13*
　地域包括ケアシステムのプロセス　*15*
　地域包括ケアシステムの実現に向けた地域ケア会議　*17*
　地域包括ケアシステムを支える地域包括支援センター　*20*

4　地域包括ケアシステムの展望　*23*
　地域包括ケアシステムの評価体制　*23*
　サービス提供者の質の向上　*25*
　人・物・金・情報・時間の関係　*25*
　地域包括ケアシステムにおける PDCA サイクル　*27*

第2章　医療と地域包括ケアシステム ……………………………………… 29

1　統計からみた日本の人口構成の推移　*29*
現在までの人口構成の推移　*29*
将来推計人口と保健・医療・介護　*31*

2　地域包括ケアと在宅医療　*32*
後期高齢者の増加と在宅医療　*33*
地域包括ケアシステムと在宅医療　*34*
在宅医療の推進　*36*

3　地域包括ケアと訪問看護　*36*
訪問看護制度の創設と発展過程　*36*
地域包括ケアシステムと訪問看護　*37*
地域包括ケアシステムにおける看護職の役割と機能　*38*

4　地域包括ケアと社会資源　*40*
地域包括ケアにおける社会資源　*40*
　制度　*40*／施設　*42*／機関　*42*／団体　*42*／人　*42*
地域の特性に応じた社会資源の活用　*42*

第3章　地域医療を支える法制度 …………………………………………… 45

1　保健・医療・福祉をめぐる法制度の潮流　*45*
分立から連携へ　*45*
連携・総合化を目指す法制度の変化　*46*
地域包括ケアシステムへ　*47*
基本理念は自立・自己決定　*48*

2　医療の基本法制　*49*
(1)医療法　*49*／(2)医師法　*56*／(3)保健師助産師看護師法　*62*

3　保健の基本法制　*66*
(1)地域保健法　*66*／(2)感染症予防医療法　*67*

4　福祉の基本法制　*69*
(1)社会福祉法　*69*／(2)社会福祉士及び介護福祉士法　*71*
(3)精神保健福祉士法　*73*

5 保健・医療・福祉の制度　74

　　医療保障の制度　74
　　　　(1)保険診療の仕組み　74 ／(2)医療保険の体系　75 ／(3)患者の自己負担　76
　　介護保障の制度　76
　　　　(1)保険者　77 ／(2)被保険者・受給権者　77 ／(3)保険料　77
　　　　(4)要介護認定　78 ／(5)保険給付　78 ／(6)利用料　79
　　地域包括ケアシステム　80
　　　　(1)医療介護総合確保促進法　80
　　　　(2)地域における効率的かつ効果的な医療提供体制の確保（医療法関係）　81
　　　　(3)地域包括ケアシステムの構築と費用負担の公平化（介護保険法関係）　81
　　権利擁護の制度　81
　　成年後見制度　82
　　　　(1)法定後見——補助・保佐・後見　82 ／(2)任意後見　83
　　日常生活自立支援事業　84

第4章　地域医療の施策　87

1　医療計画　87

　　地域包括ケアシステムの変革　89
　　医療計画の変革の趣旨　91
　　医療全体の構造　91
　　病床数の削減　98
　　特定行為にかかわる看護師業務　98
　　医療機関と訪問看護ステーションの連携　101

2　居住安定確保計画　102

　　居場所とケアの関係　102
　　低所得の高齢者の住宅問題　104

3　診療報酬（介護報酬）　104

　　高齢社会での健康生活の道筋　104
　　地域包括ケアシステムにむけての診療報酬改定　106
　　これからの課題　108

Ⅱ 各　　論

第5章　地域看護の変化 ……………………………………………………………… 112

1　地域看護とは　112

地域看護のねらい　112
地域看護の活動の場　113
　①公衆衛生看護　113 ／②産業看護　114 ／③学校看護　114
　④在宅看護　114
これからの地域看護と看護職の役割　115

2　地域看護活動の展開　116

保健師が行う地域看護活動の展開　116
健康日本21の評価について　117
健康日本21（第2次）と新健康フロンティア戦略　118
これからの地域看護活動　118

3　地域看護の組織化（連携・協働）　120

個別支援における連携・協働　120
グループ支援と組織化　122

4　地域包括ケアと地域看護　123

保健師の役割　123
保健師の活動　123
地域包括ケアシステムと保健師　124

第6章　がん患者の看護と在宅の看取り ……………………………………… 127

1　がん看護とは　127

がんの定義　127
がんの罹患数と死亡の動向　127
がん患者と家族の苦悩　129
がん看護と緩和ケア　131

2　がん患者を取り巻く社会的環境　132

自宅で最期まで療養を希望するがん患者の割合　132
がん患者の在宅医療への移行を促進するための対策　133

目　次

　　　(1)がん性疼痛治療法（WHO）に即した疼痛マネジメントの実施　*133*
　　　(2)人生の終焉をどこで迎えるかの意思決定に必要な支援　*134*
　　　(3)地域連携クリティカルパスの有効利用　*135*
　3　在宅における緩和ケアと地域包括ケアシステムの構築　*135*
　　　在宅療養の魅力　*135*
　　　在宅緩和ケア，在宅看取り4つの心得　*136*
　　　地域包括ケアシステムの構築　*138*
　　　四日市市モデル　*139*
　4　在宅における看取りの実際　*139*
　　　在宅看取り普及への障壁　*139*
　　　お別れが近づいたときの様子　*140*
　　　お別れの約1か月前　*140*
　　　お別れの約1～2週間前　*141*
　　　お別れの数日前　*141*
　　　お別れの数時間前　*142*
　　　お別れのときというのは，患者さん自身が教えてくれる　*143*

第7章　精神看護の変化　　*143*

　1　精神看護とは　*143*
　　　精神看護学の現実　*143*
　　　ストレス理論と危機理論　*144*
　　　リカバリーとストレングス　*146*
　　　地域生活への移行　*147*
　　　バーンアウト　*148*
　2　精神看護の展開　*149*
　　　精神科医療の展開　*149*
　　　精神障害者の地域移行　*150*
　　　早期介入・相談・支援　*151*
　3　精神看護の組織化——精神障害者が安心して，地域で暮らす時代を創るために　*152*
　　　組織化は，協働を調整する働きかけ　*152*
　　　医療・地域・行政（保健・福祉）のアウトリーチ型の協働　*153*
　　　協働会議の力，熟議の場での体制づくり　*155*

4 地域包括ケアシステムと精神看護　156
　　期待感あふれる概念図，実行内容の設計図は，自分たち次第　156
　　取り組みを推進するための課題と方策　157
　　　①医療のなかの制約　158／②疾患・障害特性と生活構造の関係性　158
　　　③孤立の構造　159／④アウトリーチ推進での実績　159
　　　⑤就労困難者の雇用の問題　159／⑥相互支援と権利擁護　160
　　　⑦窓口支援者の連携　160／⑧居場所の連携　160／⑨行政の役割と使命　160

第8章　老人看護の変化 …… 162

1 老人看護とは　162
　　老人看護の変遷　162
　　老人看護の役割　163
2 老人看護の展開　164
　　生活機能の観点　164
　　老人看護の実践　164
3 老人医療の組織化　166
　　医療体制の組織化　166
　　地域の組織化　167
4 地域包括ケアと老人医療のシステム化　169
　　地域包括ケアシステムにおける医療と介護等との関係性　169
　　多職種協働の現状と課題　170
　　喫緊の課題である認知症対応　171
　　地域包括ケアシステムの本質的課題である老人医療のシステム化　171

第9章　母性看護学の変化 …… 173

1 母性看護とは　173
　　母性看護の特性として　175
　　母性看護の抱える現代の問題　176
　　思春期の性の問題について　177
　　児童虐待について　178
2 母性看護の展開　178

3 母性看護の組織化　*180*

　　21世紀の母子保健（健やか親子21〔第2次〕）　*180*

　　母性看護の組織化の実際　*184*

4 地域包括と母性看護のシステム化　*188*

Ⅲ　援助活動

第10章　地域包括ケアシステムの実践 …… *192*

1 医　　療——いしが在宅ケアクリニック　*192*

　　設立主旨，活動概要　*192*

　　　▼いしが在宅ケアクリニックの活動　*192*／▼在宅医療の道を志した理由　*193*

　　事業概要　*193*

　　活動事例　*194*

　　　▼多くの在宅看取りを行うための工夫　*194*／▼いのちの教育　*195*

　　　▼看取りの経験という財産　*196*／▼地域包括ケアシステムの構築　*196*

　　　▼当院の取り組み　*197*／▼在宅緩和ケアの質が向上した要因　*198*

　　今後の課題　*198*

2 介　　護——山田病院　*199*

　　設立主旨，活動概要　*199*

　　　▼医療法人社団薫風会の概要と「精神保健医療福祉改革ビジョン」　*199*

　　事業概要　*200*

　　　▼従来の精神保健福祉連携から多職種協働連携へ　*200*

　　活動事例　*202*

　　　▼多職種協働の連携構築への取り組み　*202*

　　　▼多職種協働連携のキーパーソンの重要性　*205*

　　　▼地域ネットワークの効果　*205*

3 予　　防——訪問看護ステーション「もも」　*207*

　　設立主旨，活動概要　*207*

　　事業概要　*208*

　　　▼訪問看護と介護予防　*208*

　　活動事例　*209*

　　　▼訪問看護と予防の取り組み　*209*

1．大腸がんのAさんのケア　210
　　　2．慢性閉塞性肺疾患のBさんのケア　211
　　　3．認知症のCさんのケア　213／4．糖尿病のDさんのケア　215
 4　住まい――四日市市北地域包括支援センター　216
　　設立主旨，活動概要　216
　　　▼「住まい」「住まい方」　216／▼認知症高齢者の「住まい」について　217
　　事業概要　218
　　　▼地域包括ケアシステム――「住まい」実践事例の紹介　218
　　　▼地域包括ケア推進体制として　218
　　活動事例　218
　　　▼四日市市北地域包括支援センター・富田在宅介護支援センター援助活動実践事例　218／▼宅老所「ひだまり」　221／▼カフェサロン「よってこ家」　222
　　課題と展望　222
　　　▼事例のなかから見えてくる課題として　223
 5　生活支援――地域若者サポートステーション　224
　　設立主旨，活動概要　224
　　事業概要　225
　　活動事例（グループワークを中心としたストレス対処講座）　225
　　課題と展望　228

第11章　地域包括ケアシステムとコミュニティワーク　230

 1　地域社会とコミュニティワーク　230
　　2025年問題　230
　　地域自治組織の形成　231
　　これからのコミュニティワーク　232
 2　これからの地域包括ケアシステム　233
　　地域包括ケアシステム構築の背景としての「2025年問題」と「地方消滅」　233
　　地域包括ケアシステムにおけるステークホルダーの拡大と外国人専門職の導入　234
　　地域包括ケアシステムの内容の拡大と「防災」観点の組み込み　235
　　地域包括ケアシステムの具体化としてのCCRCの可能性　236

目　次

補　章　スウェーデンの地域包括ケアシステム……………………… 239

1　Sweden での高度在宅医療　239

2　診療所から ASIH（高度在宅医療）までの流れ　240

　　診療所　240

　　総合病院・COPD 外来　241

　　中間医療施設　241

　　ASIH とは　241

　　福祉事務所　242

　　訪問介護　242

3　活動事例　244

4　課題と展望　248

　　団体として活動するうえに課題となること　248

　　これからの活動予定　249

5　Sweden の医療全体の問題と展望　249

参考文献　253

索　引　257

I 総論

第1章 地域包括ケアシステムの実現

　本章は，可能な限り住みなれた地域で自分らしい暮らしを最期まで続けることができることを目指す「地域包括ケアシステム」について概説する。まず，地域生活を支える保健・医療・福祉サービスの役割を確認し，地域包括ケアシステムが求められた経緯についてみていく。次に，地域包括ケアシステムを支える法制度を押さえるとともに，全体像を鳥瞰しながら理解を深め，強化すべき点について提示する。

1　地域社会を支える保健・医療・福祉

保健・医療・福祉の関係

　日本国憲法第13条は，生命，自由および幸福追求に対する個人の尊重が明記され，第25条では，社会福祉，社会保障および公衆衛生の向上と増進について，国民の生存権と国の保障義務が規定されている。わが国は，健康で文化的な生活を営むために不可欠な保健・医療・福祉サービスが量的・質的にも一定の水準に達し長寿社会が現実のものになっている。ここでは，保健・医療・福祉の基本的な関係について見ていくことにする（図1-1）。

保健・医療・福祉を大きく捉えると，
　①保健＝予防（病気にならないように予防すること）
　②医療＝治療（傷病に患った心身を治療すること）
　③福祉＝生活支援（社会のなかで生活支援すること）
を基本としている。

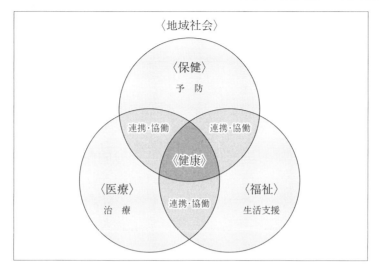

図1-1　保健・医療・福祉の関係

出典：筆者作成。

保健・医療・福祉の関係には，
　①保健と医療＝各種検診，健康増進など
　②医療と福祉＝急変時対応，福祉サービス移行など
　③福祉と保健＝介護予防，生活習慣など
という連携・協働があり，〈健康〉という概念がすべてに共有する。

　保健・医療・福祉サービスは，それぞれの分野が専門知識・技術を提供し，人々の〈健康〉を統合的に支えるという共通目的がある。健康について，WHO（世界保健機関）は，「健康とは，完全な肉体的，精神的及び社会的福祉の状態であり，単に疾病又は病弱の存在しないことではない。到達しうる最高基準の健康を享有することは，人種，宗教，政治的信念又は経済的若しくは社会的条件の差別なしに万人の有する基本的権利の一つである」と謳っている。傷病がないことが健康であるということではなく，たとえ傷病を有していたとしても心身の健康を維持していくことは可能である。とはいえ，心身の健康管理を心がけていたとしても，がん（悪性新生物），心疾患（急性心筋梗塞），脳血管疾患（脳卒中）をはじめ，肺炎，肝硬変，慢性腎不全，認知症，糖尿病，高血圧性疾患，うつ病，妊娠

Ⅰ 総 論

中毒症，遺伝性の疾患，乳幼児期の感染症，アルコール・薬物依存など，あらゆる局面で健康リスクを孕むこともある。

　また，保健・医療・福祉サービスを取り巻く環境は，医療制度改革（診療報酬体系，薬価基準，医療提供体制，医療保険制度の見直し），急激な高齢化（少子高齢化の急速な進展），疾病構造の転換（肥満，高血圧，糖尿病，がんの長期化），生活構造の変化（高齢単身世帯や高齢者のみ世帯の増加）など，社会構造の変動により単一分野だけではなく，他機関や多職種との連携・協働を図らなければ対応することが困難な状況になっている。

保健・医療・福祉を支える担い手

　地域社会のなかで健康を支える保健・医療・福祉サービスの担い手は，免許・資格を取得することにより，一定の専門性が担保されている。実践現場では，取得後も知識・技術の進展や制度・施策の変化に応じるため，自己研鑽に励み専門職としての責務を果たしている。また，スーパービジョンやコンサルテーションを通した実践は，専門性の向上を図るうえで有効な手段であり，日常の業務につきながら行う職場内訓練（OJT：On The Job Training）や通常の仕事を一時的に離れて行う職場外研修（OFF-JT：Off The Job Training）を導入しているところが多い。

───〈保健・医療・福祉の主な担い手〉───
①医師・看護関係
　医師，看護師，准看護師，保健師，助産師，救急救命士など
②歯科関係
　歯科医師，歯科衛生士，歯科技工士など
③各種技師関係
　臨床検査技師，診療放射線技師，臨床工学技師など
④薬学関係
　薬剤師など
⑤栄養関係
　管理栄養士，栄養士，調理師など
⑥リハビリテーション関係
　理学療法士，作業療法士，言語聴覚士，視能訓練士，義肢装具士など
⑦福祉・心理関係
　介護福祉士，介護支援専門員，社会福祉士，精神保健福祉士，公認心理師，保育士

> 　　など
> ⑧診療録関係
> 　　診療情報管理士，医療情報管理者，医療事務など
> ⑨療術関係
> 　　あん摩マッサージ指圧師，はり師，きゅう師，柔道整復師など

ライフサイクルの変遷

　ライフサイクルとは，乳児期，幼児期，児童期，学童期，青年期，成人期，壮年期，老年期を迎える人生周期のことであり，日常生活（起床，洗面，着替え，排泄，食事，通学・通勤，勉強・仕事，趣味，娯楽，睡眠など）をおくりながら，生活環境（家族，友人，知人，近隣，職場など）を構成する人間関係のなかで人生を積み重ね，最期はいかに死を迎えるかを模索するものである。個人のライフサイクルと密接な関係を持つ家族は，夫婦とその血縁関係にある者を中心に構成する親子，きょうだいなどであり，生殖，扶養，保護，経済，教育，愛情，精神的安寧といった機能を持つ生活単位である。その家族形態は，都市部への人口集中や核家族の増大により3世代同居率が低下し，家族のなかで介護をするという伝統的な形態が脆弱化している。

　このような状況のなか，高齢者の居住の安定を確保するため，バリアフリー構造等を有し，介護・医療と連携したサービスを提供する「サービス付き高齢者向け住宅」，複数の世帯が1つのダイニングキッチンや庭などを共用し相互に支えあいながら生活する「コレクティブハウジング」，健康な高齢者が地方に移住し新しいコミュニティをつくる「継続的なケアが受けられる退職者向けコミュニティ（CCRC：Continuing Care Retirement Community）」など，生活スタイルに応じた住まいが提供されるようになってきた。ライフサイクルの選択肢はあくまで個人の問題であるが，生活環境の変化に対応する多様なサービスを提供することは現代社会の大きな課題と言える。

社会資源のマネジメント

　わが国は，衣食住に関する生活水準の向上，医学・医療技術の発展，公衆衛生の整備，感染症への対策，遺伝子工学の発達などにより，平均寿命と健康寿命

Ⅰ 総 論

（健康上の問題で日常生活が制限されることなく生活できる期間）の開きが拡大している。長寿社会を実現できたことは大変よろこばしいことであるが，老化に伴う退行性疾患や身体・精神の慢性的疾患などによる課題も出てきており，より個別的で柔軟なサービスに応える社会資源（法制度，組織・団体，財源，人材，サービス，情報，ネットワークなど）の不十分さが浮き彫りになってきている。

　保健・医療・福祉サービスの担い手は，個々の身体的・精神的・社会的な相違に応じた支援を図るため，同一機関内で対応できないときには，多職種協働による相互リファーラル（照会），サービス計画の策定，実施に伴う情報収集・情報交換・情報分析を行い，在宅医療・介護を一体的に提供できるサービスを目指す。多職種協働による支援は，相互の知識・技術や業務の質の向上に繋がることが多いが，一方で同じ自治体や行政区のなかで同職種であるためのヨコの競争原理や組織内における職務・職位によるタテの連携・協働が困難なケースも皆無とは言い難い。

　保健・医療・福祉サービスを必要とする住民が住み慣れた地域で，安心して暮らし続けるためには，①法制度の整備・充実，②行政とサービス提供者の連携・協働，③保健・医療・福祉サービスの統合，④ヘルスケアシステムにかかる費用の効率化，⑤インフォーマルサポートのネットワーク化など，保健・医療・福祉サービス機関・団体が共生の意識を醸成し，役割分担の明確化やサービスの共有化を図る必要がある。

2　地域包括ケアシステムの構築

地域社会の構造的転換

　わが国の高齢化率は，内閣府『高齢社会白書（平成27年版）』によると，2025年に30.3％，2035年に33.4％，2045年に37.7％と上昇を続け，2060年には39.9％に達し，国民の約2.5人に1人が高齢者となる社会が到来すると推計されている。高齢者のいる世帯構造別でみると，3世代世帯は減少し，親と未婚の子のみの世帯，夫婦のみの世帯，単独世帯が増加している。また，高齢者の認知症有病率推定値15％，MCI（Mild Cognitive Impairment：軽度認知障害）の有病率推定値13％と

したとき,重度の要介護者や認知症高齢者も増加していく。

　超高齢社会の到来に伴う地域社会の構造的転換が起きるなか,高齢者の尊厳の保持と自立生活の支援を充実させるため,新オレンジプラン[1]が発表され,地域社会のなかで認知症ケアパス(認知症の人の状態に応じた適切なサービス提供の流れ)を積極的に導入し,エイジング・イン・プレイス(住みなれた地域で高齢者の生活を支えること)を効果的・効率的にケアマネジメントすることが推し進められる。そのためには,これまでに地域で培われてきた取り組みを有効に活用するシステムを構築することが超高齢社会を支えるキーワードとなる。そのひとつが「地域包括ケアシステム」である。

地域包括ケアシステムの提案

　地域包括ケアシステムは,2003(平成15)年,厚生労働省老健局長のもとに設置された高齢者介護研究会「2015年の高齢者介護——高齢者の尊厳を支えるケアの確立に向けて」のなかで,一つの方策として「地域包括ケアシステムの確立(ケアマネジメントの適切な実施と質の向上,様々なサービスのコーディネート)」の概念が提起された。そして,医療は,2005(平成17)年「医療改革大綱」において,医療の安心・信頼を確保するため,患者や国民の視点から,あるべき医療を実現する医療制度の構造改革を推進することになった。改革の基本的な考え方は,①安心・信頼の医療の確保と予防の重視,②医療費適正化の総合的な推進,③超高齢社会を展望した新たな医療保険制度体系の実現である。同年,介護でも「介護保険制度改革の概要——介護保険法改正と介護報酬改定」において,認知症高齢者や一人暮らし高齢者が増加するなか,住みなれた地域での生活が継続できるよう,地域密着型サービスの創設や居住系サービス体系の見直しを行い,地域包括支援センターの設置等による地域包括ケア体制の整備を進める。また,サービスの充実が求められている中重度者に対する支援を強化し,医療と介護の連携の強化・機能分担の明確化を図ることが示された。

　2008(平成20)年には,地域包括ケア研究会「地域包括ケア研究会　報告書——今後の検討のための論点整理」のなかで,地域包括ケアシステムとは,「ニーズに応じた住宅が提供されることを基本としたうえで,生活上の安全・安心・健康を確保するために,医療や介護のみならず,福祉サービスを含めた様々

な生活支援サービスが日常生活の場（日常生活圏域）で適切に提供できるような地域での体制」と定義してはどうか。その際，地域包括ケア圏域については，「おおむね30分以内に駆けつけられる圏域」を理想的な圏域として定義し，具体的には，中学校区を基本とすることとしてはどうか」と提案された。超高齢社会に向けた医療・介護サービスの供給体制を具現化する地域包括ケアシステムの構築が問われるようになった。

地域包括ケアシステムの推進

　2011（平成23）年，「介護サービスの基盤強化のための介護保険法等の一部を改正する法律」において，高齢者が住みなれた地域で安心して暮らし続けるには，医療，介護，予防，住まい，生活支援サービスを切れ目なく提供する「地域包括ケアシステム」の構築が必要であると定めている。また，要介護高齢者の在宅生活を支えるため，日中・夜間を通じて，訪問介護と訪問看護を一体的にまたはそれぞれが密接に連携しながら，定期巡回訪問と随時の対応を行う「定期巡回・随時対応型訪問介護看護」が創設された。定期巡回・随時対応型訪問介護看護は，①一つの事業所で訪問介護と訪問看護のサービスを一体的に提供する介護・看護一体型，②訪問介護を行う事業所が地域の訪問看護事業所と連携をしてサービスを提供する介護・看護連携型の2類型を定めている。そして，介護職員（入浴，排せつその他の日常生活上の世話）と看護職員（療養上の世話・診療の補助）による介護・看護サービスを一体的に提供するため，利用者に求められるサービスを必要なタイミングで柔軟に提供できる体制づくりが進められている。

　2012（平成24）年，「社会保障制度改革推進法」に基づき設置された社会保障制度改革国民会議では，社会保障制度改革の基本的な考え方や基本方針に基づき議論が積み上げられた。「社会保障制度改革国民会議報告書──確かな社会保障を将来世代に伝えるための道筋（2013年8月6日）」では，「医療は，病気と共存しながらQOL（Quality of Life）の維持・向上を目指す医療となる。すなわち，医療はかつての『病院完結型』から，患者の住みなれた地域や自宅での生活のための医療，地域全体で治し，支える『地域完結型』の医療，実のところ医療と介護，さらには住まいや自立した生活の支援までもが切れ目なくつながる医療に変わらざるを得ない」と，急速な高齢化の進展による疾病構造の変化に必要とされる医

療について，在宅医療・介護の一体的なサービス提供体制のあり方が大きくパラダイムシフトすることが求められた。

　2013（平成25）年になると，社会保障制度改革の全体像や進め方を明示した「持続可能な社会保障制度の確立を図るための改革の推進に関する法律（社会保障制度改革プログラム法）」が成立し，第4条では，政府は，医療従事者，医療施設等の確保および有効活用等を図り，効率的かつ質の高い医療提供体制を構築するとともに，今後の高齢化の進展に対応して「地域における医療及び介護の総合的な確保の促進に関する法律（医療介護総合確保促進法）」第2条に規定する地域包括ケアシステム「地域の実情に応じて，高齢者が，可能な限り，住みなれた地域でその有する能力に応じ自立した日常生活を営むことができるよう，医療，介護，介護予防（要介護状態若しくは要支援状態となることの予防又は要介護状態若しくは要支援状態の軽減若しくは悪化の防止をいう。），住まい及び自立した日常生活の支援が包括的に確保される体制をいう」を構築することが定められた。そして，「地域における医療及び介護を総合的に確保するための基本的な方針（総合確保方針）」に即して，地域の実情に応じた都道府県計画・市町村計画が作成できることになった。

地域包括ケアシステムの具現化

　医療・介護費を含む社会保障費の急増が懸念されるなか，2014（平成26）年「地域における医療及び介護の総合的な確保を推進するための関係法律の整備等に関する法律（医療介護総合確保推進法）」が成立し，第1条「この法律は，国民の健康の保持及び福祉の増進に係る多様なサービスへの需要が増大していることに鑑み，地域における創意工夫を生かしつつ，地域において効率的かつ質の高い医療提供体制を構築するとともに地域包括ケアシステムを構築することを通じ，地域における医療及び介護の総合的な確保を促進する措置を講じ，もって高齢者をはじめとする国民の健康の保持及び福祉の増進を図り，あわせて国民が生きがいを持ち健康で安らかな生活を営むことができる地域社会の形成に資することを目的とする」と関係法律について所要の整備が推進され，地域包括ケアシステムの構築が具現化されることになった。

　その概要は，厚生労働省「医療介護総合確保法に関する全国会議」資料による

I　総　論

と，次の4点に整理されている。
(1) 新たな基金の創設と医療・介護の連携強化（地域介護施設整備促進法等関係）
　①都道府県の事業計画に記載した医療・介護の事業（病床の機能分化・連携，在宅医療・介護の推進等）のため，消費税増収分を活用した新たな基金を都道府県に設置
　②医療と介護の連携を強化するため，厚生労働大臣が基本的な方針を策定
(2) 地域における効率的かつ効果的な医療提供体制の確保（医療法関係）
　①医療機関が都道府県知事に病床の医療機能（高度急性期，急性期，回復期，慢性期）等を報告し，都道府県は，それをもとに地域医療構想（ビジョン）（地域医療提供体制の将来のあるべき姿）を医療計画において策定
　②医師確保支援を行う地域医療支援センターの機能を法律に位置付け
(3) 地域包括ケアシステムの構築と費用負担の公平化（介護保険法関係）
　①在宅医療・介護連携推進などの地域支援事業の充実とあわせ，予防給付（訪問介護・通所介護）を地域支援事業に移行し，多様化
　　※地域支援事業：介護保険財源で市町村が取り組む事業
　②特別養護老人ホームについて，在宅での生活が困難な中重度の要介護者を支える機能に重点化
　③低所得者の保険料軽減を拡充
　④一定以上の所得のある利用者の自己負担を2割へ引上げ（ただし，一般の世帯の月額上限は据え置き）
　⑤低所得の施設利用者の食費・居住費を補填する「補足給付」の要件に資産などを追加
(4) その他
　①診療補助の特定行為を明確化し，それを手順書により行う看護師の研修制度を新設
　②医療事故に係る調査の仕組みを位置づけ
　③医療法人社団と医療法人財団の合併，持分なし医療法人への移行促進策を措置
　④介護人材確保対策の検討

行政・サービス提供者・サービス利用者の役割

　地域包括ケアシステムは，「サービス利用者」を主体として，地域の課題に対応した社会資源の開発やネットワークづくりを「行政」ならびに「サービス提供者」が一体となって取組むことが求められる。そこで，厚生労働省は，各都道府県介護保険担当主管部（局）に対して「地域における医療及び介護を総合的に確保するための基本的な方針（総合確保方針）」を告示している。ここでは，「基本的な方向性」にある①行政の役割，②サービス提供者等の役割，③サービス利用者の役割について要約する。

（1）　行政の役割

　国は，基金[2]を通して都道府県および市町村に対する財政支援を行い，どの地域にあっても医療・介護サービスの提供を受けられる方向性を示す。医療と介護の連携を図りながら情報の分析を行うための基盤整備，先進的な取組事例の収集・分析を行い周知する役割がある。

　都道府県は，地域医療構想の策定のため，病床の機能の分化・連携を推進し，市町村と連携しながら質の高い医療提供体制を整備する。広域的に提供される介護サービスの確保を図り，地域包括ケアシステムの構築に向けた市町村の創意工夫を活かした取組を支援する役割がある。

　市町村は，都道府県と連携しつつ，在宅医療・介護の提供や連携に資する体制の整備を図る。高齢者の居住に係る施策との連携や地域支援事業（介護保険法第115条）等を実施し，介護予防および自立した日常生活の支援を行う役割がある。

（2）　サービス提供者等の役割

　サービス提供者は，家族介護者を支援しつつ，本人の意志と生活実態に合わせた切れ目ない良質な医療・介護サービスを提供するため，利用者に関する情報や地域における社会資源に関する情報を共有していくことが重要である。また，医療・介護サービスを継続的に提供するため，人材の確保および定着を図り，キャリアアップの支援や魅力ある職場づくりなどに取組んでいく役割がある。

（3）　サービス利用者の役割

　サービス利用者は，医療・介護サービスを支える費用負担者でもあるため，サービス利用にあたっては限られた資源を効率的かつ効果的に利用する必要がある。また，元気な高齢者は生活支援に携わるボランティアとして活動するなど，

Ⅰ 総　論

地域の構成員として積極的に社会参加する視点もある。

3　地域包括ケアシステムの概念

　厚生労働省老健局『地域包括ケア研究会報告書』によると，地域包括ケアシステムにおける「5つの構成要素」として，おおむね30分以内に必要なサービスが提供される日常生活圏域（具体的には中学校区）を想定し，①住まい，②医療，③介護，④介護予防，⑤生活支援が相互に連携しながら一体的に提供する姿をイメージ図にしている（図1-2）。

(1)　住まい

　地域包括ケアシステムの基盤は住まいであり，自宅（賃貸も含む）や集合住宅（サービス付き高齢者向け住宅，グループホーム）などである。住みなれた地域・住みたい地域でプライバシーと尊厳が十分に守られた住まいは最も基本となる部分である。

(2)　医　療

　病気になれば，病院（急性期病院，亜急性期・回復期リハビリ病院）と日常の医療（かかりつけ医，地域の連携病院，歯科医療，薬局）などが相互に連携を図り通院・入院治療を行う。また，在宅医療，訪問看護，訪問リハビリテーションも利用する。

(3)　介　護

　介護が必要になれば，施設・居住系サービス（介護老人福祉施設，介護老人保健施設，認知症共同生活介護，特定施設入所者生活介護），在宅系サービス（訪問介護，訪問看護，通所介護，短期入所生活介護，小規模多機能型居宅介護，24時間対応の訪問サービス，複合型サービス〔小規模多機能型居宅介護＋訪問看護〕）などを利用する。

(4)　介護予防

　介護予防を進めるうえで，要支援・要介護状態にならないための予防，重症化しないための予防，介護状態を少しでも軽減する予防など，生活機能の維持・向上を目指す。

(5)　生活支援

　生活支援は，専門職によるフォーマルな支援から，家族や近隣住民によるイン

第1章 地域包括ケアシステムの実現

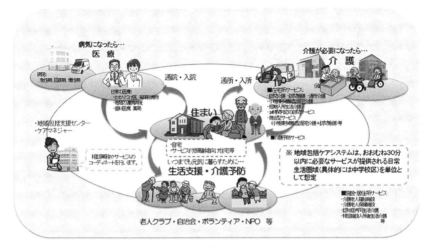

図1-2 地域包括ケアシステムの姿
出典:厚生労働省老健局『地域包括ケアシステムについて』。

フォーマルな支援まで幅広く提供される。

　地域包括ケアシステムの姿(図1-2)は,「住まい」を中心に,高齢者の尊厳の保持と自立生活を続けられるように「生活支援」を求めたり,「介護予防」に取組んだりする。その担い手として期待されているのが老人クラブ・自治体・ボランティア・NPOなどである。もし,日常生活を送っている時に「医療」が必要になれば,かかりつけ医や地域の連携病院を受診し,必要に応じて急性期病院,亜急性期・回復期リハビリ病院に入院する。治療後は退院(通院)をしながら地域での生活にもどる。そして,「介護」が必要になれば介護サービスを利用する。このように,①住まい,②医療,③介護,④介護予防,⑤生活支援の連携・協働は欠くことのできない要素であり,地域包括支援センターのケアマネジャーは,相談業務やサービスのコーディネートを行う。

ケア付きコミュニティの構築

　地域包括ケアシステムの5つの構成要素(①住まい,②医療,③介護,④介護予防,⑤生活支援)が互いに連携しながら有機的な関係を担っていることを図示したの

Ⅰ 総 論

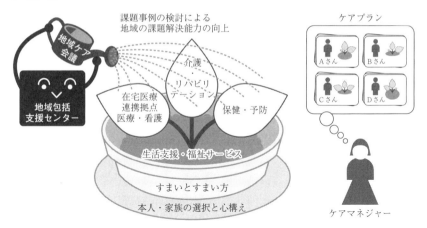

図1-3 地域マネジメントに基づく〈ケア付きコミュニティ〉構築
出典:地域包括ケア研究会「地域包括ケアシステムの構築における今後の検討のための論点」。

が図1-3である(地域包括ケア研究会「地域包括ケアシステムの構築における今後の検討のための論点」)。

(1) 本人・家族の選択と心構え

高齢者の単独・夫婦のみ世帯が増加傾向にあるなか,自らのライフサイクルにあった生活を送るとき,本人の希望する住みなれた地域,あるいは住みたい地域に生活の基盤となる住まいが確保されていることが前提となる。〈植木鉢の皿〉の部分にあたる。

(2) すまいとすまい方

安心して暮らせる生活基盤となる「すまい」の確保とライフスタイルにあった「すまい方」の実現のために,高齢者のプライバシーと尊厳が十分に守られた住環境を意味している。〈植木鉢〉の部分にあたる。

(3) 生活支援・福祉サービス

住居が確保されると個々の課題(心身の能力の低下,経済的理由,家族関係の変化など)に応じた生活支援を行う。サービス化できるフォーマルな支援から近隣住民の声かけや見守りなどのインフォーマルな支援まで幅広く,担い手も多様となる。〈植木鉢の中の土〉にあたる。

(4) 保健・医療・介護

ケアマネジメントに基づき，個々の抱える課題にあわせて「保健・予防」，「医療・看護」，「介護・リハビリテーション」が有機的に連携し，専門職によるサービスが生活支援と一体的に提供される。また，在宅医療を実施する医療機関・訪問看護ステーションとケアマネジャー・地域包括支援センターなどが協働して，地域包括ケアにおける医療と介護の連携を図ることになる。〈植物の3つの葉〉にあたる。

「ケア付きコミュニティ」とは，「どこに住んでいても……戸建ての家でも集合型住宅でも施設（＝ケアが組み合わされた特別な住宅）でも……同じ条件で医療・介護サービスを利用できる生活圏域」と表現している。本人の希望と経済力に適った住まいや住まい方に違いはあるが，サービス提供には差がないことが重要である。行政は，地域マネジメントに基づくケア付きコミュニティづくりとして，地域の目標を地域全体で共有しながら，限られた社会資源を効果的・効率的に機能するための仕組みを構築する。地域包括支援センター（または市町村）は，ケアマネジメント支援を行う実務者レベルの地域ケア会議を開催する。市町村は，有効な支援方法を普遍化し，地域課題を解決していくための代表者レベルの地域ケア会議や在宅医療連携拠点などの動きを俯瞰しながら地域の実情に応じた施策を検討し地域包括ケアシステムの構築・改善を進める。

地域包括ケアシステムのプロセス

市町村は，3年ごとの介護保険事業計画の策定・実施を通して，地域の自主性や主体性に基づき，地域の特性に応じた地域包括ケアシステムを構築・改善していく。そのPDCAサイクル（plan：立案・計画，do：実施・実行，check：検証・評価，action：改善・見直し）を示したものが，市町村における地域包括ケアシステム構築のプロセス（図1-4）である。

(1) 地域の課題の把握と社会資源の発掘

地域の実情を知るため，①日常生活圏域ニーズ調査（介護保険事業計画の策定のため日常生活圏域ニーズ調査を実施し，地域の実態を把握），②地域ケア会議の実施（地域包括支援センター等で個別事例の検討を通じ地域のニーズや社会資源を把握），③医

I 総論

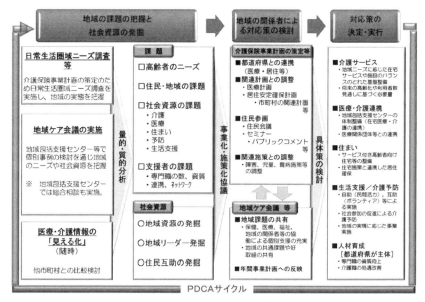

図1-4 市町村における地域包括ケアシステム構築のプロセス（概念図）
出典：社会保障審議会介護保険部会（第46回）平成25年8月28日資料。

療・介護情報の「見える化」（他市町村との比較検討）などを行い量的・質的分析を行う。

次に，［課題］として，高齢者のニーズ，住民・地域の課題，社会資源の課題（介護，医療，住まい，予防，生活支援），支援者の課題（専門職の数，資質，連携，ネットワーク）を明らかにする。また，［社会資源］として，地域資源の発掘，地域リーダー発掘，住民互助の発掘を行い事業化・施策化協議を図る。

(2) 地域の関係者による対応策の検討

情報化された地域の課題を解決するため，［介護保険事業計画の策定等］として，①都道府県との連携（医療・居住等），②関連計画との調整（医療計画，居住安定確保計画，市町村の関連計画等），③住民参画（住民会議，セミナー，パブリックコメント等），④関連施策との調整（障害，児童，難病施策等の調整）などを行う。また，［地域ケア会議等］として，①地域課題の共有（保健，医療，福祉，地域の関係者等の協働による個別支援の充実，地域の共通課題や好取組の共有），②年間事業計画への反映を図る。そして，［介護保険事業計画の策定等］と［地域ケア会議等］の相

16

互の連携・協働により具体策の検討に入る。

(3) 対応策の決定・実行

抽出した対応策を実行するため，①介護サービス（地域ニーズに応じた在宅サービスや施設のバランスのとれた基盤整備，将来の高齢化や利用者数見通しに基づく必要量），②医療・介護連携（地域包括支援センターの体制整備〔在宅医療・介護の連携〕，医療関係団体等との連携，③住まい（サービス付き高齢者向け住宅等の整備，住宅施策と連携した居住確保），④生活支援／介護予防（自助〔民間活力〕，互助〔ボランティア〕等による実施，社会参加の促進による介護予防，地域の実情に応じた事業実施），⑤人材育成（都道府県が主体となり専門職の資質向上，介護職の処遇改善）などを行う。

この地域包括ケアシステムのPDCAサイクルを実行していくのは市町村であるが，内容を精査していく「地域ケア会議」と，それを支える「地域包括支援センター」の役割は大きい。

地域包括ケアシステムの実現に向けた地域ケア会議

(1) 地域ケア会議の目的

地域ケア会議は，介護保険法第115条において，市町村が包括的・継続的ケアマネジメント事業を効果的に実施するため，介護支援専門員，保健医療および福祉に関する専門的知識を有する者，民生委員その他の関係者，関係機関および関係団体により構成される会議を置くように明記している。会議は，要介護被保険者その他の厚生労働省令で定める被保険者への適切な支援を図るため，地域において自立した日常生活に必要な支援体制に関する検討を行うものとされている。

地域ケア会議の役割について，厚生労働省老健局『地域包括ケアの実現に向けた地域ケア会議実践事例集——地域の特色を活かした実践のために』によると「地域の支援者を含めた多職種による専門的視点を交えて，適切なサービスにつながっていない高齢者の支援や地域で活動する介護支援専門員の自立支援に資するケアマネジメントを支援するとともに，個別ケースの課題分析を通じて地域課題を発見し，地域に必要な資源開発や地域づくり，さらには介護保険事業計画への反映などの政策形成につなげることを目指すもの」と説明している。

地域ケア会議は，ケアマネジャーによる高齢者の個別のニーズに応じたミクロの地域ケア会議と，行政による地域の特性に応じた社会資源の整備を推進するマ

Ⅰ 総論

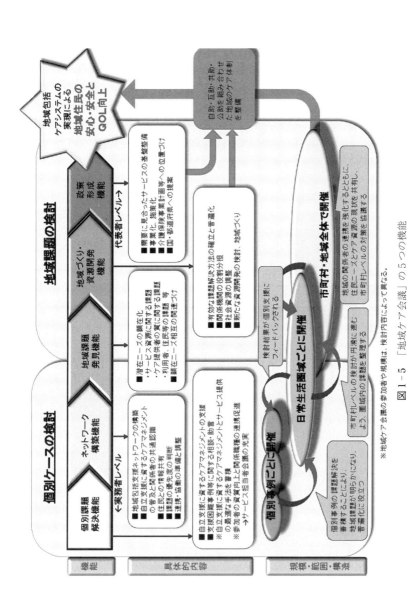

図1-5 「地域ケア会議」の5つの機能
出典：厚生労働省老健局「地域包括ケアの実現に向けた地域ケア会議実践事例集 ――地域の特色を活かした実践のために。」
※地域ケア会議の参加者や規模は、検討内容によって異なる。

─────────〈地域ケア会議の機能〉─────────
①個別課題解決機能（自立支援に資するケアマネジメントの支援，支援困難事例等に関する相談・助言）
②ネットワーク構築機能（地域包括支援ネットワークの構築，自立支援に資するケアマネジメントの普及と関係者の共通認識，住民との情報共有，課題の優先度の判断，連携・協働の準備と調整）
③地域課題発見機能（潜在ニーズの顕在化，顕在ニーズ相互の関連づけ）
④地域づくり・資源開発機能（有効な課題解決方法の確立と普遍化，関係機関の役割分担，社会資源の調整，新たな資源開発の検討，地域づくり）
⑤政策形成機能（需要に見合ったサービスの基盤整備，事業化，施策化，介護保険事業計画等への位置づけ，国・都道府県への提言）

クロの地域ケア会議の両者をつなぐ組織として不可欠である。また，保健・医療・福祉などの法律・制度に基づいて行われる公的なフォーマルサービスと，家族・親族・近隣住民やボランティアグループなどが行うインフォーマルサービスが社会資源のネットワーク化を進めている。これらを融合する有効な組織が市町村と地域包括支援センターが主催する地域ケア会議である。

（2）地域ケア会議の機能

地域包括ケアシステムの実現を進める地域ケア会議の機能として，厚生労働省老健局「地域包括ケアの実現に向けた地域ケア会議実践事例集──地域の特色を活かした実践のために」によると（図1-5）主に5つの機能があると提示している。

地域ケア会議は，地域の実情に応じて，個別ケース検討の地域ケア会議，日常生活圏域ごとの地域ケア会議，市町村レベルの地域ケア会議を組み合わせ，5つの機能が連動する仕組みをつくる必要がある。参加者や規模は検討内容により異なる（地域によって名称も異なる）が，解決すべき課題に応じた会議は大きく3種類の規模・範囲・構造で開催されている。

①個別事例ごとに開催する地域ケア会議

実務者レベルによる個別事例ごとに開催する地域ケア会議（個別事例の課題解決を蓄積することにより，地域課題が明らかになり，普遍化に役立つ）

②日常生活圏域ごとに開催する地域ケア会議

実務者レベルと代表者レベルの間に位置づけられる日常生活圏域ごとに開催す

Ⅰ 総　論

る地域ケア会議（市町村レベルの検討が円滑に進むよう，県域内の課題を整理する。検討結果が個別支援にフィードバックされる）
　③市町村・地域全体で開催する地域ケア会議
　地域全体で開催する地域ケア会議（地域の関係者の連携を強化するとともに，住民ニーズとケア資源の現状を共有し，市町村レベルの対策を協議する）

　地域ケア会議は，地域住民の安心・安全とQOL向上を図るため，「自助・互助・共助・公助[*]」を有機的に連動し，生活の基礎となる住居の保障，成年後見制度の権利擁護，低所得者への支援など，切れ目なく提供する環境を整備することが求められる。また，自助・互助・共助・公助は，単独で実行されることばかりではなく，相互に強い関係性を持ちながら医療・介護サービスの提供機関による自主的な取組や関係機関・関係者が包括的・継続的に支える仕組みをつくることが地域包括ケアシステムの基盤となる。

＊「自助・互助・共助・公助」とは，自助（自分のことは自分で決める，自らの健康管理〔セルフケア〕，市場サービスの購入），互助（当事者団体による取組，高齢者によるボランティア・生きがい就労），共助（介護保険や医療保険にみられる社会保険制度およびサービス），公助（一般財源による高齢者福祉事業等，生活保護，人権擁護・虐待対策）のことである（地域包括ケア研究会『地域包括ケアシステムの構築における今後の検討のための論点』平成25年3月）。

地域包括ケアシステムを支える地域包括支援センター

(1) 地域包括支援センターの目的

　地域包括支援センターは，介護保険法第115条において，地域住民の心身の健康の保持及び生活の安定のために必要な援助を行うことにより，地域住民の保健医療の向上および福祉の増進を包括的に支援することを目的として，包括的支援事業等を地域において一体的に実施する役割を担う中核的機関として設置されるものである。

　設置主体は，市町村または市町村から委託を受けた団体（包括的支援事業を適切，公正，中立かつ効率的に実施することができる法人であって，老人介護支援センターの設

置者，地方自治法に基づく一部事務組合または広域連合を組織する市町村，医療法人，社会福祉法人，包括的支援事業を実施することを目的として設置された公益法人またはNPO法人その他市町村が適当と認めるもの）である。

設置は，市町村の人口規模，業務量，運営財源，専門職の人材確保の状況，地域における保健福祉圏域，人口分布などに基づく生活圏域との整合性に配慮し，効果的・効率的に業務が行える担当圏域を設定する。

地域包括支援センターの役割は，①基幹的な役割のセンター（直営センターで実施も可）として，センター間の総合調整，他センターの後方支援，地域ケア推進会議の開催などを担う，②機能強化型のセンターとして，過去の実績や得意分野を踏まえて機能を強化し，他のセンターの後方支援を担うなど，センター間の役割分担・連携強化が図られている。

地域包括支援センターは，地域包括ケアシステムの推進主体として，地域住民のニーズに応じて，介護予防支援・要支援者のケアプラン策定，総合相談支援，権利擁護事業，地域ケア会議の開催など，異なる組織・職種間の医療・介護・福祉サービスを適切にコーディネートし，適時に供給する体制が必要となる。

(2) 地域包括支援センターの機能

地域包括支援センターは，包括的支援事業を適切に実施するため，原則として保健師，社会福祉士，主任介護支援専門員が配置され，医療連携や社会資源の開発などが行われているが，さらなる地域包括ケアシステムの充実を目指し機能強化が進められている。厚生労働省全国介護保険担当課長会議／振興課関係資料「医療・介護連携・地域ケア会議・生活支援充実・強化」によると（図1-6），次の5点にまとめられている。

―――――〈地域包括支援センターの機能強化〉―――――
①高齢化の進展，相談件数の増加等に伴う業務量の増加およびセンターごとの役割に応じた人員体制を強化する。
②市町村は運営方針を明確にし，業務の委託に際しては具体的に示す。
③直営等基幹的な役割を担うセンターや，機能強化型のセンターを位置づけるなど，センター間の役割分担・連携を強化し，効率的かつ効果的な運営を目指す。
④地域包括支援センター運営協議会による評価，PDCAの充実等により，継続的な評価・点検を強化する。
⑤地域包括支援センターの取組に関する情報公表を行う。

I 総論

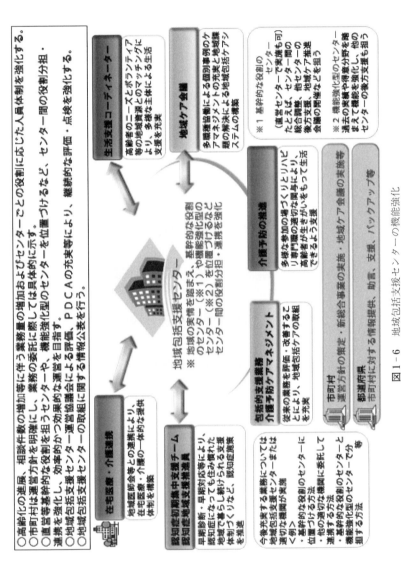

図1-6 地域包括支援センターの機能強化

出典：厚生労働省全国介護保険担当課長会議／振興課関係資料「医療・介護連携・地域ケア会議・生活支援充実・強化」。

具体的には，①包括的支援業務介護予防ケアマネジメント（従来の業務を評価・改善することにより，地域包括ケアの取組を充実），②介護予防の推進（多様な参加の場づくりとリハビリ専門職の適切な関与により，高齢者が生きがいをもって生活できるよう支援）を基礎として，③在宅医療・介護連携（地域医師会等との連携により，在宅医療・介護の一体的な提供体制を構築），④認知症初期集中支援チーム・認知症地域支援推進員（早期診断・早期対応等により，認知症になっても住みなれた地域で暮らし続けられる支援体制づくりなど，認知症施策を推進），⑤生活支援コーディネーター（高齢者のニーズとボランティア等の地域資源とのマッチングにより，多様な主体による生活支援を充実），⑥地域ケア会議（多職種協働による個別事例のケアマネジメントの充実と地域課題の解決による地域包括ケアシステムの構築）などである。地域包括支援センターは，住民ニーズの状況に応じて，きめ細かな対応ができる連携システムを充実するため，都道府県・市町村のサポートを受けながら社会資源のネットワーク化を創ることが期待されている。

4　地域包括ケアシステムの展望

地域包括ケアシステムの評価体制

　地域包括ケアシステムは，医療介護総合確保推進法をはじめ，医療法に基づく医療計画（医療保険計画），介護保険法に基づく介護保険事業計画（介護保険事業支援計画），社会福祉法に基づく地域福祉計画（地域福祉支援計画），老人福祉法に基づく老人福祉計画などの施行により推し進められているが，計画には評価という視点がなければならない。行政機関が行う政策の評価に関する法律では，「行政機関が行う政策の評価に関する基本的事項等を定めることにより，政策の評価の客観的かつ厳格な実施を推進しその結果の政策への適切な反映を図るとともに，政策の評価に関する情報を公表し，もって効果的かつ効率的な行政の推進に資するとともに，政府の有するその諸活動について国民に説明する責務が全うされるようにすることを目的とする」と示されている。各府省が科学的知見に基づいたデータ分析，企画立案，実施，評価を行い，国民にわかりやすく周知することが行政の責務である。サービス提供者側から見ると，利用者の満足度という主観的

I 総 論

な評価になることもあるが，ストラクチャー評価（構造：投入される人・物・金・情報・時間，組織体制，役割分担，業務マニュアル），プロセス評価（過程：診療行為，看護ケア，支援内容，支援方法），アウトカム評価（結果：治療成績，支援結果）など，機能に応じた評価を行うことが医療・介護サービスの質の確保・向上に繋がる。

これまで現状分析を支援するためのツールとして介護政策評価支援システムがあったが，厚生労働省が運営する地域包括ケア「見える化」システムは，この機能を統合した上で，地域包括ケアシステム構築に向けて，有益な情報を国民も含めて広く共有（＝「見える化」）し，都道府県・市町村における介護保険事業（支援）計画の策定・実行を総合的に支援する情報システムが提供されている。主な目的は，「①地域間比較等による現状分析から，自治体の課題抽出をより容易に実施可能とする，②同様の課題を抱える自治体の取組事例等を参照することで，各自治体が自らに適した施策を検討しやすくする，③都道府県・市町村内の関係者全員が一元化された情報を閲覧可能となることで，関係者間の課題意識や互いの検討状況を共有することができ，自治体間・関係部署間の連携が容易になる，④担当者の人事異動による影響を効果的かつ効率的に補完することができ，スピード感をもって継続性のある施策を実行しやすくなる」と介護保険に関連する情報をはじめ，地域包括ケアシステムの構築に関する情報が一元化される。

また，厚生労働省は，医療の質の評価・公表等推進事業として「患者満足度に関するアウトカム指標」，「病院全体に対する指標」，「がん，脳卒中，急性心筋梗塞，糖尿病の主な疾患に関する指標」，「回復期や慢性期，あるいは地域連携に関する指標」などを用いて，医療の質の向上および質の情報の公表を推進している。

今後は，医療・介護情報の活用による改革の推進に関する専門調査会「医療・介護情報の活用による改革の推進に関する専門調査会第1次報告（平成27年6月15日）」で指摘されたように，医療機能別病床数の将来推計の検討にあたっては，NDB（National Database：レセプト情報・特定健診等情報データベースの呼称），DPC（Diagnosis Procedure Combination：診断と処置の組合せによる診断群分類のこと）を活用し，医療・介護情報のデータシステムの可視化を進め，地域の特性を理解したうえで同じ尺度で比較する指標や進捗状況を評価するなど，総合的・体系的に見える情報を提供していくことが望まれる。

サービス提供者の質の向上

　人的資源の面から見ると，看護の専門職養成において日本看護協会と日本看護系大学協議会が連携し運営する「専門看護師制度」は，特定の専門看護分野（がん看護，精神看護，地域看護，老人看護，小児看護，母性看護，慢性疾患看護，急性・重症患者看護，感染症看護，家族支援，在宅看護）の知識・技術を深めた専門看護師を社会に送り出している。また，介護支援専門員の質の向上として，「課題整理総括表・評価表（厚生労働省老健局）」は，ケアプランに位置づけたサービスの達成度合いを評価することで，効果的なケアプランの見直しに資するシステムとして利用されている。また，認知症初期集中支援チーム（厚生労働省老人保健健康増進等事業）では，活動の有効性，事業の内容や方法，チームの介入後の効果などについて評価・検証する「地域包括ケアシステムにおける認知症アセスメントシート」，「認知症行動障害尺度」「介護負担尺度日本語版」など，評価を行う時に用いる指標がある。

　このように，地域包括ケアシステムを客観的に評価する手法や専門職の専門分化や専門職の養成・育成，実務者の研修制度などが積みあがってきている。

　一方，2013（平成25）年「日本再興戦略（経済産業省・厚生労働省）」は，サービス提供者を補助するロボット技術による介護現場への貢献や新産業創出のため，移乗介助，移動支援，排泄支援，認知症の方の見守り，入浴支援など，ロボット介護機器の開発と導入に向け戦略的に取組んでいる。2014（平成26）年「健康・医療・介護分野におけるICT化の推進について（厚生労働省）」には，全国に普及・展開されるよう①目指すべきネットワークモデル（標準モデル）の確立・普及，②在宅医療・介護を含めた標準規格の策定・普及，③クラウド技術の活用などによる費用低廉化モデルの構築，④個人による疾病・健康管理の推進，⑤遠隔医療の推進を積極的に推進するとされている。今後，医療・介護サービスは，モバイル化の進展やクラウドサービスの普及により，新たな付加価値の導入に期待が高まっている。

人・物・金・情報・時間の関係

　社会保障費の充実，医療・介護従事者の確保，療養病床数の削減といった社会情勢のなかで，地域包括ケアシステムの構築は緒に就いたばかりであり，地域の

Ⅰ　総論

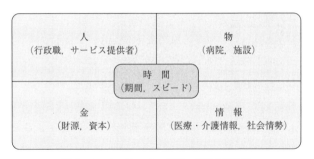

図1-7　人・物・金・情報・時間の関係性
出典：筆者作成。

特性にあった具体的な施策を一つひとつ具現化している段階である。都市的地域であっても，基礎的条件の厳しい地域であっても，住まいや移動等のハード面と多様なサービスが利用できるソフト面の整備が一部の地域で充実するのではなく，地域格差を少しでも減らすビジョン（方向性）やミッション（使命）を持つガバナンス体制が拓かれなければならない。そして，質の高いケアを包括的・継続的・効率的に提供する体制は，高齢者の介護に限定する政策に限らず，住民のためのシステムとして保健・医療・福祉に関連する制度（まちづくり・住宅・交通・教育・雇用・防災・防犯・子育て・生活困窮者・障害者の政策など）と連結しつつ，有効に活用または開発していくことが，地域包括ケアシステムの機能や要素を強化させる。

また，地方自治体は，地域の特性（人口規模，人口構成，高齢化率，要介護認定率，認知症者数，文化，気候，風土，産業，交通，社会資源，財政力指数など）の違いに応じたデータ分析を行い，「住まい」「医療」「介護」「介護予防」「生活支援」の基盤強化として，人・物・金・情報・時間をバランス良く管理・運営する責務がある。人（行政職，サービス提供者），物（病院，施設），金（財源，資本），情報（医療・介護情報，社会情勢）の要素を，時間（期間，スピード）を基軸として効果的・効率的にPDCAサイクルを展開することが社会資源の継続的な成長と組織活性化に繋がる。地域の組織・団体は，運営能力を高めるマネジメント力を身に付け，業務効率を向上させる明確な事業戦略を描き，住民に進捗状況を明示することが地域包括支援システムの構築の基本となる（図1-7）。

地域包括ケアシステムにおける PDCA サイクル

　今後，医療・介護提供体制の構築や税制支援制度の確立などが拙速に陥ることなく，将来のあるべきシステムの実現に向け，地域社会の医療・介護を包括的・継続的・効率的に確保する改革を進めていくことになる。PDCA サイクルの視座からマネジメントサイクルが実行できるプロセスを追い，それに応じて組織化，記録，分析，ふりかえりを行う。総合的に5W2H：（① Why なぜ→課題・目的，② Who だれが→サービス提供者・サービス利用者，③ Where どこで→地域・場所，④ When いつ→時期・期間，⑤ What 何を→内容・プログラム，⑥ How どうする→運営・管理，⑦ How much いくらで→財源・経費）を意識することで地域の特性が明確になり，ニーズに応じた法制度の策定に反映することができる。

　PDCA は，現在の PDCA よりも次回の PDCA の方がレベルアップしていくことが大切である。とはいえ，人・物・金・情報・時間をトータルマネジメントするとき，継ぎ目のない医療・介護サービスを提供できる組織ばかりではない。施設から医療へ・医療から介護へと相互の連携深化を地域において継続的・一体的に医療・介護サービスを提供するには，異なる組織体（業種・職種）による連携・協働もしくは協定だけではなく，関係組織の統合，医療・介護サービスの統合などを図る方法もある。もちろん，「患者や要介護者の囲い込みによる選択肢の制限」，「多機能・高機能は質の向上と同じではない」という批判もあるが，療養の継続性，情報の共有化，連携の迅速化，サービスの効率化，専門的教育の拡大化など，膨大な情報の蓄積が容易になり，量の確保と質の向上に繋がる部分も否めない。

　地域包括ケアシステムの構築は，国・地方自治体が第一義的責任を有するものであるが，民間委託化による生活支援ビジネスの展開が進み，医療・介護サービスの提供体制が発展している。一方で，サービス提供者の質の保障を考えると，適正な事業者規制を行うため，行政による明確な基準に準じた審査を実施し，継続的に監査や指導を行う仕組みを強化する必要がある。これからは，リスクマネジメント（危険管理），クライシスマネジメント（危機管理）を前提としたサービス利用者の保護の観点が高まり，利用者の不満や苦情を受け付け，対応するシステムが充実することが求められる。地方自治体のレベルにあった，地域の特性に応じる地域包括ケアシステムの充実と発展に期待が寄せられる。

Ⅰ　総　論

　付記：本章の第1節は，『保健・医療・福祉ネットワークのすすめ——ヒューマンサービスの実践（第3版）』ミネルヴァ書房，の第1章の一部を加筆・修正している。

注
1) 2015（平成27）年，「認知症施策推進5か年計画（オレンジプラン）2012（平成24）年」を改め，新たに認知症高齢者などの日常生活全体を支える「認知症施策推進総合戦略——認知症高齢者等にやさしい地域づくりに向けて（新オレンジプラン）」が厚生労働省を中心に内閣官房，内閣府，警察庁，金融庁，消費者庁，総務省，法務省，文部科学省，農林水産省，経済産業省，国土交通省と共同して策定された。新オレンジプランでは，「認知症の人の意思が尊重され，できる限り住みなれた地域のよい環境で自分らしく暮らし続けることができる社会の実現を目指す」ことを基本的な考え方に据え，①認知症の容体に応じた適時・適切な医療・介護などの提供，②若年性認知症施策の強化，③認知症の予防法，診断法，治療法，リハビリテーションモデル，介護モデルなどの研究開発と，その成果の普及の推進，④認知症の人の介護者への支援を改訂の柱として掲げている。
2) 医療介護総合確保促進法第6条では，地域医療介護総合確保基金として，国が地方自治体を支える基金として，「都道府県が，都道府県計画に掲載された……都道府県事業に要する経費の全部又は一部を支弁するため，地方自治法第二百四十一条の基金を設ける場合には，国は，政令で定めるところにより，その財源に充てるために必要な資金の三分の二を負担するものとする」としている。

　　　　　　　　　　　　　　　　　　　　　　　　　　　　　　　　（立石宏昭）

第2章 医療と地域包括ケアシステム

　わが国は，急激な人口急減・超高齢化に直面し，地域に基盤を置いた保健・医療・福祉サービスの充実が喫緊の課題となっている。本章では，地域の医療を支える地域看護の考え方を整理するとともに，公衆衛生看護，産業看護，学校看護，在宅看護の機関における看護職の活動内容について概説する。また，地域医療の担い手が不足し住民の生活維持に支障をきたす状況のなか，看護職がどのように位置づけられ，何が求められているかを明らかにしていく。

1　統計からみた日本の人口構成の推移

現在までの人口構成の推移

　2014（平成26）年のわが国の総人口は1億2,708万3,000人で，人口ピラミッドは図2-1のようになっている。第2次世界大戦後，わが国では第1次ベビーブーム（1947〔昭和22〕年から1949〔昭和24〕年）が起きた。この第1次ベビーブームの時に生まれた世代は，「団塊の世代」と言われる。その後，この時に生まれた人々が，子どもを産む年齢に達し，第2次ベビーブーム（1971〔昭和46〕年から1974〔昭和49〕年）が起きた。わが国の人口ピラミッドの特徴として，この2つのベビーブーム時の人口が膨らんでいる。

　戦後のわが国の平均寿命は，公衆衛生や医療水準の向上に伴い，急激に伸びている。1950年代前半で，平均寿命は男女共に60歳を超えた。その後，女性の平均寿命は，1960年に70歳を超え，そして1984年に80歳を超えた。また，男性の平均寿命は，1971年に70歳を超え，その後，2013年に初めて80歳を超えた。わが国は，男女共に世界トップクラスの長寿国であり，今後は健康寿命を延ばす必要がある。また，

Ⅰ 総　論

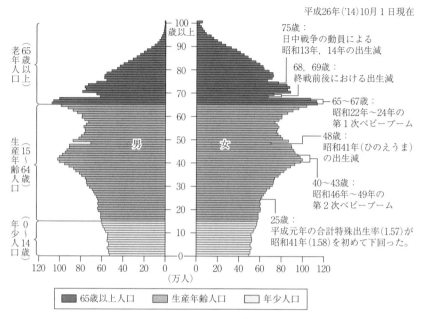

図 2‐1　わが国の人口ピラミッド

資料：総務省統計局『平成26年10月1日現在推計人口』。
出典：厚生労働統計協会『国民衛生の動向　2015／2016年版』50頁。

　厚生労働省は2015年7月30日，2014年分の簡易生命表の概況を発表した。それによると2014年における日本の平均寿命は，男性が80.50歳，女性が86.83歳となった。
　第1次ベビーブームの時の合計特殊出生率は，4を超えていた。ベビーブーム終了後の1950年の合計特殊出生率は3.65まで下がり，1952年の合計特殊出生率は2.98で3を下回った。その後，1950年代中頃から1970年代中頃まで合計特殊出生率は，2前後で推移した（1966年の「ひのえうま」の合計特殊出生率である1.58を除く）。しかし，1970年代中頃から，合計特殊出生率の減少傾向が続くようになる。1975年に合計特殊出生率が1.91と2を下回り，この年から現在まで，合計特殊出生率は，2を超えたことはない。1989年には，合計特殊出生率は，1966年の「ひのえうま」の合計特殊出生率を下回り，1.57となった。その後も，合計特殊出生率は，減少傾向が続き，2005年にわが国で最も低い水準である1.26を記録した。2014年の合計特殊出生率は，確定数はまだ発表されておらず概数であるが，1.42である。合計特殊出生率は，2005年と比較して，回復しているものの，人口置換

水準に達していない。

　1950年の出生率（人口千対）は28.1であったが，1955年に19.4と20を下回った。その後，1966年の「ひのえうま」のような極端な年を除き，1970年代中頃まで出生率は10後半で推移する。その後，出生率の減少傾向が続くようになり，2014年の出生率（概数）は8.0で，出生数は約100万人である。他方で，1950年のわが国の死亡率（人口千対）は10.9で，その後，死亡率の減少傾向が続いていた。しかしながら，1982年に死亡率が6.0となったが，この年を境にして，高齢化の影響で死亡率は上昇し始める。そして，2012年に死亡率は10を超え，2014年の死亡率（概数）は10.1となっている。死亡数は約127万人である。2014年の自然増減率は，マイナスであるため，総人口は減少となっている。

　1950年のわが国の総人口は8,320万人で，老年人口は410.9万人であった。当時の老年人口の割合は4.9％であった。その後，1950年と比較して，わが国の総人口は増大し，また老年人口の割合も増大した。2014年の老年人口は3,300万人で，老年人口の割合は26.0％である。他方で，1950年の年少人口（割合）と生産年齢人口（割合）は，それぞれ，2,942.8万人（35.4％）と4,965.8万人（59.7％）であった。しかしながら，年少人口は，少子化の影響で減少が進み，2014年の年少人口（割合）は1,623.3万人（12.8％）となった。また，生産年齢人口（割合）は，近年になって減少傾向が進んでおり，2014年の生産年齢人口（割合）は7,785万人（61.3％）である。

将来推計人口と保健・医療・介護

　国立社会保障・人口問題研究所の「日本の将来推計人口（2012年1月推計）」の結果を表2-1に示す。この推計は，2010年からスタートし，2060年までの総人口や人口構成などの推移が示されている。2010年の総人口は1億2,805万7,000人であったが，2020年に総人口は1億2,500万人を下回り，2050年には1億人を下回ると推計されている。そして，2060年には総人口が8,673.7万人にまで減少する。しかしながら，老年人口の割合は増大し続ける。2010年の老年人口は23.0％であったが，2030年には30％を超え，2060年には39.9％になると推計されている。他方で，年少人口と生産年齢人口の割合は減少を続けると推計されている。年少人口の割合は，2010年には13.1％であったが，2050年には10％を下回ると推計さ

Ⅰ　総　論

表2-1　将来推計人口〈出生中位（死亡中位）推計〉

平成22～72年（2010～2060）

	人口（千人）		年齢3区分割合（％）			指　数（％）		
	総　数	うち65歳以上	0～14歳	15～64歳	65歳以上	年少人口	老年人口	従属人口
平成22年（2010）	128 057	29 484	13.1	63.8	23.0	20.6	36.1	56.7
32　（'20）	124 110	36 124	11.7	59.2	29.1	19.8	49.2	69.1
42　（'30）	116 618	36 849	10.3	58.1	31.6	17.8	54.4	72.2
52　（'40）	107 276	38 678	10.0	53.9	36.1	18.5	66.8	85.4
62　（'50）	97 076	37 676	9.7	51.5	38.8	18.8	75.3	94.1
72　（'60）	86 737	34 642	9.1	50.9	39.9	17.9	78.4	96.3

資料：国立社会保障・人口問題研究所「日本の将来推計人口」（平成24年1月推計）。
注：年齢3区分割合は，年齢不詳を按分補正した人口を分母として算出している。
出典：厚生労働統計協会『国民衛生の動向　2015／2016年版』52頁。

れており，2060年に9.1％となる。生産年齢人口の割合は，2010年に63.8％であったが，2020年には60％を下回ると推計されており，2060年に50.9％にまで減少する。

さらに，表2-1には，今後の老年人口指数の推計も示されている。老年人口指数は，2010年に36.1％であったが，2020年に49.2％，2030年に54.4％，2040年に66.8％，1950年に75.3％，2060年には78.4％になると推計されている。老年人口指数は，生産年齢人口の高齢者に対する扶養負担の程度を示す指数であることから，この指数から生産年齢人口の扶養負担の程度が増大し続けることがわかる。

今後のわが国の人口構成は，高齢者の割合が増大する。しかしながら，少子化が進み，高齢者を扶養する年齢層である生産年齢人口の割合の減少が進む。このような状況の下，高齢者の病気・介護を予防できるよう保健サービスの充実を図る必要がある。また，医療・介護サービスの質を落とすことなく，サービスの供給体制を見直し，効率化を推進しなくてはならない。そのための重要な政策が，「地域包括ケアシステム」である。このシステムは，高齢者が住み慣れた地域で，尊厳のある人生を最期まで続けることができるよう保健・医療・福祉サービスを包括的に提供し，サービス提供の効果や効率を高めるためのものである。

2　地域包括ケアと在宅医療

2025（平成37）年には，後期高齢者が増加するため，地域包括ケアシステムが

第2章 医療と地域包括ケアシステム

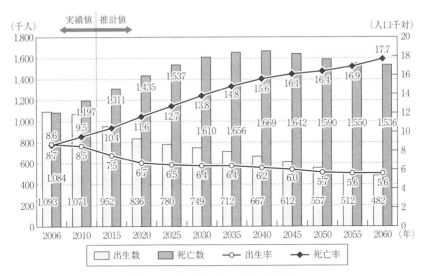

図2-2 出生数及び死亡数の将来推計

資料：2006年，2010年は厚生労働省「人口動態統計」による出生数及び死亡数（いずれも日本人）。2015年以降は国立社会保障・人口問題研究所「日本の将来推計人口」（平成24年1月推計）の出生中位・死亡中位仮定による推計結果（日本における外国人を含む）。
出典：内閣府[2]。

必要となる。ここでは，地域包括ケアシステムと在宅医療について概説する。

後期高齢者の増加と在宅医療

2014（平成26）年10月1日現在，65歳以上の高齢者は3,300万人となり高齢化率は26.0％と約4人に1人が高齢者である。2025（平成37）年には65歳以上の前期高齢者人口は，3,657万人，75歳以上の後期高齢者人口は2,179万人となり，今後75歳以上の後期高齢者人口が急増すると予測されている。また死亡率が増加することが推計されている（図2-2）。65歳以上の前期高齢者人口の増加に伴い，認知症患者や高齢者のみの世帯が増加すること[1]，同時に介護を要する要介護者数も増加することが予測されている。

死亡の場所別人口（図2-3）から見れば，医療機関での死亡率は1955（昭和30）年は12.3％，2010（平成22）年は77.9％，自宅での死亡率は1955（昭和30）年76.9％，2010（平成22）年12.6％である。一方，「終末期における療養の場所」に

Ⅰ 総　論

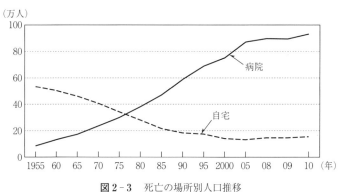

図2-3　死亡の場所別人口推移
出典：厚生労働省「平成22年人口統計」より筆者作成。

ついての調査では、60％以上の人が在宅で療養したいと希望している。しかし、今後高齢者の死亡数の増加が予測されることから、人々が自宅での療養を希望していても、医療機関の病床数の限界から医療機関での死亡が困難な状況が推測されることから、高齢者が住みなれた自宅で自分らしい生活が実現できるよう在宅医療の充実が必要となる。このことから2014（平成26）年、「地域における医療及び介護の総合的な確保を推進するための関係法律の整備に関する法律（医療介護総合確保推進法）」が制定された。この法律は、医療・介護サービスを一体的に提供するための制度改革であり、このなかで、病院の病床機能の分化・連携を進めるとともに、入院から在宅への流れのなかで在宅医療の充実を図り、病気になっても可能な限り住みなれた生活の場において、必要な医療・介護サービスが受けられ安心して自分らしい生活を実現できるよう、地域包括ケアシステムの構築が掲げられた。

地域包括ケアシステムと在宅医療

わが国の、高齢者施策は、高齢化に伴い要介護者数が増大したことから2000（平成12）年介護保険が導入された。2005（平成17）年の制度改正では、予防重視型システムへの転換を図り、「生活習慣病予防」と「介護予防」を位置付けた上で、「地域密着型サービス」や「地域包括支援センター」が創設された。引き続き2011（平成23）年の制度改革では、2012（平成24）年の介護報酬改定等を踏まえ

第2章 医療と地域包括ケアシステム

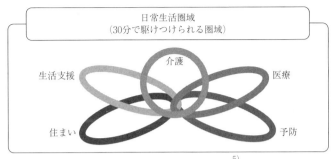

図2-4 地域包括ケアシステム[5)]

出典：厚労省
http://www.mhlw.go.jp/stf/shingi/2r9852000001oxhm-att/2r9852000001oxlr.pdf

て，高齢者が住みなれた地域で，安心してその人らしい生活を継続するため，高齢者のニーズや状態の変化に応じて，切れ目なく必要なサービスが提供される「地域包括ケアシステム」の整備を進めるという考え方が示された。

地域包括ケアシステムとは，ニーズに応じた住宅が提供されることを基本としたうえで，生活上の安全・安心・健康を確保するために，医療や介護，予防のみならず，福祉サービスを含めた様々な生活支援サービスが日常生活の場（日常生活圏域）で適切に提供できるような地域での体制と定義されている（図2-4）。具体的には，高齢者の日常生活圏域（30分で駆けつけられる圏域，中学区を想定）において医療，介護，予防，住まい，見守り・配食・買い物などの生活支援という5つの視点での取り組みが，包括的（利用者のニーズに応じた適切な組み合わせによるサービス提供，継続的〔入院，退院，在宅復帰を通じて切れ目ないサービス提供〕）に行われることが必要であるとされている。[4)]

その後の2014（平成26）年の制度改正で，社会保障制度改革国民会議の報告書等を踏まえ，「地域における医療及び介護の総合的な確保を推進するための関係法律の整備等に関する法律」（医療介護総合確保推進法）の成立となった。この介護保険制度改正の概要の主な点は，地域包括ケアンステムの構築に向けた地域支援事業の充実として，在宅医療・介護の連携の推進，認知症施策の推進，地域ケア会議の推進，生活支援サービスの充実・強化等であった。

Ⅰ　総　論

在宅医療の推進

　わが国の医療分野においては，医療の高度化，医療技術の進歩はめざましく，病院での医療は重要な役割を果たしてきた。しかし，今後も病院での医療は重要な役割を果たすが，多くの人々が高齢期を経て死に至る過程のなかで，高齢者がいかに生活の質を保ちながら，自宅で人生の終焉を迎えることができる在宅医療こそが必要であり，今の時代の要請に応える在宅医療にすることが求められている。2013（平成25）年にまとめられた社会保障制度改革国民会議報告書が示した，「病院完結型」の医療から「地域完結型」の医療への転換が，必要であり，従来の「疾病」を「治す医療」から，「疾病」を「障害」として捉え，障害を持ちながら自分の住みなれた地域のなかで，残存機能を積極的に活かしながら生活全体の質を高めていくことができるよう「治し支える医療」が求められている。そのためには，患者を病人ではなく「生活者」として捉え，生活者として地域のなかで包括的に支援していき，高齢者を「医療」「介護」の両面から支える視点が重要である。人生の終焉をどこで迎えるのか，その在宅生活をどう支えていくのか，そのためには急性期医療と在宅医療の連携こそが必要となる。

3　地域包括ケアと訪問看護

　在宅医療の推進には，訪問看護の役割が重要となる。ここでは，訪問看護制度と地域包括ケアシステムとの関連，地域包括ケアシステムにおける看護職の機能と役割について概説する。

訪問看護制度の創設と発展過程

　在宅看護の制度化は，1987（昭和62）年，厚生省（現在の厚生労働省）の「国民医療福祉総合対策本部」の中間報告で地域ケアシステムと在宅医療推進などの方針が出され，高齢者介護体制を総合的に整備する必要性から進められた。その背景には，65歳以上の単独世帯や夫婦のみの世帯の増加，女性の職場進出などの要因とする家族介護力の低下があったからである。在宅医療の推進には，訪問看護の役割が重要となる。訪問看護とは，居宅において看護師などにより行われる療

養上の世話または必要な診療の補助をいう。わが国における訪問看護制度は，医療保険制度と介護保険制度において位置づけられており，利用者の状況に応じてそれぞれの保険制度のもと実施されている。

わが国の訪問看護制度は，1983（昭和58）年，老人保健法に基づく医療サービスとして，病院の訪問看護に対し診療報酬が認められるようになったのが始まりで，1992（平成4）年の老人訪問看護制度の創設により，訪問看護ステーションの訪問看護に療養費の支援が行われることになった。1994（平成6）年の健康保険法の一部改正の法律により訪問看護制度が創設され，訪問看護の対象者が老人以外にも拡大された。2000（平成12）年の介護保険法の施行以降は，訪問看護は介護保険法のなかで居宅サービスとして位置づけられることなった。2012（平成24）年，中重度の要介護高齢者が住みなれた地域で在宅生活を継続できるようなサービスの充実を目的として，訪問看護と他のサービスを組みあわせた定期巡回・随時対応型訪問介護や複合型サービス（平成27年に看護小規模多機能型居宅介護へ改称）が創設され，地域包括ケアシステムの構築を推進している[6]。

地域包括ケアシステムと訪問看護

2013（平成25）年の社会保障制度改革国民会議の報告書[7]を受けて，2014（平成26）年，医療介護総合確保推進法が成立した。この法制度改正のねらいは，必要なサービスの需要に対して必要なサービスを供給できる体制の整備を図ることであった。とりわけ高度急性期，急性期，回復期，慢性期の病床機能が円滑に機能するには，在宅ケアの基盤整備が前提となる。このため，国では2025（平成37）年を目途に，高齢者の尊厳の保持と自立生活の支援目的で，可能な限り住み慣れた地域で，自分らしい暮らしを最期まで続けることができるよう，地域の包括的な支援・サービス提供体制（地域包括ケアシステム）の構築を推進している。図1-3（14頁参照）地域包括ケアシステムにおける「5つの構成要素」[8]を示す。「介護」，「医療」，「予防」という専門的なサービスと，その前提としての「住まい」と「生活支援・福祉サービス」が相互に関係し，連携しながら在宅の生活を支えている。

I 総論

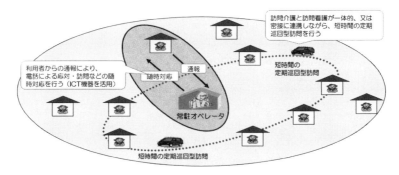

図 2-5　定期巡回・随時対応サービスについて

＊定期巡回・随時対応サービスとは，重度者を始めとした要介護高齢者の在宅生活を支えるため，日中・夜間を通じて，訪問介護と訪問看護が密接に連携しながら，短時間の定期巡回型訪問と随時の対応を行う「定期巡回・随時対応サービス（介護保険法改正案における名称は「定期巡回・随時対応型訪問介護看護」）を創設する。
出典：厚労省ホームページ「定期巡回・随時対応サービス」。

地域包括ケアシステムにおける看護職の役割と機能

　地域包括ケアシステムは，病院に入院している患者の早期退院や社会復帰を支援し，住み慣れた地域で最期まで暮らし続ける社会の実現を目指している。65歳以上の高齢者の主疾患はがん，心疾患，脳血管疾患，認知症は慢性疾患であり，病院での短期入院で完治が望める訳ではない。看護職は，入院中から退院後の生活を予測し，地域で再発を起こすことなく患者のQOL（生活の質）の向上を目指し，在宅での生活を見据えて保健・医療・福祉の多機関・多職種の専門職との連携を図りながら高齢者を支援していくことが求められる。そのためには，人々がいつでもどこでも24時間365日，いつでも必要な質の高い訪問看護サービスが提供できる体制づくりが必要である。日本看護協会は，「訪問看護アクションプラン2025」[9]を作成し，そのなかで来るべき2025（平成37）の訪問看護ステーションの多機能化・大規模化に向けて多職種とともに在宅で療養する人が必要な介護サービス，生活支援サービスの仕組み作りを行うことを掲げている[9]。今後医療ニーズの高い高齢者や終末期を住み慣れた場所で望む暮らしが続けられるよう地域包括ケアシステムを構築する必要性から，自宅を訪問する「訪問看護」や「定期巡回・随時対応サービス（図2-5）」にとどまらず，「複合型サービス（平成27年4月以降'看護小規模多機能型居宅介護'に変更）（図2-6）」など日帰りサービスや宿泊サービス等も含めて，地域で暮らし続けることを支援する看護サービス全般

第2章 医療と地域包括ケアシステム

図2-6 看護小規模多機能型居宅介護の仕組み

＊通所，宿泊，訪問介護に訪問看護を加えた「看護小規模多機能型居宅介護」（2015年4月，「複合型サービス」から名称変更）を提案し，2012年度から介護保険で制度化されている。
出典：日本看護協会ホームページ。

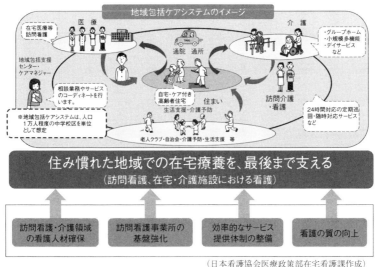

図2-7 地域包括ケアシステム構築にむけた看護の強化
出典：『看護白書　平成26年版　地域包括ケアシステムと看護』39頁。

を視野に入れ，その推進に努めることを掲げている。そのための課題として①訪問看護・介護領域の看護人材育成，②訪問看護事業所の基盤強化，③効果的なサービス提供体制の整備，④看護の質の向上，の4つの課題がある（図2-7）。2014年度の診療報酬改定では，新たに「機能強化型訪問看護ステーション（図2-8）」が評価され，24時間，対応できる体制があることや重症者の受け入れ件

I 総 論

図 2-8 機能強化型訪問看護ステーション[12]
＊24時間対応や重症者・看取りへの対応，他機関・多職種との調整，連携などを行い，地域
包括ケアシステムにおける医療・介護の連携で中核的な役割を担う。
出典：日本看護協会ホームページ。

数，常勤看護職員数など，一定の条件を満たす訪問看護ステーションを評価するもので，医療・介護のケアマネジメント機能や，地域全体の在宅療養に関する環境整備にかかわることも期待されている[12]。

4 地域包括ケアと社会資源

地域包括ケアにおける社会資源

　社会資源とは，「ソーシャルニーズを充足するために動員される施設・設備，資金や物資，さらに集団や個人の有する知識や技能を総称していう」としている[13]。言うなれば，社会資源は，患者やその家族が地域で生活する際の取り巻く環境すべてを指しているとも考えられる。図 2-9 には，患者・家族と関連する主な社会資源の一部を示した。
　地域包括ケアを考える際の社会資源は，地域で患者やその家族の生活を支えていくために必要なものすべてである。広義で捉えれば，憲法や法律，条令も患者やその家族の支援のために必要な社会資源であるとも考えられるが，ここでは社会資源を，制度，施設，機関，団体，人に分けて考える。

【制　度】
　患者が地域で生活していくうえで，地域包括ケアに関連した制度全般を指す。たとえば，わが国は，国民皆保険制度であるので，患者は原則いずれかの医療保

第2章 医療と地域包括ケアシステム

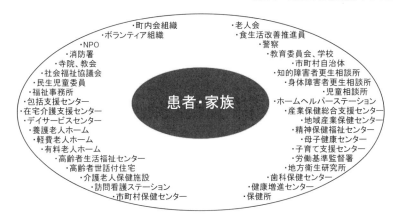

図2-9　患者・家族と関連する主な社会資源
出典：松浦尊麿『保健・医療・福祉の連携による包括的地域ケアの実践』金芳堂，2002年，235頁を筆者一部改変。

険に加入している。主なものとしては，①事業所に勤めている者を被保険者とする健康保険，船員保険，共済組合などの被用者保険，②地域住居者や医師，建設業者などを被保険者とする各種国民健康保険，③75歳以上の者と65歳から75歳未満で後期高齢者広域連合によって一定の障害状態にあると認定された者を被保険者とする後期高齢者医療の3種に大別されている。これらの医療保険には，医療給付として，診察，処置，薬剤，食事療養，訪問看護の給付が行われている。患者の一部負担金の割合は，基本的には3割負担であるが，未就園児については2割，70歳以上の者で現役並み所得でない者は1割負担である。

　これらの医療保険制度以外にも，社会的弱者と呼ばれる福祉的な支援を必要とする対象者については，医療費の助成制度がある。たとえば，障害者においては，自立支援医療費制度があり，難病患者においては，特定疾患治療研究事業による医療助成制度がある。また，ひとり親家庭における子どもについては，ひとり親家庭等の医療費助成制度がある。その他にも，生活保護，障害者福祉サービス，成年後見制度など，対象や年齢によって，多くの助成制度がある。しかし，法律や制度の改正により，助成の条件や助成内容が変更となることがしばしば見受けられ，利用者の視点から見ると，わかりにくいことが多い。支援者は，制度の詳細を把握していることが望ましいが，すべての制度の内容把握は難しいため，担

I 総論

当の行政や相談窓口を熟知し，いつでも相談できるように顔の見える関係を構築することが重要である。

【施　設】

患者や家族をとりまく環境や病状の変化によって在宅療養生活が困難となった時には，施設系のサービスを受けることになる。たとえば，高齢者では，介護老人保健施設，介護老人福祉施設，認知症共同生活介護などの入所施設がある。また，医療的なケアが必要である場合は，慢性期病床や回復期病床を持つ病院がその受け皿として役割を担っている。

【機　関】

生活の場である地域において，複合的な課題を抱え療養している患者・家族への支援を行うのは医療機関だけではない。患者とその家族の必要性とニーズに応じて，多くの機関が連携をとり，支援を組み合わせて，総合的なサービスの提供を目指していくことが大切である。地域には，主に行政機関として，保健所，市役所，保健センター，児童相談所，警察，交番，消防署などがあり，地域包括ケアの役割の一端を担っている。

【団　体】

ここでいう団体とは，ある特定の目的を持った人の集まりのことである。団体は一定の独自のルールや規律を持っている。また，団体に所属する個人には，その団体内での役割や責任が生じていることが特徴である。地域における団体には，社会福祉協議会，自治会，老人会，婦人会，子ども会，消防団，食生活改善推進協議会，健康づくり推進員の会などがある。

【人】

患者やその家族と関係する人には，近所の人，親族，民生・児童委員，主任児童委員，自治会の組長，友人，同僚などが含まれる。さらに生活支援の視点から考えると，小売り商店やコンビニエンスストア，理髪店，喫茶店などの店員，金融機関の行員，郵便局の局員，寺院の僧侶や教会の神父・牧師なども重要な役割を担っていることがある。

地域の特性に応じた社会資源の活用

実際に地域包括ケアを進めていく際には，患者や家族の自助努力だけではなく，

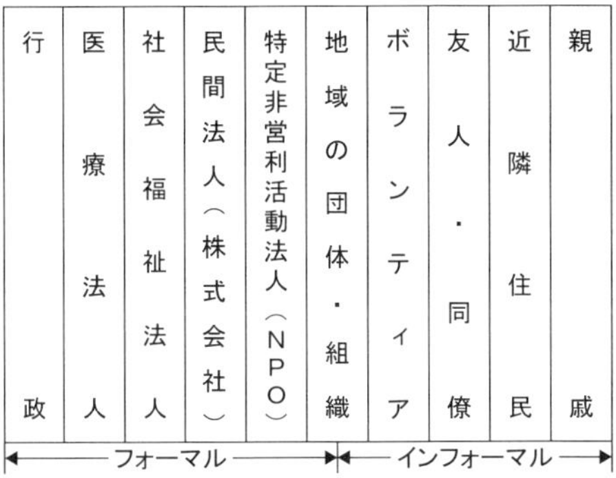

第2章 医療と地域包括ケアシステム

行政	医療法人	社会福祉法人	民間法人（株式会社）	特定非営利活動法人（NPO）	地域の団体・組織	ボランティア	友人・同僚	近隣住民	親戚
←――――――フォーマル――――――→					←―――インフォーマル―――→				

図2-10 社会資源のフォーマル・インフォーマル
出典：日本痴呆ケア学会編『痴呆ケアにおける社会資源』2005年, 20頁を筆者一部改変.

　保健・医療・福祉の専門職同士の連携が必要不可欠である。地域包括ケアにかかわる専門職には，医師，歯科医師，薬剤師，保健師，助産師，看護師，主任介護支援専門員，理学療法士，作業療法士，言語聴覚士，社会福祉士，精神保健福祉士，介護福祉士など，多くの職種がある。これら得意分野の異なる専門職同士が，積極的に情報交換することで患者や家族の強みや課題を共通認識として持ち，支援について対等に議論し，同じゴールを目指して社会資源の活用を図っていくことが非常に重要である。しかしながら，わが国における保健・医療・福祉のそれぞれの基礎教育は異なり，職種によって情報収集やアセスメント，支援の方法・内容が異なっている。患者やその家族の支援を進めていく際には，各職種がそれぞれの強みを最大限に生かし，弱みを補完しあうことが重要である。

　継続支援を行うなかで，患者やその家族のニーズにきめ細やかに対応していくためには，フォーマルな社会資源の活用だけでは，十分でない。専門職だけでなく，ボランティアの会，患者家族会，自治会などのインフォーマルな社会資源の協力も必要とされている。社会資源のフォーマルとインフォーマルについては，図2-10に示す。フォーマルな社会資源は，法律や条令などに基づく制度や施設，機関などであり，患者やその家族のための最低限の社会資源であることが多い。一方，インフォーマルな社会資源は，患者やその家族，支援者を取り巻く地域の団体や人によって供給体制に差が生じる。インフォーマルな社会資源は，フォー

Ⅰ　総　論

マルな社会資源の不足サービスを補完・調整する特徴がある。一般的には，フォーマルな社会資源とインフォーマルな社会資源は，地域差があるといわれ，都市部ほどフォーマルな社会資源が充実しており，地方ほどインフォーマルな社会資源が充実している傾向にある。

　その地域に適応した包括ケアは，地域における様々な資源を組み合わせたり，統合したり，ネットワーク化したりして，地域の社会資源をまずは「見える化」することから始まる。患者やその家族にとって必要な社会資源がどうしても見つからないときには，地域の関係機関で開催する地域ケア会議で積極的に話しあい，新しい社会資源を創り出すことを試み，関係者が一丸となって課題を検討すべきである。地域包括ケアの中心的な役割を果たす保健師や社会福祉士，主任介護支援専門員などの専門職は，地域の社会資源を量的にも質的にも，継続してモニタリングしながら，マネージメントしていく必要がある。

注
1) 厚生労働省ホームページ。地域包括ケアシステム。
http://www.mhlw.go.jp/stf/seisakunitsuite/bunya/hukushi_kaigo/kaigo_koureisha/chiiki-houkatsu/
2) 内閣府　http://www8.cao.go.jp/kourei/whitepaper/w-2013/zenbun/s1_1_1_02.html
3) 「終末期医療のあり方に関する懇談会報告書」2010年，89頁。
4) 厚生労働統計協会『国民衛生の動向　2015／2016版』，262頁。
5) 厚生労働省老健局「介護保険制度改正の概要及び地域包括ケアの理念　地域包括ケアの推進」http://www.mhlw.go.jp/stf/shingi/2r9852000001oxhm-att/2r9852000001oxlr.pdf
6) 厚生労働統計協会『国民衛生の動向　2015／2016版』，197頁。
7) 「社会保障制度改革国民会議報告書──確かな社会保障を将来世代に伝えるための道筋」
https://www.kantei.go.jp/jp/singi/kokuminkaigi/pdf/houkokusyo.pdf
平成25年8月6日　社会保障制度改革国民会議。
8) 厚生労働省「平成25年3月　地域包括ケア研究会報告書」より。
http://www.mhlw.go.jp/stf/seisakunitsuite/bunya/hukushi_kaigo/kaigo_koureisha/chiiki-houkatsu/
9) 「訪問看護アクションプラン2025」。http://www.jvnf.or.jp/top/plan2025.pdf
10) 厚生労働省「定期巡回・随時対応型訪問介護看護」。
http://www.mhlw.go.jp/stf/shingi/2r9852000001plgp-att/2r9852000001pliw.pdf
11) 複合型サービスの基準・報償について。
http://www.mhlw.go.jp/stf/shingi/2r9852000001plgp-att/2r9852000001plj7.pdf
12) 日本看護協会ホームページ。http://www.nurse.or.jp/nursing/zaitaku/shokibo/
13) 三浦文夫「社会資源」仲村優一編著『現代社会福祉辞典』全国社会福祉協議会，1982年，218頁。

（1　工藤安史，2〜3　豊島泰子，4　井倉一政）

第3章 地域医療を支える法制度

　保健・医療・福祉を支える法制度は，分立から連携へと進み，現在では「地域包括ケアシステム」の構築が重要な課題となっている。本章は，このような法制度の潮流の変化を跡づけた後，保健・医療・福祉の各領域の基本的な法律を取り上げ，その重要なポイントを概説する。その後，医療保障，介護保障，地域包括ケア，権利擁護といった，保健・医療・福祉の連携を考えるうえで不可欠な制度について，概略を述べる。

1　保健・医療・福祉をめぐる法制度の潮流

分立から連携へ

　日本国憲法下では私たち国民はだれもが，「健康で文化的な最低限度の生活を営む権利」，つまり生存権を保障されている（憲法第25条）。「健康で文化的」な生活のためには，疾病を予防し（保健），傷病を診断・治療し（医療），高齢・障害等の生活上のハンディキャップを軽減する（福祉）ことが不可欠である。保健・医療・福祉は人の生活にとってきわめて重要な営みであるにもかかわらず，制度としても専門職種間においても連携が意識されることはほとんどなかった。ようやく1980年代になって，これら3つの社会サービスはバラバラに提供されるのではなく，利用者のニーズに応じて有機的に供給されなければならない，という3領域の連携・総合化が強調されるようになった。

　もっとも，従来「連携」がまったくなかったわけではない。保健と医療については，もともと性質上連続性が認識しやすい。またそれを担う医師・保健師などの専門職も重なるため，総合化は比較的進んでいたと言える。

Ⅰ 総 論

　これに対して，福祉と保健・医療との間には深い溝があった。この溝は，それぞれのサービス自体が本質的に異なることによるものではなく，両者の供給方法の違いによって社会的に生じたものである。病気は所得水準に関係なく襲ってくるものだから，保健・医療の供給はだれに対しても普遍的に行われる。これに対して，救貧事業から始まった福祉サービスは長年，児童・高齢者・障害者など特別のニーズを持つ人びとに提供されてきた。また，保健・医療・福祉はそれぞれ担当の行政機関が異なるという事情もあった（タテワリ行政）。このようなサービス供給のあり方の違いによって，国民のだれもが介護や介助を必要とする可能性があるにもかかわらず，福祉の対象はごく限られた人びとだけという意識が定着したのである。

　ところが，1980年代になり，人口の高齢化，疾病構造の変化などの要因により，これまでの保健・医療・福祉の分立体制では対応できないことが明白となった。これら3領域の連携・総合化は，サービス利用者に及ぶ効果，利用者間の公正，サービス供給の効率，といった点で重要な意義があることがしだいに認識されるようになったのである。

連携・総合化を目指す法制度の変化

　1980年代，保健・医療・福祉の連携強化の声が福祉関係行政機関から上がり，政策提言が相ついでなされた。このような機運のなかで，保健・医療・福祉の連携が法制度として初めて具体化されたのが，1982（昭和57）年制定の老人保健法である。この法律は，1973（昭和48）年から実施された老人福祉法に基づく70歳以上の高齢者の医療費無料制度を廃止して一部負担を導入することを主眼とするものであったが，あわせて，高齢者に対する予防・治療・リハビリテーションの包括的医療サービスの実施，入院医療中心から疾病予防中心への転換，40歳以上の地域住民に対する健康診査の実施，などをも目的としていた。保健と医療の統合化が明確に意識された法律であった。この流れは，医療の内容を「単に治療のみならず，疾病の予防のための措置及びリハビリテーションを含む」（第1条の2第1項）とした医療法の1992（平成4）年改正で実を結ぶこととなる。

　さらに，1986（昭和61）年の老人保健法改正によって創設された老人保健施設は，医療とともに日常生活上の世話を行うものであり，保健・医療サービスと福

祉サービスの混合をより鮮明に印象づけた。一方，社会福祉法（2000〔平成12〕年改正）においても，福祉サービス提供にあたって，「保健医療サービスその他の関連するサービスとの有機的な連携を図る」（第5条）ことが求められている。

行政組織の面でもこの傾向は進められた。1989（平成元）年，高齢者の福祉サービスと保健・医療サービスとのドッキングを目指して，厚生省社会局老人福祉課と保健医療局老人保健部とが統合され，大臣官房に老人保健福祉部が設置された（現厚生労働省老健局）。

保健・医療・福祉の連携は，1980年代後半以降に制定された医療・福祉専門職の資格・業務を定める法律にも表れている。言語聴覚士法（1997〔平成9〕年制定）は，「業務を行うにあたっては，……福祉に関する業務を行う者その他の関係者との連携を保たなりればならない」（第43条第3項）と定めている。一方で，社会福祉士及び介護福祉士法（1987〔昭和62〕年）第47条や精神保健福祉士法（1997〔平成9〕年）第41条には，「医師その他の医療関係者との連携を保たなければならない」との定めがある。

このような連携の集大成が，医療・福祉のサービスを総合的に提供する介護保険法（1997〔平成9〕年制定，2000〔平成12〕年施行）である。

地域包括ケアシステムへ

2000年代に入ると，保健・医療・福祉の連携・総合化を目指す動きはさらに加速する。2025年には団塊の世代が75歳以上になり，国民の3割が65歳以上，2割弱が75歳以上という，史上前例のないほど高齢化が進展した社会を迎える。これに対応するために，介護が必要になっても住みなれた地域での暮らしを続けられるように，住まい・医療・介護・予防・生活支援が一体的に提供される「地域包括ケアシステム」の構築が目指されるようになった。

2005（平成17）年の介護保険法改正で設置された地域包括支援センターや地域密着型サービス（小規模多機能型居宅介護など）の規定は，その先駆的な表れであった。その後，2011（平成23）年の介護保険法改正（2012〔平成24〕年全面施行）では，「国及び地方公共団体は，被保険者が，可能な限り，住みなれた地域で，その有する能力に応じ自立した日常生活を営むことができるよう，保険給付に係る保健医療サービス及び福祉サービスに関する施策，要介護状態等となることの予

Ⅰ　総　論

防又は要介護状態等の軽減若しくは悪化の防止のための施策並びに地域における自立した日常生活の支援のための施策を，医療及び居住に関する施策との有機的な連携を図りつつ包括的に推進するよう努めなければならない」(第5条第3項)と定め，地域包括ケアの推進を明示した。

　このような経緯を経て，2014(平成26)年，地域包括ケアシステムの構築を骨子とした「地域における医療及び介護の総合的な確保の促進に関する法律」(医療介護総合確保促進法)が制定され，医療法・介護保険法等の改正が行われた(詳しくは後述)。未曾有の高齢社会に対応するため，地域包括ケアシステムの構築を，国を挙げて進めなければならないが，全国一律のやり方でこの目標が達成されるわけではない。人口が横ばいで75歳以上人口が急増する大都市部，75歳以上人口の増加は緩やかだが人口は減少する町村部等，高齢化の進展状況には大きな地域差が生じている。地域包括ケアシステムは，市町村や都道府県が地域の自主性に基づき，地域の特性に応じて作り上げていくことを必要とする。[5)]

基本理念は自立・自己決定

　近年の保健・医療・福祉に関する法制度のもうひとつの潮流は，「自立」「自己決定」の強調である。この傾向はまず，保健・医療の分野で始まった。1982(昭和57)年の老人保健法が，「国民は，自助と連帯の精神に基づき，自ら加齢に伴って生ずる心身の変化を自覚して常に健康の保持増進に努めるとともに，老人の医療に要する費用を公平に負担するものとする」(第2条第1項)と，初めて「自助」を謳ったのを皮切りに，「医療は，国民自らの健康の保持のための努力を基礎」とすると規定する医療法第1条の2第2項(1992〔平成4〕年改正)，そして，「医師，歯科医師，薬剤師，看護師その他の医療の担い手は，医療を提供するにあたり，適切な説明を行い，医療を受ける者の理解を得るよう努めなければならない」と定めて，努力義務としてのインフォームド・コンセントの原則を宣言した医療法第1条の4第2項(1997〔平成9〕年改正)へと続いた。

　一方，福祉の領域では長らく，利用者はもっぱら保護される存在であった。ところが，1990年代になると，福祉の目的として次第に「自立」が強調されるようになった。たとえば，障害者基本法(1993〔平成5〕年改正)はその目的を，「障害者の自立と社会，経済，文化その他あらゆる分野の活動への参加を促進するこ

と」(第1条) とした (2004〔平成16〕年改正で「自立及び社会参加の支援」とされた)。

また,従来福祉サービスの提供は,利用者の申請の権利を認めることなく,行政の権限(「福祉の措置」)によって行われてきた。ところが,1990年代の「社会福祉基礎構造改革」[6]により,その構造は大きく変わり,利用者の選択を尊重する利用契約制度を機軸とするものとなった。それに伴って,サービス提供の理念として,「利用者の意向を十分に尊重」(2000〔平成12〕年改正の社会福祉法第5条)することが明示されるようになったのである。

2 医療の基本法制

医療の法制には,医療を行う場所(病院・診療所)に関する法規である医療法と,医療を行う人に関する法規とがあり,後者には医師法・保健師助産師看護師法のほか,多くの医療関係者法(診療放射線技師法,理学療法士及び作業療法士法など)があるが,ここでは,医療法と医師法・保健師助産師看護師法を取り上げる。

(1) 医療法

医療供給体制を定める医療法(1948〔昭和23〕年制定)は,経済力に比較して少ない医療費で高水準の医療を実現するなど,おおむねその目的を達成したといえる。しかし,1980年代になると,医療を取り巻く環境は激変し,それに伴って,医療法は次のような6次にわたる大改正を経験した。

- ・第1次改正(1985年)医療計画制度(病床数の規制)。
  第2次改正(1992年)医療提供の理念;療養型病床群,特定機能病院制度の創設。
- ・第3次改正(1997年)インフォームド・コンセントの努力義務規定;有床診療所にも療養型病床群;地域医療支援病院の創設(総合病院制度の廃止)。
- ・第4次改正(2000年)病床区分の見直し;広告規制の緩和;看護職員基準引上げ。
- ・第5次改正(2006年)医療に関する情報提供の推進(入退院時における治療計画等の説明,広告規制の緩和);医療計画制度の見直し(地域連携クリティカルパスの普及,脳卒中・がん・小児救急医療等事業別の具体的な医療連携体制を位置付け);医療安全支援センターの制度化;医療法人制度改革など。
- ・第6次改正(2014年)病床機能報告制度と地域医療構想の策定;医師・看護職員確保対策;医療機関における勤務環境の改善;医療事故に係る調査の仕組み等の整

I 総　論

> 備：医療法人制度の見直しなど。

以下，医療法の基本的な内容について概説する。

①医療提供の理念

医療の究極の目的は「生命の尊重と個人の尊厳の保持」（第1条の2第1項）である。また，医療の内容は，「単に治療のみならず，疾病の予防のための措置及びリハビリテーションを含む良質かつ適切なものでなければならない」（同）。医療提供は，病院・診療所・患者の居宅などにおいて，医療提供施設の機能に応じ効率的に行わなければならない。

「医療の担い手は，医療を提供するに当たり，適切な説明を行い，医療を受ける者の理解を得るよう努めなければならない」（第1条の4第2項）。法的義務ではなく努力義務であり，また「同意」ではなく「理解」を得るとされているものの，「インフォームド・コンセントの原則」を明示したものである。

②医療に関する情報の提供

従来，患者が医療情報を得る手段としては，医療機関が行う広告やインターネット等による広報，院内掲示くらいしかなかったが，病院・診療所の広告は厳しく制限されてきた。これらの広告を放任した場合には，虚偽，誇大を伴いやすく，無知の患者を惑わせることとなって公衆衛生上弊害を生じるおそれがあるだけでなく，たとえ真実に合致した広告であっても医師等の品位を害するおそれのあるような事項については，広告を禁止するのが望ましいという趣旨であった。[7]街角で見かける病院・診療所の看板が無味乾燥である背景には，医療法のようなポリシーがあったのである。しかし，患者が自分の判断で医療施設を選ぶために必要な情報は提供されるべきであるとの声が高まり，近年広告できる事項は相当増えている。

従来広告できるのは次のような事項のみであった。医師・歯科医師である旨，診療科名，病院等の名称・電話番号・所在地，常勤の医師・歯科医師の氏名，診療日・診療時間，入院設備の有無，療養病床の有無，紹介できる他の病院等の名称，病院の建物の内部に関する案内，保険医療機関・救急病院・休日診療の有無など。

その後許されるようになったのは次のような事項である。診療録その他の診療

に関する情報を提供できる旨，介護保険サービス事業者である旨，医療機能評価の結果，訪問看護に関する事項，乳幼児検診・胃がん検診等の実施，保健指導（乳幼児保健指導，禁煙指導等）・健康相談の実施，予防接種の実施，治験の対象となる疾患名等，医師の略歴・年齢・性別，手話・点字・対応可能な言語等，学会専門医であること，治療方法，手術・分娩件数，病気ごとの受診患者数，セカンドオピニオンへの協力体制，電子カルテの導入，一時保育サービス，提供している治療内容のわかりやすい提示，医療機器に関する事項など。

2006（平成18）年改正では，広告等による情報提供に加えて，都道府県が医療機関に関する情報を集約し，わかりやすく住民に情報提供し，住民からの相談等に適切に応じる仕組みが作られた。

③医療安全の確保

医療の安全確保は，人々にとって重大な関心事となっている。そこで，第5次改正で，都道府県・保健所設置市に医療安全支援センターを設置する努力義務が課された。このセンターは，患者・家族の苦情・相談に対応し，安全確保に関する情報を提供し，医療機関の管理者・従業者に対する研修を実施するものとされている。

近年，医療事故に関する調査のあり方に対する関心が高まっている。裁判によって真実を明らかにしたいという声に応えて医療訴訟が増加しているが，訴訟を経験した当事者は，医療者も患者側も，勝者も敗者も，裁判への不満を語ることが多い。医療訴訟による被害者救済には限界がある。必要なのは，患者側・医療者側双方にとって，医療事故という不幸な事態から立ち直る契機となり得るような対応策の構築であろう。そこで，2014（平成26）年の第6次改正では，医療事故が発生した医療機関において院内調査を行い，その調査報告を第三者機関（医療事故調査・支援センター）が収集・分析することで再発防止を図るための新たな調査制度が創設された。

④「病院」と「診療所」

医療法は，医療提供施設として「病院」と「診療所」を区別している。まず，入院施設について，病院は20床以上，診療所は19床以下（有床診療所）または入院施設のないもの（無床診療所），という規模の違いによる区分を挙げている。しかしそれだけではなく，病院については，傷病者に対し真に科学的かつ適正な診

Ⅰ 総　論

療を与えることができるものであることを要求し，医師・看護師などの人員や構造設備についても相当程度充実したものであることを求めている。これに対し，診療所は，主としてプライマリーケアを担う機関として位置づけられており，病院・診療所の機能に着目した区分がなされている。

　病院でないものが病院または紛らわしい名称を用いてはならない。たとえば，あんま・はりの施術所を医療院，助産所を産院と称したりしてはならない。街で見かける「〜医院」「〜クリニック」は診療所である。

　⑤「特定機能病院」と「地域医療支援病院」

　俗に「3時間待ちの3分診療」と言われる状況を改善して，医療を効率的に提供するためには，病院と診療所の区分のみではなく，病院間の機能分化が必要である。そこで医療法は，特定機能病院と地域医療支援病院という2つの類型を用意している。

　「特定機能病院」とは，次のような要件に該当して，厚生労働大臣の承認を得たものである。大学病院などがこれにあたる。①高度の医療提供能力を有する，②高度の医療技術の開発・評価能力を有する，③高度の医療に関する研修能力を有する，④内科・精神科・小児科・外科・整形外科・脳神経外科・皮膚泌尿器科・皮膚科・泌尿器科・産婦人科・産科・婦人科・眼科・耳鼻咽喉科・放射線科・歯科・麻酔科のうち10以上の診療科を含む，⑤500人以上の患者を入院させるための施設を有する，⑥基準以上の人員を配置する，⑦基準以上の施設（無菌状態の維持された病室など）を有する。

　「地域医療支援病院」とは，国公立その他の病院であって，地域における医療の確保のために必要な下記の要件に該当するものとして，都道府県知事の承認を得たものである。①他の病院・診療所からの紹介患者への医療提供を行う，②建物・設備・器械・器具を他の医療機関に所属する医師など医療従事者の診療・研究・研修のために利用させる体制を整備する，③救急医療を提供する能力を有する，④地域の医療従事者の研修を行わせる能力を有する，⑤200人以上の患者を入院させるための施設を有する，⑥一定の施設（集中治療室，化学・細菌・病理の検査室，病理解剖室など）を有する。

　⑥病院・診療所・助産所の開設

　病院の開設については，病院の構造設備などについての要件が詳細かつ厳格で

あるため，都道府県知事の許可を必要とする。

これに対して，診療所の場合は，開設者がだれかによって手続きが異なる。臨床研修を修了した医師・歯科医師が開設するときは，許可を必要とせず，開設後10日以内に都道府県知事に届出をすれば足りる。そうでない者が開設する場合は，都道府県知事の許可を得なければならない。前者の場合に届出のみで足りるとしたのは，診療所については構造設備などの要件も比較的厳格でなく，またこれらの者が営利追求のために開設することも予想されないからであるとされる[8]。

助産所の開設も，診療所の場合と同じく，助産師が開設するときは許可を必要とせず，10日以内に都道府県知事に届出をすれば足りるのに対し，助産師でない者が開設する場合は，都道府県知事の許可を要する。

開設許可の申請があったとき，都道府県知事は，法令の定める構造設備基準，人員配置基準に適合するときは，許可を与えなければならない（許可の羈束性）。たとえば，地域住民の反対がある場合においても，申請が要件を満たす以上，許可を与えるべきである。しかし，営利を目的として，開設しようとする者に対しては，許可を与えないことができる（営利性の排除）。

なお，開設後の病院などの管理者（院長）は，臨床研修を修了した医師・歯科医師，助産師でなければならない。つまり，開設者は医師などでなくてもよいが，管理者は医師などでなければならないわけである。

⑦病院の病床区分

病院には「一般病床」のほか，次のような病床区分がある。

「精神病床」は，精神疾患を有する者を入院させる病床，「感染症病床」は，感染症予防・医療法に定める1類感染症（エボラ出血熱，痘そう，ペスト，ラッサ熱など），2類感染症（急性灰白髄炎，結核，ジフテリア，SARSなど），新感染症の患者を入院させる病床，「結核病床」は，結核の患者を入院させる病床，「療養病床」は，病院または診療所の病床のうち，脳血管疾患，慢性腎疾患など主として長期にわたり療養を必要とする患者を入院させる病床のことである。

従来から精神病床・感染症病床・結核病床はあったが，それ以外の病床（「その他の病床」）には，発症後間もない患者から長期間の療養生活を送っている患者まで様々な病態の患者が入院していた。そこで，2000（平成12）年の第4次改正で，主として急性期の患者が入院する「一般病床」と主として慢性期の患者が入

Ⅰ 総 論

院する「療養病床」に区分し，それぞれの病床において提供する医療サービスにふさわしい人員配置基準，構造設備基準を設定することとしたものである。

なお，病床数・病床種別の変更の場合も，開設時と同様に都道府県知事の許可を必要とする。

⑧人員配置基準

それぞれの病床で人員配置基準が異なる。

一般病床の場合，医師は入院患者16人に1人，看護師は入院患者3人に1人とされている。これに対して，療養病床では，医師が入院患者48人に1人，看護師が入院患者4人に1人（ただし，同数の看護補助者が必要）と，一般病床よりも医師・看護師の数が少なくてもよいとされている。

感染症病床や大学病院・大病院の精神病床の基準は一般病床と同じであるが，単科の精神病院では，現在の精神医療に求められるニーズや整備し得る医療資源の量を踏まえ，若干基準がゆるめられており，医師は入院患者48人に1人，看護師は入院患者4人に1人とされている。

結核病床では，平均在院日数が一般病床と比べて極端に長いことなどを勘案して，従来の一般病床と同じ基準が定められ，看護師は入院患者4人に1人となっている。

特定機能病院の人員配置基準は，医師は入院患者8人に1人（通常の2倍），看護師は入院患者2人に1人とされており，通常の病院より相当高度のものとなっている。

とくに看護師の数が少ないことが，続発する医療ミスの背景のひとつと指摘されることがあるにもかかわらず，日本の人員配置基準は，諸外国のそれと比較して決して高いほうではない。しかも，違反に対する罰則がないことも，問題である。

⑨構造設備基準

病院に必ず備えるべき法定施設は次の通りである。①各科専門の診察室，②手術室，③処置室，④臨床検査施設，⑤エックス線装置，⑥調剤所，⑦給食施設，⑧消毒施設，⑨洗濯施設，⑩分娩室および新生児の入浴施設（産科・産婦人科）。

療養病床を有する病院では，これに加えて，①機能訓練室，②談話室，③食堂（1人1平方メートル以上），④浴室（障害者対応）を備えることとなっている。また，

病室病床数は4床以下と制限されている。

地域医療支援病院には，上記の法定施設に加えて，①集中治療室，②化学・細菌・病理検査施設，③病理解剖室，④研究室，⑤講義室，⑥図書室，⑦医薬品情報管理室，⑧救急用・患者輸送用自動車を備えなければならない。

特定機能病院は，病院の法定施設および地域医療支援病院の①から⑦に加えて，無菌状態の維持された病室を備えることとされている。

⑩診療記録など

病院は，診療に関する諸記録（病院日誌，各科診療日誌，処方せん，手術記録，検査所見記録，エックス線写真，入院患者数・外来患者数を明らかにする帳簿）を備え，2年間保存しておかなければならない。なお，診療録・助産録については5年間の保存義務が医師法および保健師助産師看護師法に規定されている。

地域医療支援病院と特定機能病院は，このほか，病院の管理・運営に関する諸記録（前者にあっては，救急医療の提供の実績，地域医療従事者の資質向上を図るための研修の実績，紹介患者に対する医療提供の実績などを明らかにする帳簿，後者にあっては，過去2年間の従業者数を明らかにする帳簿，高度の医療提供の実績，高度の医療技術の開発・評価の実績，高度医療の研修実績などを明らかにする帳簿），を備えておかなければならない。

⑪医療施設の監督

行政機関は，医療施設に対する様々な監督権限を持っている。まず，厚生労働大臣は特定機能病院の開設者・管理者に対して，また都道府県知事，保健所設置市・特別区の長は病院・診療所・助産所の開設者・管理者に対して，報告を命じたり，医療監視員に立入検査を行わせることができる。病院などの不祥事が明るみに出たとき，この医療監視が適正に行われたのか問題にされることがある。

都道府県知事は，構造設備が法令違反のとき，期間を定めて使用制限・使用禁止・修繕・改築を命ずることができる。

また，都道府県知事は，管理者に犯罪・不正行為があったとき，管理者として不適当なとき，開設者に対し変更を求めることができる。

さらに，都道府県知事は，開設者が，①6か月以上業務を開始しない，②休止した後1年以上業務を再開しない，③使用禁止命令や管理者変更命令違反，④開設者に犯罪・不正行為があったときは，開設許可を取り消し，または期間を定め

Ⅰ　総　論

てその閉鎖を命ずることができる。

⑫医療計画

都道府県は，医療計画を定める。これは，無秩序な病院病床の増加をコントロールすることにより医療資源の地域的偏在の是正と医療施設間の機能連携の確保を図るために，1985（昭和60）年の第1次改正で追加されたものである。この後，計画公示前の「かけこみ開設」「かけこみ増床」が行われたが，これがバブル崩壊後の病院倒産の増加につながったという指摘がある。[9]

医療計画では，まず対象となる区域を設定する。区域には，「二次医療圏」（主として病院の病床の整備を図るべき地域的単位としての区域で，通常広域市町村圏）と「三次医療圏」（腎移植といった先進的な技術を必要とする医療のような特殊な医療を提供する病院の整備を図るべき地域的単位としての区域で，おおむね都道府県単位）がある。一般病床・療養病床の基準病床数は二次医療圏ごとに，精神病床・感染症病床・結核病床の基準病床数は都道府県ごとに設定される。

2006（平成18）年改正で，がん・脳卒中・急性心筋梗塞・糖尿病対策，小児救急医療・周産期医療・救急医療・災害医療・へき地医療対策といった主要な事業ごとの医療連携体制の状況について，医療機関の所在地と医療機能がわかるように医療計画に明示することとなった。

⑬医療法人

病院・診療所の開設者の多くは，自然人（生身の人間）ではなく法人である。「法人」とは，一定の財産の集団（財団）または人の集団（社団）であって，法律により独立して権利義務の主体となることができるとされたものである。法人には，個人よりも資金の集積が容易で，経営に安定性があるという利点がある。

病院・診療所・介護老人保健施設を開設しようとする社団・財団は，都道府県知事の認可を受けて医療法人とすることができる。医療法人の理事長は，都道府県知事の認可を受けた場合を除き，医師または歯科医師でなければならない。

医療法人のできる業務として，①医療関係者の養成，②医学・歯学に関する研究所設置，③精神保健福祉法による精神障害者社会復帰施設の設置，④社会福祉法に定める社会福祉事業などがあげられている。

(2)　医師法

第2次世界大戦前の日本では，医科大学を卒業すれば医師免許が得られた。

1948（昭和23）年制定の医師法は，戦前の体制を大きく変え，医業と歯科医業との分離，応招義務の罰則廃止，また大学卒業者にかぎっての医師国家試験受験資格付与などを定めた。その後，1968（昭和43）年にインターン制度を廃止するなどの改正を経て現在に至っている。

①免　　許

医師の免許は，医師国家試験に合格した者に対して厚生労働大臣が与える。その者が絶対的欠格事由に該当していれば，免許は与えられない。絶対的欠格事由は「未成年者，成年被後見人，被保佐人」（第3条）である（後二者については第3節「権利擁護の制度」の項参照）。2001（平成13）年の改正までは，「目が見えない者，耳が聞こえない者，口がきけない者」も含まれていたが，障害があるからといって一律に免許から除外するのは適切でないとして削除された。

ただ，相対的欠格事由（程度によっては免許を取得できないことがある事由）のなかに，「心身の障害により医師の業務を適正に行うことができない者として厚生労働省令で定めるもの」（第4条第1号）という要件があり，厚生労働省令により，「視覚，聴覚，音声機能若しくは言語機能又は精神の機能の障害により医師の業務を適正に行うに当たつて必要な認知，判断及び意思疎通を適切に行うことができない者」がそれにあたるとされている。この改正によって，視覚障害者の医師が誕生している。

相対的欠格事由には，このほか，麻薬・大麻・あへんの中毒者，罰金以上の刑（死刑・懲役・禁錮・罰金）に処せられた者，医事に関し犯罪または不正の行為のあった者，があげられている。

免許取得後，医師が絶対的欠格事由に該当するときは，厚生労働大臣は，その免許を取り消すことになっている。医師が相対的欠格事由のいずれかに該当し，または医師としての品位を損するような行為のあったときは，厚生労働大臣は，戒告・3年以内の医業の停止・免許の取消しの処分をすることができる。また，医療ミスを繰り返す「リピーター医師」を根絶するため，2006（平成18）年改正で，職業倫理を高め，医療技術を再確認するため，行政処分を受けた医師に対し再教育の受講を義務づける規定が新設された。あわせて，氏名をもとに医師であるか否かを確認できるように，インターネット等で情報提供を行うこととなった（再教育修了まで医業停止・戒告の事実も掲載）。

I 総　論

②試　験

　医師国家試験は，厚生労働大臣が毎年少なくとも1回行う。試験は，臨床上必要な医学および公衆衛生に関して，医師として具有すべき知識および技能について行うとされているが，他の医療関係者とは異なり，医師としての総合的な能力を試すものであるから，法文上は個々の科目は挙げられていない。

　受験資格があるのは，①学校教育法に基づく大学において医学の正規の課程（6年）を修めて卒業した者，②医師国家試験予備試験の合格者で1年以上の診療・公衆衛生に関する実地修練を経た者，③外国の医学校を卒業し，または外国で医師免許を得た者で，厚生労働大臣が①，②の者と同等以上の学力および技能を有し，かつ，適当と認定した者，である。

　かつては，医学部卒業後さらに1年以上の実地修練（インターン）を経ることを医師国家試験の受験資格としていた。この制度は，実地修練生の地位・身分が明確でないこと，指導体制に不備があるなどの問題があり，大学紛争を契機に1968（昭和43）年に廃止され，医師免許取得後の「臨床研修」制度に引き継がれた。

③臨床研修

　診療に従事しようとする医師は，2年以上，大学病院または厚生労働大臣指定の病院において，臨床研修を受けなければならない。従来は，「臨床研修を行うように努めるものとする」と定め，あくまでも医師の自発的努力を期待する制度であり，臨床研修を行った者と行わなかった者とで，法律上，医師としての資格において差異がなかった。しかし，2004（平成16）年度から必修（義務）化された。これに伴って，病院・診療所の管理者は，臨床研修を修了した医師でなければならなくなる。

　これまで研修医の身分は不明確できわめて不安定だったが，必修化に伴い，身分の安定が図られた。

④業務独占

　「医師でなければ，医業をなしてはならない」（第17条）。これは，医師法の最重要の規定である。違反には，3年以下の懲役または100万円以下の罰金が科される。

　「医業」とは，医行為を業とすることである。「業とする」とは，反復継続の意

思をもって行うことであり，報酬を受けるかどうかはかかわりない。「医行為」とは，医師の医学的判断および技術をもってするのでなければ人体に危害を及ぼし，または危害を及ぼすおそれのある行為のことを言う。

裁判例で医行為に該当するとされた事例をいくつか挙げてみよう。[10]①淋病患者に対し，問診・聴診などの診察のみを行う行為，②断食道場の入場者に対し，断食療法を施行するため入寮の目的，症状，病歴などをたずねる行為，③膣内に子宮鏡を挿入して子宮を内診する行為，④皮下注射，薬物塗布，⑤逆まつげを抜き去る行為。

逆に，医行為に該当しないとされた事例は，次のようなものである。[11]①自己の手のひらを患者の前面に差し出してその病気の有無を察知し，患部に自己の手のひらをあてて治療する「掌薫療法（しょうくん）」，②患部の部位を察知するために問診，触診を行ったうえ，「紅療法」（野草の植物である紅草から採取した紅色を帯びた液を刷毛けで患部に塗布し，その上部を円木で摩擦して皮膚に湿潤させる）を施す，③灸きゅう術営業者が，聴診器・血圧計など，その使用上相手方に危害を及ぼすおそれのない器具を用いて，施灸に必要な限度（禁忌症状を知る，灸点を定める）においてのみ診察すること。

コンタクトレンズの処方のために行われる検眼およびテスト用コンタクトレンズの着脱の各行為が「医行為」にあたるとした最高裁判所判決（1997〔平成9〕年9月30日）が出され，注目を集めた。関係業界からは相当の異論が出されている。

⑤名称独占

「医師でなければ，医師またはこれに紛らわしい名称を用いてはならない」（第18条）。これに違反すれば，50万円以下の罰金を科される。戦前は名称独占規定がなかったため，はり師などが医師類似の名称を用いたり，あるいは全然医業をなさないでも社会的信用を得るために偽って医師と称する者がいても取り締まることができなかった。そこで，現行医師法で初めて規定したものである。[12]「紛らわしい名称」としては，医士，鍼灸医，はり医，接骨医，デンティストなどが挙げられる。「人形のお医者」などは含まれない。

⑥応招義務（診療義務）

診療に従事する医師は，診察治療の求めがあった場合には，正当な事由がなければ，これを拒んではならない。これを「応招義務（診療義務）」という。この義

務は，1874（明治7）年の医制のなかにすでに萌芽があり，その後，刑法に拘留・科料などの罰則規定がおかれた。1948（昭和23）年の医師法制定にあたって，このような義務は法律によって強制すべきものではなく，医師の自覚に待つべきものであるとの意見もあったが，医師の職務の公共性より見て応招義務は特に強調されるべきであるとして，法律上の義務として規定された。しかし，罰則は削除したので，この義務を果たすかどうかは一応医師の良心に任せられた。しかし，場合によっては，行政処分（「医師としての品位を損するような行為」として免許取消し・業務停止），民事責任（不作為による不法行為責任），刑事責任（業務上過失致死傷罪）などの法的責任を生ずることがあり得る。[13]

「正当な事由」としては，自己の病気により診療が不可能，手術中または重篤な患者がいて手が離せない，休日・夜間診療所が確保されている地域で，休診日・診療時間外に来院した患者に対して休日・夜間診療所での受診を指示する場合などが挙げられる。しかし，患者の再三の求めにもかかわらず，単に軽度の疲労の程度をもってこれを拒絶することは義務違反となる。また，診療報酬が不払いであっても，ただちにこれを理由として診療を拒むことはできない（いずれも行政解釈）。ただ，支払い能力があるにもかかわらず常習的に不払いを重ねる患者については，緊急性がない限り診療拒否が許される場合もあり得るであろう。[14]

⑦業務に関する医師のその他の義務

以上のほか，医師にはいくつかの義務が課されている。

医師は，診断書・出生証明書・死産証書などの交付の求めがあった場合には，正当な事由がなければ，これを拒んではならない（証明文書交付義務）。罰則はない。

医師は，自ら診察しないで治療をしたり，診断書や処方せんを交付してはならない（無診察治療・証明文書交付等の禁止）。したがって，電話で容態を聞いたのみで診断を行ったり治療方法を指示したりすることはできない。しかし，前日まで継続的に診ていた患者から電話があり，特に急変の認められないような場合，適当な指示を与える程度のことは可能であろう。[15]

医師は，死体または妊娠4月以上の死産児を検案して異状があると認めたときは，24時間以内に所轄警察署に届け出なければならない（異状死体等の届出義務）。異状な死体や死産児は，殺人，業務上過失致死，死体損傷，堕胎などの犯罪と結

びつくことがあり得るため，司法警察上の便宜のため，それらの異状を認めた医師に届出義務を課したものである[16]。

本来この義務は，医療事故の場合を想定したものではなかった。自分が診療している患者が医療事故により死亡したときに届出を強制するのは，「何人も，自己に不利益な供述を強要されない」と定める憲法第38条第1項に違反するのではないか，という意見もあった。しかし，手術後の患者が誤って消毒液を点滴されて死亡した都立広尾病院事件で，届出がなされなかったことが医師法違反になるかどうかが争われた訴訟において，最高裁判所は，医療ミスなどの犯罪が発覚する端緒を与えるなど一定の不利益を負う可能性があっても，人の命を直接左右する医師の資格に付随する負担として許されるから，憲法には違反しない，と判断した（最高裁判所判決，2004〔平成16〕年4月13日）。

医師は，患者に対し治療上薬剤を調剤して投与する必要があると認めた場合には，患者に対して薬剤を交付するのではなく，処方せんを交付しなければならない（処方せん交付義務）。これは，医師は処方し，薬剤師が調剤するという「医薬分業」を目的とするものである。

しかし，これには例外も多い。診断のみの目的で投薬する場合（消化管造影のためバリウムを飲ませる）や患者の自由にして明示の意思表示がある場合には，処方せんを交付せずに薬剤を交付してもよいとされている。また，処方せんを交付することが診療または疾病の予後について患者に不安を与え，その疾病の治療を困難にするおそれがある場合や，診断または治療方針の決定していない段階でさぐりを入れながら投薬する場合にも，処方せんを交付しなくてよいとされている。

医師は，診療をしたときは本人またはその保護者に対し，療養の方法その他保健の向上に必要な事項の指導をしなければならない（保健指導の義務）。

医師は，診療をしたときは，遅滞なく診療に関する事項を診療録に記載し，5年間これを保存しなければならない（診療録の記載・保存義務）。

なお，医師法には医師の守秘義務に関する規定はないが，刑法第134条（秘密漏示罪）が「正当な理由がないのに，その業務上取り扱ったことについて知り得た人の秘密を漏らしたときは，6月以下の懲役又は10万円以下の罰金に処する」と定めている。

Ⅰ 総　論

(3) 保健師助産師看護師法

　看護関係職に関する法規は，当初別々に制定されていたが，1948（昭和23）年，保健婦助産婦看護婦法として統合された。それまでと大きく異なるのは，看護職の資質の向上を図るために免許資格の水準を相当引き上げた点である。その後数回の改正を行っているが，基本的な内容は変わっていない。なお，2001（平成13）年の改正で，性別によって異なっていた名称を改めて，保健師・助産師・看護師とした。また，2009（平成21）年の改正で，保健師・助産師の教育期間が6か月から1年に延長され，卒後臨床研修が努力義務となった。

①保健師・助産師・看護師・准看護師の定義

　「保健師」とは，厚生労働大臣の免許を受けて，保健師の名称を用いて保健指導に従事することを業とする者を言う。「保健指導」とは，疾病予防の指導，母性または乳幼児の保健衛生指導，傷病者の療養上の指導などを意味する。当初は女性のみの資格であったが，1993（平成5）年の改正で男性にも開放された。

　「助産師」とは，厚生労働大臣の免許を受けて，助産または妊婦・じょく婦・新生児の保健指導を業とする女子を言う。保健師に続いて男性に開放すべきという声もあるが，反対も根強く，まだ実現していない。なお，妊婦とは，受胎後分娩開始までの期間における女性，じょく婦とは，産じょく（分娩が終わって母体が正常に戻るまでの期間・普通6週間）における女性，新生児とは，出生後およそ1か月の間の子どもを言う。

　「看護師」とは，厚生労働大臣の免許を受けて，傷病者やじょく婦に対する療養上の世話または診療の補助を業とする者を言う。「療養上の世話」とは，療養中の患者・じょく婦に対して，その症状に応じて行う医学的知識・技術を必要とする世話，「診療の補助」とは，医師・歯科医師が患者を診断治療する際に行う補助行為のことである。

　「准看護師」とは，都道府県知事の免許を受けて，医師・歯科医師・看護師の指示を受けて，傷病者・じょく婦に対する療養上の世話または診療の補助を業とする者を言う。指示を受ける必要はあるものの，業務範囲は看護師と変わりはない。

②免　許

　保健師・助産師・看護師の免許は，各国家試験に合格した者に厚生労働大臣が与える。准看護師の免許は，都道府県知事の行う准看護師試験に合格した者に都

道府県知事が与える。

　2001（平成13）年の改正前は，医師法と同様，「目が見えない者，耳が聞こえない者，口がきけない者」が絶対的欠格事由であったが，削除されたので，現在では絶対的欠格事由はない。

　相対的欠格事由は，医師法の場合と同じである。

　免許の取消し，業務の停止についても，医師法と変わらない。

　③試　　験

　保健師・助産師・看護師の各国家試験および准看護師試験は，毎年少なくとも1回行われる。

　保健師国家試験の受験資格者は，看護師国家試験合格者または看護師国家試験の受験資格者であって，さらに，①文部科学大臣指定の学校で，1年以上保健師となるのに必要な学科を修めた者，②厚生労働大臣指定の保健師養成所を卒業した者，③外国の保健師学校卒業者または外国の保健師免許取得者で，厚生労働大臣が前記の者と同等以上の知識・技能があると認めた者，である。

　助産師国家試験の受験資格者は，看護師国家試験合格者または看護師国家試験の受験資格者であって，さらに，①文部科学大臣指定の学校で，1年以上助産に関する学科を修めた者，②厚生労働大臣指定の助産師養成所を卒業した者，③外国の助産師学校卒業者または外国の助産師免許取得者で，厚生労働大臣が前記の者と同等以上の知識・技能があると認めた者，である。

　看護師国家試験の受験資格者は，①文部科学大臣指定の学校で，3年以上看護師になるために必要な学科を修めた者，②厚生労働大臣指定の看護師養成所を卒業した者，③免許取得後3年以上業務に従事している准看護師または高等学校を卒業している准看護師で，文部科学大臣指定の学校または厚生労働大臣指定の養成所において2年以上修業した者，④外国の看護師学校卒業者または外国の看護師免許取得者で，厚生労働大臣が①②の者と同等以上の知識・技能があると認めた者，である。①②のうち，高等学校卒業を入学資格とする課程を3年課程という。ほかに，高等学校3年および専攻科（2年以上）において，一貫した看護師養成教育をほどこす課程もある。

　准看護師試験の受験資格者は，①文部科学大臣指定の学校で，2年の看護に関する学科を修めた者，②厚生労働大臣の定める基準に従い，都道府県知事指定の

Ⅰ 総　論

准看護師養成所を卒業した者，③看護師国家試験の受験資格のある者，④外国の看護師学校卒業者または外国の看護師免許取得者のうち，看護師国家試験の受験資格は認められないが，厚生労働大臣の定める基準に従い，都道府県知事が適当と認めた者，である。①②の入学資格はいずれも，中学校を卒業した者である。

④名称独占・業務独占

保健師でなければ，保健師または紛らわしい名称を用いて保健指導を業とすることはできない（名称独占）。言いかえれば，保健師または紛らわしい名称を用いなければ，保健師でなくても保健指導を業とすることができる。

助産師でなければ，助産または妊婦・じょく婦・新生児の保健指導を業とすることはできない（業務独占）。しかし，医師はその業務の一部として当然助産師の業務を行うことができる。

傷病者やじょく婦に対する療養上の世話または診療の補助を業とすることは，看護師・准看護師の業務独占となっている。しかし，医師・歯科医師・保健師・助産師は看護師の業務を行うことができる。また，歯科衛生士・診療放射線技師・臨床検査技師・理学療法士・作業療法士・臨床工学技士などは，診療の補助として，一部の業務を行うことができる。

⑤業務範囲を守る義務

保健師・助産師・看護師・准看護師の業務には，独自の判断で行えるもの，主治の医師・歯科医師の指示がなければ行えないもの，指示があっても行ってはならないものの3類型がある。

〈独自の判断で行える業務〉
保健師の業務では通常の保健指導，助産師の業務では正常な場合の助産や保健指導，および，へその緒を切り，浣腸を施し，その他助産師の業務に通常随伴する行為は，独自の判断で行うことができる。看護師・准看護師の業務では，療養上の世話については，独自の判断で行えることが多いであろう。また，いずれの職種でも，臨時応急の手当を行うことはできる。

〈医師・歯科医師の指示がなければ行えない業務〉
「診療機械を使用したり，医薬品を授与したり，医薬品について指示したり，そのほか医師・歯科医師が行うのでなければ衛生上危害を生ずるおそれのある行為」（第37条）は，医師・歯科医師の指示がなければ行ってはならない。言いかえれば，これらの行為は医師・歯科医師の指示があれば行ってもよい。

〈医師・歯科医師の指示があっても行えない業務〉
　医師・歯科医師が自ら行わなければならないほど高度に危険な行為については，仮に指示があったとしても行ってはならない。たとえば，診断，動脈注射，外科手術などは明らかにこれにあたる。

　従来実務上大きな問題とされてきたのが，静脈注射を看護師が行うことの是非である。1951（昭和26）年に厚生省が発した2つの通知は，静脈注射を看護師の業務範囲を超えるものと解釈していた。しかし，現場では看護師によって静脈注射が実施されることは稀ではない。にもかかわらず，違法との行政解釈が示されている以上，看護教育においても血管に注射針を刺すなどの技術教育は行われてこなかったのである。ところが，2002（平成14）年，厚生労働省は50年ぶりに行政解釈を変更し，静脈注射を診療の補助行為の範囲内として取り扱う旨の通知を発した。

　在宅医療の一層の推進のためには，医師・歯科医師の判断を待たずに，手順書により一定の診療の補助（例えば，脱水時の点滴など）を行う看護師を養成し，確保していく必要がある。そのため，2014（平成26）年の保健婦助産婦看護婦法改正によって，その行為を特定し，手順書によりそれを実施する場合の研修制度（特定行為に係る看護師の研修制度）が創設された。

　⑥業務上の義務

　保健師は，傷病者の療養上の指導を行うにあたって，主治医があるときはその指示を受けなければならない。また，就業地を管轄する保健所長の指示に従う義務を負う。

　助産師の義務としては，妊婦・胎児に異常がある場合の処置禁止のほか，医師と同様の応招義務，証明文書交付義務，異常死産児の届出義務，助産録記載・保存義務がある。

　看護関係職の守秘義務は，従来助産師のみ医師と同じく刑法に規定されていたが，保健師・看護師については明示されていなかった。2001（平成13）年の改正でようやく，保健師・看護師について刑法と同様の規定が追加された。

Ⅰ 総 論

3　保健の基本法制

　保健に関する法規も多岐にわたるが，ここでは，保健所について定める地域保健法と，感染症対策の基本法である感染症の予防及び感染症の患者に対する医療に関する法律のみを取り上げる。

(1)　地域保健法

　保健・医療の最前線の機関である保健所に関する初めての法規は，1937（昭和12）年制定の保健所法であった。1947（昭和22）年，これが全面改正され，保健所の機能が拡充強化された。さらに，1994（平成6）年，急激な人口の高齢化，疾病構造の変化などに対応して，地域保健対策の総合的推進・強化を図るために，保健所法の全文を改正して誕生したのが地域保健法である。

①保健所

　保健所は，都道府県，政令指定都市・中核市・その他の政令市または特別区（東京23区）が設置する。都道府県が設置する保健所は，おおむね「二次医療圏」に1つとされる。母子保健や栄養相談の業務が市町村の管轄になり，都道府県が設置する保健所はより専門的な業務を受けもつようになっている。

　保健所には，所長のほか，医師・歯科医師・薬剤師・獣医師・保健師・助産師・看護師などを置くこととなっている。所長には，3年以上公衆衛生の実務に従事した経験があることなど一定の資格をもつ医師が就くとされている。所長が医師でなければならないかについては議論がある。

　保健所の行う事業は次の通りである。

①地域保健の思想の普及，精神保健，感染症予防などについて，企画・調整・指導を行う。
②地域保健に関する情報収集，調査研究を行う。
③都道府県設置の保健所は，市町村相互間の連絡調整，技術的助言，研修を行う。
④精神保健福祉法，母子保健法，老人保健法，児童福祉法，老人福祉法などによって保健所の業務とされている事項を実施する。
⑤各種の届出・申請の実際の窓口となる（看護師免許の申請など）。

②市町村保健センター

市町村は，市町村保健センターを設置することができる。同センターは，住民に対し，健康相談，保健指導，健康診査その他地域保健に関し必要な事業を行う。

(2) 感染症予防医療法

従来の感染症対策は，予防（社会防衛）一本槍で，患者の人権を軽視する傾向にあったことは，らい予防法の例を見ても明らかである。そもそも，患者・感染者に対する適切な医療提供という観点がなかった。また，対象としての感染症が現実に即していないという問題点もあった。

そのような反省の上に立って，1998（平成10）年，感染症の予防及び感染症の患者に対する医療に関する法律（感染症予防医療法）が制定された。これに伴って，伝染病予防法，性病予防法，エイズ予防法は廃止された。

①感染症の定義

感染症予防医療法は，すでに知られている感染症を次のように5類に分け，それぞれに適した対策を規定している。

1) 1類感染症——エボラ出血熱，クリミア・コンゴ出血熱，痘そう，南米出血熱，ペスト，マールブルグ病，ラッサ熱
2) 2類感染症——急性灰白髄炎，結核，ジフテリア，重症急性呼吸器症候群（SARS），中東呼吸器症候群（MERS），特定鳥インフルエンザ
3) 3類感染症——コレラ，細菌性赤痢，腸管出血性大腸菌感染症，腸チフス，パラチフス
4) 4類感染症——E型肝炎，A型肝炎，黄熱，Q熱，狂犬病，炭疽，鳥インフルエンザ，ボツリヌス症，マラリア，野兎病，その他（オウム病，回帰熱，サル痘，つつが虫病，デング熱，日本脳炎，発しんチフス，レジオネラ症など）
5) 5類感染症——インフルエンザ（鳥インフルエンザ・新型インフルエンザ等感染症を除く），ウイルス性肝炎（E型・A型肝炎を除く），クリプトスポリジウム症，後天性免疫不全症候群，性器クラミジア感染症，梅毒，麻しん，メチシリン耐性黄色ブドウ球菌感染症（MRSA），その他（アメーバ赤痢，クロイツフェルト・ヤコブ病，水痘など）

以上のほか，感染症として，新型インフルエンザ等感染症，すでに知られている感染症（1類・2類・3類感染症を除く）ではあるが，まん延防止のために特別の措置が必要なもの（「指定感染症」），人から人に伝染する重篤な疾病であって，すでに知られている感染症と明らかに異なるもの（「新感染症」）が挙げられてい

Ⅰ　総　論

る。新感染症については，おおむね1類感染症と同様な措置が行われる。

②医師の届出義務

医師は，①1類〜4類感染症の患者・感染者を診断したときは，ただちに，その者の氏名・年齢・性別などを，保健所長を経由して，都道府県知事に届け出なければならない。また，②5類感染症のうち，アメーバ赤痢，クロイツフェルト・ヤコブ病，後天性免疫不全症候群，梅毒，破傷風など20疾病の患者，および後天性免疫不全症候群，梅毒の感染者を診断したときは，7日以内に，その者の年齢・性別などを，保健所長を経由して，都道府県知事に届け出なければならない。

都道府県知事は，感染症の発生状況，動向，原因を明らかにする必要があるときは，職員に，感染症の患者・感染者に質問させ，または調査をさせることができる。

厚生労働大臣および都道府県知事は，届出や調査などにより収集した情報について分析し，個人情報の保護に留意しながら，積極的に公表しなければならない。

③健康診断・就業制限

都道府県知事は，1類〜3類感染症，および新型インフルエンザ等感染症にかかっている疑いのある者に対し，医師の健康診断を受けるように勧告することができる。勧告に従わなければ，職員に健康診断を行わせることができる。

届出を受けた都道府県知事は，届出の内容を患者・感染者に書面で通知しなければならない。通知を受けた者は，感染症ごとに定められた業務（たとえば，SARSの場合，「多数の者に接触する業務」）に，公衆にまん延させるおそれがなくなるまで，従事してはならない。

④入　院

感染症予防医療法が定める強制的な入院措置は，1類感染症のみを対象に，しかも3段階に分けて行われることになっている。かつての性病予防法やエイズ予防法が容易に強制措置を発動できる仕組みになっていたのとは好対照である。

1）まず，都道府県知事は，1類感染症のまん延を防止するため必要があるときは，72時間を限度として入院するよう勧告することができる。その者が勧告に従わないときは入院させることができる。

2）保健所に置かれる感染症の診査に関する協議会の意見を聴いて，上記入院者に対し，10日以内の期間を定めて入院を勧告し，従わないときは入院させることができる。

3）さらに入院継続の必要があるときは，同協議会の意見を聴いて，10日以内の期間ごとに入院期間を延長することができる。

入院患者が病原体を保有していないことが確認されれば，退院させなければならない。

入院勧告・入院措置を受けた患者から申請があれば，都道府県が医療保険の自己負担分を公費で負担する。

4　福祉の基本法制

(1)　社会福祉法

1951（昭和26）年に制定された社会福祉事業法は，2000（平成12）年，社会福祉法として新しく生まれ変わった。改正のポイントは，①利用者の立場に立った社会福祉制度の構築，②サービスの質の向上，③社会福祉事業の充実・活性化，④地域福祉の推進，である。

①社会福祉事業

社会福祉法は，社会福祉事業の定義をすることなく，「第一種社会福祉事業」「第二種社会福祉事業」に属する個別事業を列挙する（第2条）ことで社会福祉事業の範囲を示そうとしている。これは，社会福祉事業の定義がきわめて困難であるからにほかならない。

第一種社会福祉事業は，主として児童養護施設・特別養護老人ホームなど入所施設を経営する事業，第二種社会福祉事業は，ホームヘルプ・デイサービスなど在宅介護事業，保育所・老人福祉センターなど通所施設を経営する事業，身体障害者の更生相談など相談援助の事業などを内容とする，と一応いうことはできる。第一種社会福祉事業は利用者の人権を制約するおそれが強いために，国・地方公共団体・社会福祉法人が経営することが原則とされているのである。しかし，「第二種」に含まれる短期入所事業，認知症対応型老人共同生活援助事業（グループホーム），知的障害者・精神障害者地域生活援助事業などは，入所施設の特徴をあわせもっていることから，第一種・第二種の事業区分はさほど明瞭とはいえなくなっている。

I 総論

②福祉サービスの基本理念

社会福祉法第3条は，「福祉サービスは，個人の尊厳の保持を旨と」すると規定する。これは，医療法が定める「医療提供の理念」とも共通するもので，現代の保健・医療・福祉の法制度を貫く基本理念であると言える。

同条はまた，福祉サービスの内容が利用者の「有する能力に応じ自立した日常生活を営むことができるように支援するもの」と位置づけており，自立支援を機軸とする現代の潮流が明確にうかがえる。さらに，利用者の意向を尊重すること，保健医療サービスとの有機的連携を図るべきことが謳われている。

③福祉事務所

都道府県と市は，福祉に関する事務所（以下，福祉事務所）を設置しなければならない。町村は，福祉事務所を設置することができる。実際には，設置している町村はほとんど存在しない。

都道府県が設置する福祉事務所は，生活保護法，児童福祉法，母子及び寡婦福祉法に定める事務を処理する。これに対して，市町村が設置する福祉事務所は，社会福祉六法（生活保護法，児童福祉法，母子及び寡婦福祉法，老人福祉法，身体障害者福祉法，知的障害者福祉法）すべての福祉行政実務を行う機関と位置づけられている。

福祉事務所には，所長，査察指導員（現業事務を指導監督する），現業員（家庭訪問，面接，調査，生活指導などの現業事務を行う），事務員を置かなければならない。所員の定数は，都道府県・市町村の条例で定められるが，現業員の数については社会福祉法に標準が定められている。たとえば，市の設置する事務所では，生活保護の受給世帯が240以下のときは3名，受給世帯数が80を増すごとに1を加えた数，とされている。

地方分権により市町村が設置する福祉事務所の所掌事務が膨大なものになったにもかかわらず，所員定数は1951（昭和26）年の制定時からまったく変わっていない。所員1人あたりの実務量がさらに増加して，それが要援護者の不利益につながる危険性もある。

福祉事務所には，社会福祉主事を置くことになっている。しかし，社会福祉主事の資格要件が決して高くないにもかかわらず，実際には，社会福祉主事の充足率は，査察指導員で7割，現業員で6割にとどまっている。

④社会福祉法人

　安定して社会福祉事業を行うことを目的として，社会福祉法人制度が設けられている。社会福祉法人は，社会福祉事業を行うに必要な資産を備えるべきことが要求されている。しかし，安定性を重視するあまり要件が厳格にすぎて，必要な事業が十分に行われないという声があり，2000（平成12）年改正の際に，小規模通所授産施設またはホームヘルプ事業を行う社会福祉法人の設立のための資産要件が，1億円から1,000万円に引き下げられた。

⑤福祉サービスの適切な利用

　2000（平成12）年，身体障害者福祉法，知的障害者福祉法，児童福祉法が改正され，市町村が行政処分によりサービス内容を決定する「措置」制度から，利用者が事業者と対等な関係に基づきサービスを選択する「利用契約」制度に変わった。それに伴い，社会福祉法に「福祉サービスの適切な利用」の章が新設された。これには，①情報提供など利用契約の手続に関する利益保護と，②福祉サービス利用開始後の利用援助に関する利益保護が含まれる。

〈①情報提供など利用契約の手続に関する利益保護〉
　社会福祉事業の経営者は，情報の提供を行い，利用契約の申込み時に契約の内容などについて説明するように努めなければならない。利用契約の成立時には，サービスの内容などに関する書面を交付しなければならない。また，福祉サービスの質の評価などにより，利用者の立場に立って良質かつ適切なサービスを提供するよう努めなければならない。

〈②福祉サービス利用開始後の利用援助に関する利益保護〉
　2000（平成12）年改正により，第二種社会福祉事業として新たに「福祉サービス利用援助事業」が加わった。これは，精神上の理由により日常生活を営むのに支障がある者に対して，福祉サービスの適切な利用のための援助を行う事業である。現在，都道府県社会福祉協議会が市町村社会福祉協議会と協力して，この事業（地域福祉権利擁護事業，2008〔平成20〕年より日常生活自立支援事業）を実施している。

　社会福祉法はまた，社会福祉事業の経営者による苦情解決の制度を新設した。
　福祉サービス利用援助事業や苦情解決を支援するために，都道府県社会福祉協議会に運営適正化委員会が設置されている。

(2)　社会福祉士及び介護福祉士法

　日本で初めて福祉に関する国家資格が創設されたのは，1987（昭和62）年制定

Ⅰ 総 論

の社会福祉士及び介護福祉士法によってである。この時期にこれら2つの資格が誕生したのは，高齢化と福祉ニーズの多様化により，専門的知識・技術をもって相談，指導などにあたる人材（社会福祉士），高齢化とサービスの多様化に応える介護に関する専門職（介護福祉士）の確保が急務となったからであった。

①社会福祉士と介護福祉士の定義

> 「社会福祉士」とは，社会福祉士登録簿に登録を受け，社会福祉士の名称を用いて，専門的知識および技術をもって，日常生活を営むのに支障がある者の福祉に関する相談に応じ，助言・指導，福祉サービスを提供する者又は医師その他の保健医療サービスを提供する者その他の関係者との連絡及び調整その他の援助を行うことを業とする者をいう。

> 「介護福祉士」とは，介護福祉士登録簿に登録を受け，介護福祉士の名称を用いて，専門的知識および技術をもって，日常生活を営むのに支障がある者に対して，心身の状況に応じた介護を行い，並びにその者及びその介護者に対して介護に関する指導を行うことを業とする者をいう。

②欠格事由

社会福祉士・介護福祉士の絶対的欠格事由は，次の通りである。①成年被後見人または被保佐人，②禁錮以上の刑の執行を終わって2年を経過しない者，③社会福祉に関する法律による罰金刑の執行を終わって2年を経過しない者，④虚偽・不正の事実に基づいて登録を受け，または信用失墜行為もしくは秘密保持義務違反の行為を行ったことを理由にして登録を取り消されて2年を経過しない者。

③社会福祉士の資格取得

厚生労働大臣が毎年1回以上行う社会福祉士試験に合格した者は，社会福祉士となる資格を有する。受験資格は，大学において社会福祉に関する指定科目を修めて卒業した者を基本とするが，その他多くのルートがある。

社会福祉士となる資格を有する者が社会福祉士となるには，厚生労働省に備える社会福祉士登録簿に登録を受けなければならない。

④介護福祉士の資格取得

介護福祉士となる資格を有するのは，高等学校卒業後，学校または養成施設において2年以上介護福祉士として必要な知識・技術を修得した者，3年以上介護

の業務に従事した者などを対象とする介護福祉士試験に合格した者その他である。つまり，国家試験を受けることなく資格を取得することも可能となっている。

　介護福祉士となる資格を有する者が介護福祉士となるには，厚生労働省に備える介護福祉士登録簿に登録を受けなければならない。

⑤名称独占

　社会福祉士・介護福祉士は，医師・看護師などのような業務独占ではなく，名称独占の資格である。

⑥社会福祉士・介護福祉士の義務

　社会福祉士・介護福祉士は，信用を傷つける行為をしてはならない。また，正当な理由がなく，その業務に関して知り得た人の秘密を漏らしてはならない。これに違反した者は，1年以下の懲役または30万円以下の罰金に処せられる。

　社会福祉士・介護福祉士は，業務を行うにあたり，医師その他の医療関係者との連携を保たなければならない。

(3)　精神保健福祉士法

　福祉に関する新たな国家資格を定めるものとして，1997（平成9）年に精神保健福祉士法が制定された。精神障害者の社会復帰を促進することが社会的な重要課題となり，社会復帰に関する相談・援助を行う専門職種の育成・確保が急務となっていたという背景がある。

①精神保健福祉士の定義

　「精神保健福祉士」とは，精神保健福祉士登録簿に登録を受け，精神保健福祉士の名称を用いて，精神保健福祉に関する専門的知識および技術をもって，精神病院その他の医療施設の患者または社会復帰施設の利用者の地域相談支援の利用その他の社会復帰に関する相談に応じ，助言・指導・生活適応訓練その他の援助を行うことを業とする者をいう。

②欠格事由

　精神保健福祉士の絶対的欠格事由は，社会福祉士及び介護福祉士法のそれと同じである。

③精神保健福祉士の資格取得

　厚生労働大臣が毎年1回以上行う精神保健福祉士試験に合格した者は，精神保健福祉士となる資格を有する。受験資格は，大学において精神保健福祉に関する

指定科目を修めて卒業した者を基本とするが，その他多くのルートがある。

精神保健福祉士となる資格を有する者が精神保健福祉士となるには，厚生労働省に備える精神保健福祉士登録簿に登録を受けなければならない。

④名称独占

精神保健福祉士もまた，業務独占ではなく，名称独占の資格である。

⑤精神保健福祉士の義務

精神保健福祉士は，信用を傷つける行為をしてはならない。また，正当な理由がなく，その業務に関して知り得た人の秘密を漏らしてはならない。罰則は，社会福祉士及び介護福祉士法のそれと同じである。

精神保健福祉士は，業務を行うにあたり，保健医療サービス，障害福祉サービス，地域相談支援サービスの提供者その他の関係者との連携を保たなければならない。また，精神障害者に主治医があるときは，その指導を受けなければならない。

5　保健・医療・福祉の制度

保健・医療・福祉の制度は無数にあり，そのすべてを説明することはできない。そこで本節では，保健・医療・福祉の連携を考えるうえで不可欠な制度のなかで，本書のほかの箇所で触れられていない制度について概説するにとどめる。

医療保障の制度

日本の医療保障の特徴は，「国民皆保険」である。国民すべてが何らかの公的医療保険に加入し，比較的少ない負担で高度の医療を受けることができるこの制度は，先人の知恵の産物であり，今後も堅持したい財産である。しかし，高齢者医療の負担をどうするかといった問題をはじめとして，課題も少なくない。

（1）保険診療の仕組み

保険診療は，図3-1のように行われる。保険医療機関は，窓口で患者から一部負担金を受け取り，残りを審査支払機関を通じて保険者に請求する。診療報酬は，行った医療行為ごとに決められている点数が加算（1点10円）されて計算さ

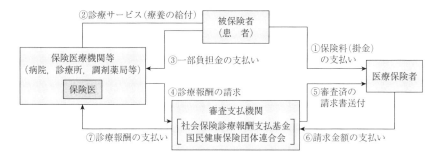

診療報酬は，まず医科，歯科，調剤報酬に分類される。
　具体的な診療報酬は，原則として実施した医療行為ごとに，それぞれの項目に対応した点数が加えられ，1点の単価を10円として計算される（いわゆる「出来高払い制」）。例えば，盲腸で入院した場合，初診料，入院日数に応じた入院料，盲腸の手術代，検査料，薬剤料と加算され，保険医療機関は，その合計額から患者の一部負担分を差し引いた額を審査支払機関から受け取ることになる。

図3-1　保険診療の仕組み
出典：『平成26年版　厚生労働白書　資料編』30頁（厚生労働省HP）。

れる。

(2)　医療保険の体系

　民間会社の従業員であれば健康保険，自営業者なら国民健康保険，公務員は共済組合，という具合に，職業により加入する医療保険が分かれる。このような多元的な医療保険制度になったのは，職域を基盤に順次制度ができたからである。

　健康保険は，中小企業の従業員・家族を加入者とし，全国健康保険協会を保険者とする協会けんぽと，主として大企業の従業員・家族を対象とし，健康保険組合を保険者とする組合健康保険とに分かれる。組合健康保険は，①保険料率・保険料の負担割合を自主的に決められる，②法定給付のほかに付加給付（一部負担金の還元，傷病手当付加金など）を行うことができる，③独自の保健福祉事業（疾病予防，健康増進）ができる，という利点を持っている。

　国民健康保険は，市町村を保険者とし，被用者保険（健康保険・共済組合など）加入者以外の人をすべてカバーする医療保険である。それだけに，加入者に占める高齢者の比率も高く，深刻な赤字状態となっている。国民皆保険を維持するためには，国民健康保険の財政をいかにして安定化させるかが重要な課題である。2015（平成27）年の改正で，国保への財政支援の拡充により財政基盤を強化すること，2016（平成28）年度から都道府県が財政運営の責任主体となり，安定的な

I 総論

財政運営や効率的な事業運営に中心的な役割を担い，制度を安定化することが図られた。

国民医療費の約3分の1を老人医療費が占めている現状から，高齢者医療のあり方をめぐって激しい議論が展開された結果，2008（平成20）年度から，75歳以上の「後期高齢者」全員が加入する公的医療保険制度が発足した。保険料は原則として加入者全員から徴収する。保険料徴収は市町村が行い，財政運営は全市町村が加入する都道府県単位の広域連合が担当する仕組み。財政は，本人保険料1割，税金約5割，74歳以下が加入する各医療保険からの支援金約4割の比率で負担する。

(3) 患者の自己負担

かつては，健康保険と国民健康保険とでは自己負担の割合が異なり，また，被保険者本人（たとえばサラリーマン）と家族とでも違っていた。しかし，近年の法改正により，今では年齢によって4つに区分される。まず，義務教育就学前までは2割，義務教育就学から70歳未満の者は3割，70～74歳の者は2割（現役並み所得者は3割），75歳以上の者は1割（現役並み所得者は3割）の負担となっている。

介護保障の制度

保健・医療・福祉の連携の集大成とも言える介護保険法は，1997（平成9）年に制定され，2000（平成12）年4月から施行された。この制度をもたらしたのは，言うまでもなく高齢化の急速な進行であり，要介護高齢者の激増である。要介護期間の長期化は，家族介護の限界を超え，「介護の社会化」を要請せざるを得ない。

介護保険創設のねらいは，①保険料拠出の義務と普遍的なサービス給付という権利を明示することにより，行政の恩恵的給付という介護サービスの性格を払拭し，利用を促進すること，②費用の調達について，増税よりも社会保険料という目的財源のほうが，国民の合意が比較的容易に得られること，③需要に応じて供給を増大させること，④高齢者に保険料や利用料という負担を求めて，高齢者と現役世代の負担のバランスを図ること，などであった。

なお，介護保険法はこれまで数回改正を経ている。2005（平成17）年改正は，「予防重視型システムへの転換」を意図したものだった。これは，介護保険の利

用者のうち軽度の者（要支援・要介護1）が大幅に増加し，軽度者に対するサービスが状態の改善につながっていないことから，要介護状態の軽減，悪化防止に効果的な新たな予防給付を創設すること，また，要支援・要介護に該当しないがそのおそれのある者を対象とした効果的な介護予防事業（市町村の地域支援事業）を，介護保険制度に新たに位置づけることなどを内容とするものであった。2008（平成20）年には，続発した介護サービス事業者の不正事案再発防止のため，業務管理体制整備の義務づけや本部の立入調査権の創設などが行われた。そして，2011（平成23）年改正では，「地域包括ケアシステム」構築のため，介護サービスの基盤強化の取り組みがなされ（24時間対応の定期巡回・随時対応サービスの創設，介護職員によるたんの吸引等の実施を可能とする規定など），さらに2014（平成26）年，医療介護総合確保推進法による改正では，地域包括ケアシステム構築の取り組みがさらに進められている（これについては後述）。

(1) 保険者

介護保険の保険者は，市町村である。市町村としたのは，介護サービスの充実は，介護保険だけではなく，市町村の高齢者福祉・高齢者保健事業や地域の自発的な活動と結びつくことで，より大きな効果を発揮するというねらいがあったからである。

(2) 被保険者・受給権者

被保険者は，市町村住民のうち65歳以上の者（第1号被保険者）と，市町村住民のうち40歳以上65歳未満の医療保険加入者（第2号被保険者）である。

第1号被保険者の場合，原因を問わず，要支援・要介護と認定されれば保険給付を受けることができる。これに対して，第2号被保険者は，「加齢に伴う特定疾病」（末期がん・筋萎縮性側索硬化症・初老期認知症・脳血管疾患・パーキンソン病・関節リウマチなど16疾病）による要支援・要介護と認定された場合のみ受給できる。これに該当しない先天性障害などの場合は，介護保険ではなく障害者福祉施策で対応するほかない。もちろん，先天性障害などの場合も，65歳になれば介護保険の給付を受けることができる。

(3) 保険料

介護保険の財源は，5割が保険料，5割が公費負担である。

第1号被保険者の保険料は，市町村ごとに算定され，所得に応じた段階保険料

Ⅰ 総 論

（一般的には5段階）となっている。徴収方法は，年金給付額が年額18万円を超える者については，年金からの源泉徴収（特別徴収），それ以外の者は本人による市町村への納付（普通徴収）による。

第2号被保険者の保険料は，全国一本で算定され，医療保険料とセットで徴収される。政府管掌健康保険の場合は労使が半分ずつ負担する。組合健康保険については，協約によって労使の負担割合を決定する。国民健康保険の保険料は，半分が国庫負担である。

(4) 要介護認定

介護保険が医療保険ともっとも大きく異なるのは，「要介護認定」のプロセスである。医療保険の場合，医療機関を直接訪れ，医師の診察を受けた段階で医療の必要が認められれば，ただちに医療サービスが提供される。ところが，介護保険では，介護が必要であると本人または家族が感じたとしても，すぐに介護サービスを受けられるわけではなく，市町村による要介護認定を受けなければならない。要介護認定のプロセスは，以下のように進む。

まず，本人・家族または指定居宅介護支援事業者が，保険者である市町村に要介護認定を申請する。

これを受けて，市町村職員またはその委託を受けた指定居宅介護支援事業者の介護支援専門員（ケアマネジャー）が，申請者を訪問し，心身の状況について調査を行う。

この調査結果をもとにコンピュータが判定を行う（一次判定）。この結果と，訪問調査時の特記事項欄の記述，およびかかりつけ医の意見書に基づいて，介護認定審査会が審査を行い，必要のある場合には，一次判定を修正する（二次判定）。

要介護認定は，「要支援1～2」「要介護1～5」の7区分である。要介護認定に不服があるときは，都道府県に置かれた介護保険審査会に審査請求を行い，ここで棄却された場合は行政訴訟を起こすことができる。

(5) 保険給付

保険給付の種類は，図3-2の通りである。

要介護1～5と認定されると，「介護給付」を受けることになる。要支援1・要支援2と判定された者に対しては，介護予防を重視した新たな「予防給付」が実施される。たとえば，「介護予防訪問介護」では，本人の生活機能の維持・向

第3章 地域医療を支える法制度

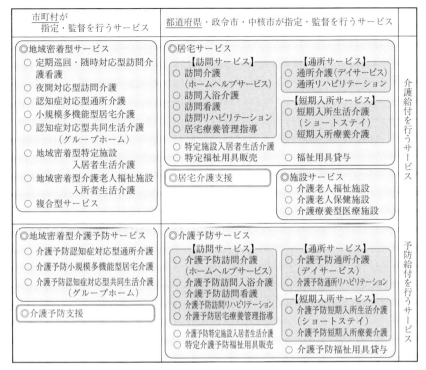

図3-2 介護サービスの種類
出典：厚生労働省老健局総務課「公的介護保険制度の現状と今後の役割」（2015年）。

上の観点から現行のサービスを再編し、家事代行については、利用者とホームヘルパーが一緒に調理や洗たくなどをしながら、機能訓練を目指した内容となる。

介護が必要となっても、住みなれた地域で、地域の特性に応じた多様で柔軟なサービスを受けられるように創設されたのが、地域密着型サービスである。市町村が主体となって、地域単位で適正なサービス基盤整備の計画を定め、地域の実情に応じた指定基準や介護報酬が設定される。そのため利用者は市町村の住民に限定される。

介護予防メニューの作成には、保健師、社会福祉士、主任ケアマネジャーらで編成される市町村設置の地域包括支援センターが担当することになっている。

(6) 利用料

在宅サービスを利用したとき、利用したサービスの介護報酬の合計が支給限度

Ⅰ 総　論

額を超えない範囲までは，利用者は1割を利用料としてサービス事業者に支払い，残り9割を保険給付として受ける。

　施設に入所している場合，要介護度別に介護報酬が包括的に定められており，利用者は利用料1割を施設事業者に支払い，残る9割を保険給付として受ける（2015〔平成27〕年8月より，一定以上所得者は2割負担）。この他，光熱費，水道料を含む居住費（いわゆる「ホテル・コスト」）と食費，日常生活費（理美容代，教養娯楽費用，預かり金の管理費用など）が入所者の負担となるが，低所得者や1か月の利用料が高額になった者については負担の軽減措置が設けられている。

地域包括ケアシステム

　2014（平成26）年制定の医療介護総合確保促進法によれば，地域包括ケアシステムとは「地域の実情に応じて，高齢者が，可能な限り，住み慣れた地域でその有する能力に応じ自立した日常生活を営むことができるよう，医療，介護，介護予防（要介護状態若しくは要支援状態となることの予防又は要介護状態若しくは要支援状態の軽減若しくは悪化の防止をいう），住まい及び自立した日常生活の支援が包括的に確保される体制」（第2条）であると定義されている。図1-2（13頁参照）にあるように，「医療」「介護」「介護予防」という専門的サービスと，その前提としての「住まい」「生活支援」が相互に連携しながら，高齢者の在宅生活を支える体制の構築が求められる。

　以下，2014（平成26）年の医療介護総合確保促進法制定，医療法改正，介護保険法改正について概説する。

(1)　医療介護総合確保促進法

　地域包括ケアシステムの構築のために，医療介護総合確保促進法は，厚生労働大臣が「総合確保方針」（地域における医療及び介護を総合的に確保するための基本的な方針）を定めるべきこと，都道府県・市町村が「都道府県計画」「市町村計画」（総合確保方針に即して，かつ，地域の実情に応じて，当該地域における医療及び介護の総合的な確保のための事業の実施に関する計画）を作成することができることを定めている。また，都道府県の事業計画に記載した医療・介護の事業（病床の機能分化・連携，在宅医療・介護の推進等）のため基金を設ける場合，国は消費税増収分を活用して，その3分の2を負担する。

(2) 地域における効率的かつ効果的な医療提供体制の確保（医療法関係）

　医療機関が都道府県知事に病床の医療機能（高度急性期，急性期，回復期，慢性期）等を報告し，都道府県はそれをもとに地域医療構想（ビジョン）（地域の医療提供体制の将来のあるべき姿）を医療計画において策定するものとされた。病床機能報告制度導入の背景には，膨れ上がった急性期病床を回復期や慢性期の機能に切り替えるという狙いがある。

(3) 地域包括ケアシステムの構築と費用負担の公平化（介護保険法関係）

　在宅医療・介護連携の推進など，地域支援事業の充実とあわせ，予防給付（訪問介護・通所介護）を地域支援事業に移行し，多様化を図る。また，特別養護老人ホームについて，在宅での生活が困難な中重度の要介護者を支える機能に重点化する。

　費用負担の面では，低所得者の保険料軽減を拡充する一方で，一定以上の所得のある利用者の自己負担を2割へ引上げる。

権利擁護の制度

　判断能力が十分でない人（認知症高齢者，知的障害者，精神障害者など）は，様々な場面で権利を侵害されることがある。①親族・知人に年金が使い込まれる，先物取引や証券などの消費者被害を受けるなどの財産面の権利侵害，②介護の拒否（食事をさせない，おむつ交換をしない），身体的虐待（なぐる，ける，閉じ込める），心理的虐待（暴言，無視，脅迫）などの身体・精神面の権利侵害，③医療・福祉サービスを適切に活用できないこと。

　介護保険制度をはじめとして，福祉サービスの利用方式が，従来の行政による「措置」から，利用者と提供者との「契約」によるものに変わっていくと，利用者がサービス提供業者を選び，契約を結び，その契約が守られているかを監視する必要がある。判断能力が十分でない利用者に，それができるだろうかという疑問の声がある。

　自分だけでは自分の権利を守れない人がいるのは事実であるから，判断能力が不十分な人の財産を管理したり，虐待を防止したり，福祉サービスの利用を援助したりという，権利行使を擁護するシステムが不可欠である（図3-3）。そのような制度として，現在，成年後見制度と日常生活自立支援事業が用意されている。

I　総　論

人間の尊厳を確保するために	高齢者虐待防止法	児童虐待防止法	DV防止法
権利行使を支援するために （消費者）	各種の消費者保護（特定商取引法など）		消費者契約法
権利行使を支援するために （判断能力が十分でない人）	日常生活自立支援事業	成年後見制度	
権利侵害を回復するために	苦情処理の窓口　　不服申立制度 行政事件訴訟　　民事訴訟		オンブズマン制度

図3-3　権利擁護システムの全体像

出典：筆者作成。

　なお，権利擁護にあたって，専門家や家族が本人の思いをよそに独断で決定することは許されない。権利擁護の中心課題は「自己決定の支援」である。

成年後見制度

　判断能力が不十分な人の財産を保護するために，これまでも，「禁治産」「準禁治産」という制度があった。しかし，時代に合わなくなったために，100年ぶりに大きく改正され，権利擁護システムの一翼を担う制度へと生まれ変わったのである。新しい成年後見制度の中心課題は，「自己決定の尊重」と「本人の保護」である。
　この制度は，「法定後見」と「任意後見」の2つの制度からなる。
(1)　法定後見——補助・保佐・後見
　本人の判断能力の程度に応じて，「補助」「保佐」「後見」の3種類の保護制度が用意されている。
　まず，「被補助人」とは，精神上の障害により事理を弁識する能力（判断能力）が不十分な者として家庭裁判所から補助開始の審判を受けた者をいう。軽い認知症や軽度の知的障害・精神障害など，これまで対象とならなかったケースでも利用できるようになった。
　「被保佐人」とは，精神上の障害により事理を弁識する能力が著しく不十分な者として家庭裁判所から保佐開始の審判を受けた者をいう。中程度の認知症，重度でない精神疾患，重度でない知的障害などがこれに該当する。従来の準禁治産

に相当する。

「成年被後見人」とは，精神上の障害により事理を弁識する能力を欠く常況にある者として家庭裁判所から後見開始の審判を受けた者を言う。重度の認知症，重い精神疾患・知的障害などがこれにあたる。従来の禁治産に相当する。

審判開始の申立てができるのは，本人，配偶者，4親等内の親族，検察官，市町村長などである。補助の場合，本人以外の人が請求するとき，本人の同意がない限り，審判は始められない。保佐・後見の場合は，本人が同意しなくても，審判が始まることがある。

補助人・保佐人・成年後見人は，家庭裁判所が適当な人を選任する。補助人などは，複数の人でもよいし，法人でもよい。選任された補助人などが，本人の自己決定を尊重しながら，保護の任にあたる。保護の手段は，同意権・取消権（たとえば，本人の借金に同意しない，同意なしの借金の契約を取消す権限）と代理権（たとえば，本人の代わりに不動産の売買をする権限）である。

補助の場合は，本人が同意した事項についてのみ，同意権・取消権または代理権を付与することになる。保佐の場合は，保護の必要性が高いために，同意権の付与にあたって，本人の同意は求められていない。代理権については，本人の同意が必要である。

これに対して，後見の場合は，日常生活に関する行為（たとえば，食料品・衣料品などの日用品の購入）を除くすべての法律行為について，同意権・取消権を設定することができる。本人の同意は求められていない。成年後見人の同意を得ずにこれらの行為が行われた場合，本人および成年後見人がこれを取消すことができる。言いかえれば，日用品の購入などについては，本人が自ら行うことができ，成年後見人がこれを取消すことはできないということである。また，財産に関するすべての法律行為について，成年後見人が本人に代わって行うことができる。

戸籍に記載するこれまでの公示方法にかえて，法務局に備える後見登記等ファイルに記録するという新しい登記制度ができた。

(2) 任意後見

家庭裁判所に成年後見人などを選任してもらう「法定後見」のほかに，新たに「任意後見」の制度ができた。法定後見の場合，成年後見人などを選任してもらうときには，だれが選任されるのかわからない状態になっているかもしれない。

Ⅰ 総　論

　任意後見は，自分がしっかりしているときに後見人を選んでおいて（任意後見契約），判断能力が低下したときに，公的機関の監督のもとで自分に必要な行為をしてもらう，という制度である。

　まず，判断能力が十分な本人が，受任者（将来任意後見人になってくれる人）に対し，将来判断能力が不十分になったときの自己の生活，療養看護，財産の管理に関する事務の全部または一部について代理権を付与する任意後見契約を結ぶ。この契約は，公正証書によってしなければならない。公証人役場に行って，一定の手数料を支払って作成してもらうわけである。

　しかし，この契約の効力が発生するのは，本人の判断能力が低下して，家庭裁判所によって任意後見監督人が選任されたときからということになる。この点が，通常の委任契約と大きく異なるところである。

　任意後見監督人の選任の申立てができるのは，本人，配偶者，4親等内の親族，任意後見受任者である。家庭裁判所が適当な任意後見監督人を選任したときから，任意後見人の仕事が始まることになる。

日常生活自立支援事業

　この事業は，認知症の高齢者，知的障害者，精神障害者など判断能力が不十分な人に対して，福祉サービスの利用援助や日常的な金銭管理サービスを行うことにより，地域での自立した生活が送れるよう，その人の権利を擁護することを目的としている。実施主体は，都道府県社会福祉協議会とその委託を受けた市町村社会福祉協議会である。

　このような事柄を成年後見制度で処理することは，もちろん可能ではある。しかし，この程度のことについて，家庭裁判所で補助人などを選任してもらうというのはかなり厄介である。そこで，より利用しやすい制度としてこの事業が始まった。前述のように，社会福祉法で，この事業は「福祉サービス利用援助事業」として第二種社会福祉事業に位置づけられている。

　サービスの内容は次のようなものである。①福祉サービスの利用援助（情報提供・助言，利用手続の援助，苦情処理制度の利用援助，サービス利用料の支払い），②日常的金銭管理サービス（年金・手当の受領確認，日常的な生活費に要する預貯金の払い戻し，医療費の支払い，公共料金の支払い，家賃・地代の支払い，税金の支払い），③書

類などの預かりサービス（預金通帳，保険証書，不動産権利証，実印・印鑑登録カード，銀行届出印，貸金庫の鍵）。これら以外のこと（不動産の処分など）をする場合は，成年後見制度の活用を考える必要がある。

　この事業を利用するためには，日常生活を営むうえで必要となる福祉サービスの利用や金銭管理などについて，自己の判断で適切に行うことが困難ではあるが，契約の内容については認識できる能力を持っている必要がある。このような能力がない人の場合は，成年後見制度によって選任された成年後見人など代理権を持つ人と実施主体が契約を結ぶことで，利用することができる。

　支援計画を作成する「専門員」と，直接的な援助活動を行う援助者である「生活支援員」が援助に携わる。

　付記　本章は，『保健・医療・福祉ネットワークのすすめ──ヒューマンサービスの実践（第3版）』ミネルヴァ書房の第3章の一部を加筆・修正している。

注

1) 武川正吾「保健・医療・福祉の総合化の意義とその課題」大山博・嶺学・柴田博編著『保健・医療・福祉の総合化を目指して』光生館，1997年，10～14頁。
2) 身体障害者に対する更生医療（身体障害者福祉法第19条），身体障害児に対する育成医療（児童福祉法第20条）など，福祉法に医療供給が規定されることはあったが，これは，特殊なニーズを持つ人に対する補足的なサービスという例外的なものにすぎなかった。
3) 武川，前掲論文，6～10頁。
4) 社会保障長期展望審議会「社会保障の将来展望について（提言）」(1982年)，社会保障制度審議会「老人福祉施設の今後の在り方について」(1984年)，内閣長寿対策関係会議「長寿社会対策大綱」(1986年)，厚生省「国民医療総合対策中間報告」(1987年) など。佐藤進『福祉と保健・医療の連係の法政策』信山社，1994年，124頁。
5) 地域包括ケアシステム構築が重要な政策課題になる前から，同様の問題意識で様々な実践が行われている。このような先進的実践から学ぶ必要があろう。大橋謙策・白澤政和編『地域包括ケアの実践と展望──先進的地域の取り組みから学ぶ』中央法規出版，2014年。
6) この言葉は，2000（平成12）年6月に成立した社会福祉事業法等改正法の立法作業とその準備作業を指す狭い意味で用いられることもあるが，広い意味では，保育所の利用制度や高齢者介護問題について検討に着手した1993（平成5）年から10年間に及ぶ。従来「福祉の措置」という概念でひとくくりにされていた社会福祉法制が様々な給付システムに分離されていくプロセス全体を指す。倉田聡『これからの社会福祉と法』創成社，2001年，2，3頁参照。
7) 伊藤栄樹・小野慶二・荘子邦雄編『注釈特別刑法第8巻医事・薬事法・風俗関係法編』立花書房，1990年，40頁。
8) 厚生省健康政策局総務課編『医療法・医師法（歯科医師法）解〔第16版〕』医学通信社，1994年，31～32頁。

I　総　論

9）宮川知法「病院・診療所の倒産と医療法」『法学』第57巻第6号，1994年，192頁。
10）伊藤・小野・荘子編，前掲書，56～57頁。
11）同上書，58頁。
12）厚生省健康政策局総務課編，前掲書，429頁。
13）同上書，430頁。
14）日本医師会『医師の職業倫理指針』2004年，12頁。
15）厚生省健康政策局総務課編，前掲書，431頁。
16）同上書，432頁。

(横藤田　誠)

第4章 地域医療の施策

　2014（平成26）年6月に成立した医療介護総合確保法によって医療政策は大きな変革の時代に入った。医療と介護を一体的に捉え評価し、連携と協働[1)]のシステムづくりの確立が重要となってきた。

　本章においては、地域包括ケアシステムの入院医療の機能分化、特に高度急性期医療に対する課題や医療全体のあり方と在宅医療との連携について述べる。また、少子・超高齢社会における「安全・安心」で適正な医療の実現・居住安定確保計画における国民生活の視点についても概観する。そして、最後にこうした医療を支える診療報酬の変革について述べる。

1　医療計画

　今後の人口の推移を2025年（団塊の世代が75歳となる）と2060年を見てみると、高齢社会の状況および生産人口の減少による社会体制を変革せざるを得ない状況が理解できる（図4-1）。単に団塊の世代の問題ではなく、その後の日本の問題として2060年においては、高齢者人口は40％となり、生産年齢人口は現在の62.9％から51.0％に減少していく。半世紀後の日本の安心と安全は今十分な制度改革を整備し、国民の健康を守っていく医療計画のもとに体制を整備することが必要であることが医療介護総合確保体制の変革が必要とされていることからも言えよう。

　2014（平成26）年までの死亡数・死亡率の推移を見ると、昭和20年代後半以降の感染症による死因から生活習慣病に大きく変化している。そして悪性新生物、心疾患、肺炎、脳血管疾患が国民の健康障害を左右し、悪性新生物による死因は

I 総 論

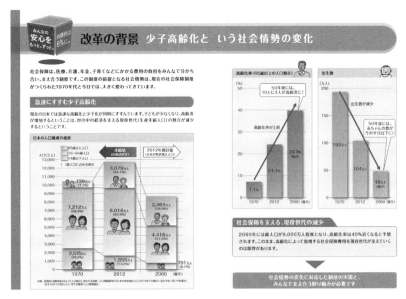

図 4-1 改革の背景
出典:総務省「国勢調査」及び「人口統計」,国立社会保障・人口問題研究所「日本の将来推計人口」(平成24年1月推計)。

上昇を続けている(図4-2)。

1978(昭和53)年のWHO総会において「2000年までにすべての人々に健康を」という健康戦略は,1986(昭和61)年のヘルスプロモーションへと進展していった。

日本においては,健康政策として,①健康を原則とする政策の樹立②健康を支持する環境つくり③地域活動の強化④個人の生活技術の強化⑤健康増進に向けてのヘルスサービスの方向転換に基づいて多くの医療政策を立案し,国民健康つくり対策として生活習慣病対策を立てた。2000(平成12)年,2010年を目指して21世紀における国民健康つくり運動「健康日本21」が策定され,健康寿命を延伸し,すべての国民が健やかで活力ある社会の中で生活でき,生活習慣病予防や心の健康を保つことを目標として策定された。

さらに「健康日本21」を評価し,第2次国民健康つくり運動が健康寿命の延伸と健康格差の縮小を目標として策定された。この中では,他職種との連携と協働が不可欠であり,人口構成の変化に対する対策を含め,将来の人口構成・疾病構

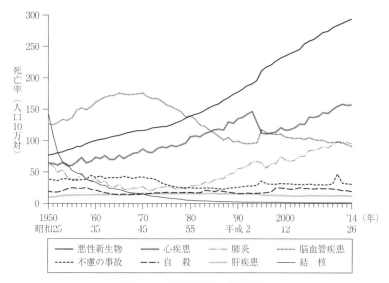

図4-2　主要死因別に見た死亡率

注1）：平成6年までの死亡率は旧分類によるものである。
　2）：平成26年は概数である。
出典：厚生労働省人口動態統計『国民衛生の動向2015/2016』65頁。

造等を思考して総合的に対応していかなくてはならないこととなった。

地域包括ケアシステムの変革

　現在，保健・医療・福祉の総合的な連携と協働が切れ目なく提供されることが喫緊な要件であると言われており，多くの保健医療福祉の現場での改革がなされてきている。今大きく国の方針のもとに地域全体を包括した地域包括ケアシステムへ強力に変換しており，2014（平成26）年制定された「地域における医療及び介護の総合的な確保を推進するための関係法律の整備に関する法律（医療介護総合確保推進法）」において，医療・介護サービスを一体的に提供するための制度改革を進められている。都道府県は医療計画の一部として地域における病床の機能分化や連携の促進等のための構想をしている。

　病院の病床機能をより効率的に機能分化をし，有効な回復への支援や早期のリハビリテーションの導入をして行く。さらに地域医療機関と他施設との連携によって，安心して必要な医療・介護サービスを受け，住みなれた生活の場において

Ⅰ 総　論

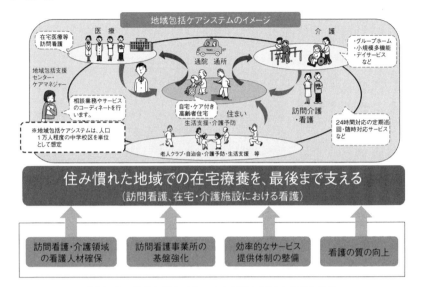

図4-3　地域包括ケアシステム構築に向けた看護の強化
出典：『看護白書26年度』39頁。

自分らしい生活が実現できることができるように，入院から在宅の流れのなかで構築を目指している。

このために，図1-3（14頁参照）に示すように医療と介護・福祉により，住みなれた地域での在宅療養を最後まで支えることによって可能となると言えるだろう。

高齢者が可能な限り住みなれた地域での生活を享受し，医療と介護・福祉が効率よく包括的に継続して機能し，切れ目のない支援が提供され，最後まで人々を支えることが重要なカギとなる。地域包括ケアシステム全体をイメージ化したなかで切れ目のない生活全体と医療の役割が示されているが，連携と協働のネットワークが十分に機能することが，重要条件である。つまりこれらの関係のなかでは，先に述べた要因が統合されて機能していくことがキーとなると言える[2]。

さらにこれらを支える環境要因としては，図4-3に示すように，①訪問看護・介護領域の看護人材の確保，②訪問看護事業所の基盤強化，③効率的なサービス提供体制の整備，④看護の質の向上がある。住みなれた地域での生活と在宅療養を最後まで支える訪問看護，在宅・介護施設における命と健康が「安心・安

全」に守られていくことが前提であると言える。これらを含めての医療計画について概説していく。

医療計画の変革の趣旨

　各都道府県が地域の実情に即した医療計画を策定し，地域の医療機能の適切な分化・連携を図り，地域全体で，切れ目なく必要な医療が提供されることにより，医療に対する安心，信頼の確保ができる。こうしたことを重点目標に5疾患，5事業について，地域の実情と疾患の特性に応じた医療連携体制を構築し，医療計画を作成することが求められている。
　①5疾患
　　　がん／脳卒中／急性心筋梗塞／糖尿病／精神疾患
　②5事業
　　　救急医療／災害時における医療／僻地の医療／周産期医療／小児医療
　　　その他都道府県知事が特に必要と認める医療
　これらは，図4-2の死亡率に示されているように，がん，脳卒中，急性心筋梗塞は，国民の命と健康障害に大きくかかわりを持っている。糖尿病は生活習慣病の発症および主要な死亡原因である脳卒中や心疾患などの危険因子として大きく影響し，多くの合併症（糖尿病性腎症，視覚障害等）により健康障害をもたらしている。糖尿病に罹患している者および強く疑われるものは，2,050万人にも及んでいる。
　精神疾患の患者は，近年急増しており，2008（平成20）年には，320万人を超えている。特にアルツハイマー病の増加が著しい。入院病床数は減少傾向にあるが，脱施設化の欧米に比して施設収容が中心となり，今なお34万床を持ち，今後の大きな課題である。精神疾患に関しては，精神看護の変化および老人看護の変化で[3)]述べる。5事業については，医療全体の構造のなかで述べる。

医療全体の構造

　医療全体の構造は，図4-4，5のように変革される。
　①高度急性期（ER，ICU，HCU）
　②一般急性期（在宅等復帰率75％）

I 総論

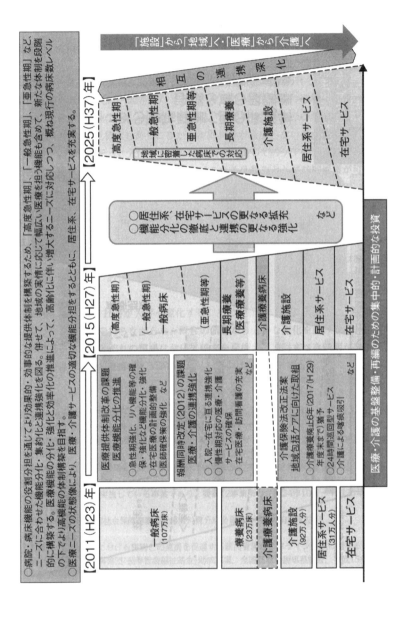

図4-4 将来に向けての医療・介護機能再編のための集中的・計画的な投資

出典：「第10回社会保障改革に関する看護・介護に係る長期推計」「看護白書」46頁。

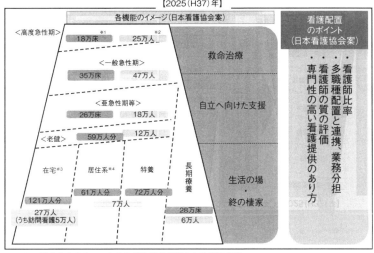

※1の濃くみえる方のアミカケ部分は病床数または利用者数
※2の薄くみえる方のアミカケ部分は看護職員数
※3は特定施設，グループホーム
※4は訪問看護，小規模多機能，定期巡回・随時対応サービス（訪問看護のみ常勤換算）

図4-5　2025年に向けた看護の考え方体制
出典：「第10回社会保険改革に関する集中検討会議」『看護白書』46頁。

③亜急性期・回復期リハ病棟1・在宅等復帰率7割
　　　　　・回復期リハ病棟2・在宅等復帰率6割
　　　　　・回復期リハ病棟3・在宅等復帰率規定なし
　　　　　・新設地域包括ケア病棟・在宅等復帰率7割
　　　　　・地域包括ケア病棟2・在宅等復帰率規定なし

①高度急性期における機能：救命治療

　救命治療を中心としているため，専門性の高い医療の提供が必要とされる。集中治療経験5年以上の医師およびMEの配置，看護師の配置においても常時2対1～新設された5対1の配置基準となっている。看護の質はその機能に対して適応できる看護師の質が要求され，さらに他職種配置による専門職種間のチーム医療の徹底と連携と協働のあり方，明確な業務分担が要求される。

　効率と専門性の高いチーム医療の実現においては，高度急性期での対応が健康障害時の第一関門となるため，医療における質の担保は，看護師の，看護の質の

Ⅰ　総　論

保障と早期治療，早期回復に対応した医療の提供が要求される。

　現在の急性期病床36万床を10年後の2025（平成37）年には高度急性期病床として18万床として機能させるとしている。

②一般急性期における機能：自立へ向けた支援

　高度急性期での早期の集中的・効果的な医療を終了したのちは，一般急性期での医療が展開される。在院日数の見直しおよび在宅等復帰率75％以上を目標として次の亜急性期医療の展開となる。このときにおいては，地域との連携による退院に向けての調整が開始される。看護師の地域との調整能力と連携が必要となる。

　一般急性期は，在宅等復帰率75％とし，在宅復帰が推進され今回の改定の特徴としての在宅等の復帰を促進する改定となっている。このことにより7対1病棟の入院基準料の適正化を図り，在院日数や重症度，医療・看護の必要度の見直しがされている。

③亜急性期における機能：自立へ向けた支援

　一般急性期後の機能として地域包括ケア病棟として新設

・機能ⅰ：回復期対応及びリハビリテーションによる在宅等復帰の促進として急性期からの受け皿

　　　　ⅱ：リハビリテーションの早期開始

　　　　ⅲ：在宅・生活復帰機能の調整と患者への在宅での自立に向けた能力の習得等の教育的機能を付加した機能

　　　　ⅳ：在宅等の急性増悪時の受け皿として機能

・在宅等復帰率7割

・専門職種：在宅への早期復帰の促進と機能回復の効率化を目的

　　　　ⅰ：リハビリテーション医療3年の経験と研修終了の専従医師

　　　　ⅱ：専従の社会福祉士，専門的知識を持って日常生活を営む上での支障のある高齢者・障害者などの福祉に関する相談助言・指導

④慢性期における機能：生活の場・終の棲家

長期療養病棟で対応していく。

　こうした変革に伴う看護師の配置等に関しては，図4-6の通りであるが，看護師比率，他職種配置における連携と業務分担は先に述べたように相互理解と専門性の尊重およびより質の高い専門性の追求が要求される。地域に密着した地域

第4章 地域医療の施策

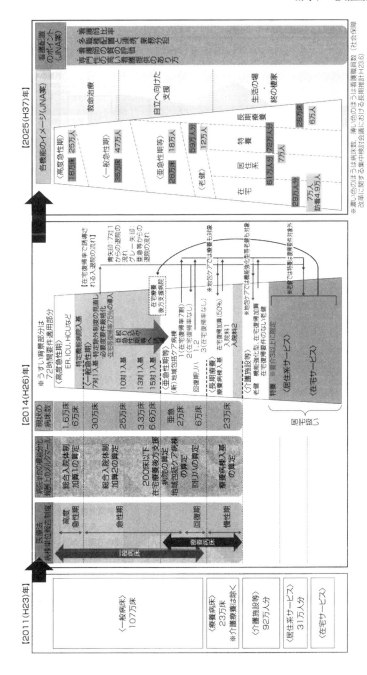

図4-6 医療・介護総合確保推進法案と平成26年度診療報酬の動き

出典：日本看護協会医療政策部医療制度保険作成。

I　総　論

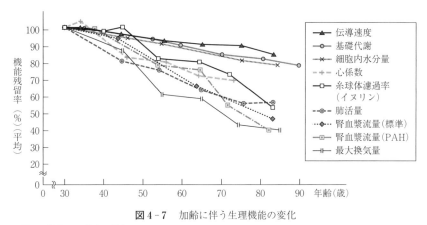

図4-7　加齢に伴う生理機能の変化

注：30歳を100%として示す。
出典：Shock, N. W.: Gerontology, ed. by Vedder, C. B., Charles C. Tomas Publisher, p. 264-279.

包括ケアシステムの目標としている理念を理解し，部署の機能の効率化と患者の「安全・安心」に基づいたマネジメントを展開する看護管理者の管理能力も要求される。

⑤在宅・居住系・特養・長期療養：生活の場・終の棲家

訪問看護，訪問介護・定期巡回・随時対応サービスとして，住み慣れた地域での生活支援を受けながら，自分らしく生活をする。

医療施設から地域の住まいへ，医療から介護へと機能分化の徹底と連携の強化に支えられて，高齢化に伴うその人らしい生活の充実を目標とする。

現在の高齢者の特徴を見ると高齢者の持つ健康障害は，長期にわたる生活習慣に基づくものが多いと言える。疾病分類別に見た入院数を見ると精神および行動の障害が最も多く，次いで循環器系疾患としての脳血管疾患，次いで悪性新生物，高血圧性のものを除いた心疾患となっている[4]。精神および行動の障害については，精神看護の変化の項で述べる。脳血管疾患，悪性新生物，心疾患は，生活習慣に基づくものが多く，慢性疾患による死因の上位を占めている。

主要死因別に見た死亡率の推移を見てみると[5]，悪性新生物，心疾患，肺炎，脳血管疾患の順に死亡率が多く，これらの疾患は慢性に経過をしていく。

老化に伴う生体内の機能は30歳を100とした場合の低下についてShockの説に従うと全体的に低下をしていくことが考えられるので（近年の研究によれば，加齢

第4章 地域医療の施策

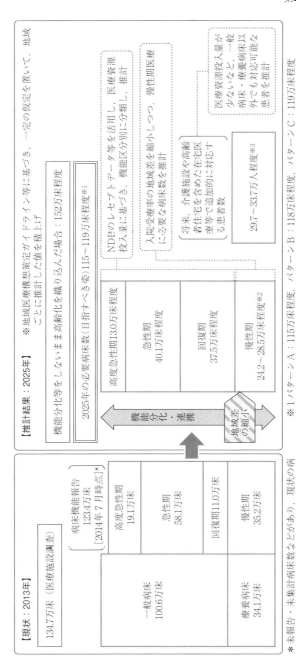

図4-8 病床機能報告と目指すべき必要病床数

出典：『社会保険旬報』No.2608、7頁。

I 総論

との相関的な直線的低下には問題点が指摘されている[6]．多機能障害のため在宅等復帰が困難な場合が多く，身体的・心理精神的障害の合併障害のための対応が必要とされ，在宅等復帰率も，50％と低い．長期療養においては，自立に向けての支援ではなく，生活の場や終の棲家的な機能としての役割を持つ必要があると言える．

病床数の削減

こうした医療提供体制改革で病床数は，20万床の削減が可能と「医療・介護情報の活用による改革の推進に関する専門調査会」では必要病床数について報告をしており[7]，医療費抑制への現場での批判やとまどいがあるが，今回の制度改定の目的においては，医療費の高騰と今後の「安心・安全」な適正な医療への改革としての意味づけを志向する必要があると言えるだろう．

現在の慢性期23万床は，2025（平成37）年においては，在宅，居住系施設（特定施設，グループホーム等），特養，一部機能強化型老健（在宅復帰率5割）へと移行して行く（図4-8参照）．

訪問看護および介護サービスにより支援を受けながら生活の場及び終の棲家としての居住安定確保計画としての「安全・安心」の生活を支援される．

特定行為にかかわる看護師業務

こうした変革のために，人的対応として2014（平成26）年6月に成立した「地域における医療及び介護等の総合的な確保を推進するための関係法律の整備等に関する法律」が成立し，保健師助産師看護師法の改正とともに「特定行為に係る看護師の研修制度」が2015（平成27）年10月より開始される．特にその機能は居宅系や訪問サービスでの看護の「診療の補助」として，より高度の判断力と実践力を持つサービスとして期待されていると言えよう．在宅医療の主役は訪問看護師であり，特定行為を通して地域包括ケアシステムの核になってほしいと在宅医である太田氏は期待をしている[7]．このためにも専門性の高い看護提供のあり方や，看護師の質が社会から要求されるであろう．

表4-1に示すように特定行為は，38行為21区分に示されているが，今後多くの課題が出されながら現実適応されていくことと考える．特に呼吸器装着している長期慢性期患者の在宅療養への訪問看護や褥瘡発生した長期臥床している慢性

第4章 地域医療の施策

表4-1 特定行為および特定行為区分（38行為21区分）[8]

特定行為区分	特定行為	特定行為区分	特定行為
呼吸器（気道確保に係るもの）関連	経口用気管チューブ又は経鼻用気管チューブの位置の調整	創傷管理関連	褥瘡（じょくそう）又は慢性創傷の治療における血流のない壊死組織の除去
呼吸器（人工呼吸療法に係るもの）関連	侵襲的陽圧換気の設定の変更		創傷に対する陰圧閉鎖療法
	非侵襲的陽圧換気の設定の変更	創部ドレーン管理関連	創部ドレーンの抜去
	人工呼吸管理がなされている者に対する鎮静薬の投与量の調整	動脈血液ガス分析関連	直接動脈穿刺法による採血
	人工呼吸器からの離脱		橈骨動脈ラインの確保
呼吸器（長期呼吸療法に係るもの）関連	気管カニューレの交換	透析管理関連	急性血液浄化療法における血液透析器又は血液透析濾過器の操作及び管理
循環器関連	一時的ペースメーカの操作及び管理	栄養及び水分管理に係る薬剤投与関連	持続点滴中の高カロリー輸液の投与量の調整
	一時的ペースメーカリードの抜去		脱水症状に対する輸液による補正
	経皮的心肺補助装置の操作及び管理	感染に係る薬剤投与関連	感染徴候がある者に対する薬剤の臨時の投与
	大動脈内バルーンパンピングからの離脱を行うときの補助の頻度の調整	血糖コントロールに係る薬剤投与関連	インスリンの投与量の調整
心嚢ドレーン管理関連	心嚢ドレーンの抜去	術後疼痛管理関連	硬膜外カテーテルによる鎮痛剤の投与及び投与量の調整
胸腔ドレーン管理関連	低圧胸腔内持続吸引器の吸引圧の設定及びその変更	循環動態に係る薬剤投与関連	持続点滴中のカテコラミンの投与量の調整
	胸腔ドレーンの抜去		持続点滴中のナトリウム、カリウム又はクロールの投与量の調整
腹腔ドレーン管理関連	腹腔ドレーンの抜去（腹腔内に留置された穿刺針の抜去を含む。）		持続点滴中の降圧剤の投与量の調整
ろう孔管理関連	胃ろうカテーテル若しくは腸ろうカテーテル又は胃ろうボタンの交換		持続点滴中の糖質輸液又は電解質輸液の投与量の調整
	膀胱ろうカテーテルの交換		持続点滴中の利尿剤の投与量の調整
栄養に係るカテーテル管理（中心静脈カテーテル管理）関連	中心静脈カテーテルの抜去	精神及び神経症状に係る薬剤投与関連	抗けいれん剤の臨時の投与
			抗精神病薬の臨時の投与
			抗不安薬の臨時の投与
栄養に係るカテーテル管理（末梢留置型中心静脈注射用カテーテル管理）関連	末梢留置型中心静脈注射用カテーテルの挿入	皮膚損傷に係る薬剤投与関連	抗癌剤その他の薬剤が血管外に漏出したときのステロイド薬の局所注射及び投与量の調整

出典：『看護履』vol. 67-9、日本看護協会出版会。

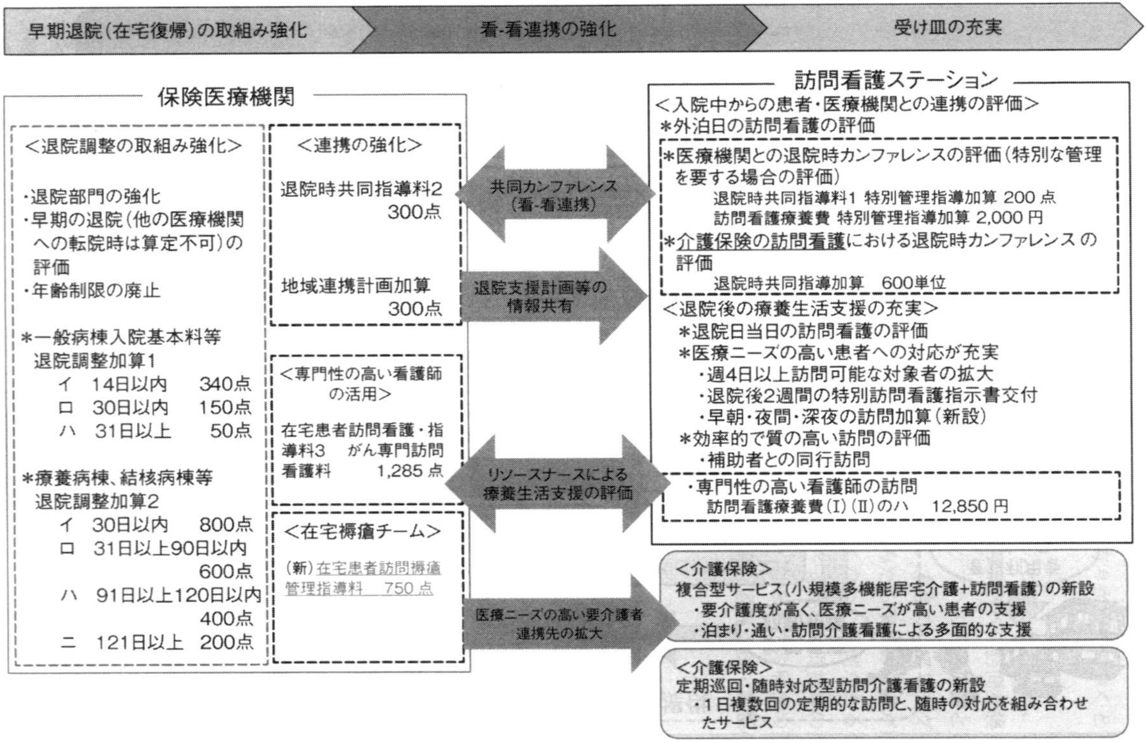

I 総論

図4-9 地域連携に関する評価（医療機関と訪問看護ステーションの連携）

早期退院（在宅復帰）の取組み強化

看看連携の強化

受け皿の充実

保険医療機関

＜退院調整の強化＞
・退院部門の強化
・早期の退院（他の医療機関への転院時は算定不可）の評価
・年齢制限の廃止

＜一般病棟入院基本料等 退院調整加算1＞
イ 14日以内 340点
ロ 30日以内 150点
ハ 31日以上 50点

＜療養病棟、結核病棟等 退院調整加算2＞
イ 30日以内 800点
ロ 31日以上90日以内 600点
ハ 91日以上120日以内 400点
ニ 121日以上 200点

＜連携の強化＞
退院時共同指導料2 300点
地域連携計画加算 300点

＜専門性の高い看護師の活用＞
在宅患者訪問看護・指導料3 がん専門訪問看護料 1,285点

＜在宅療養チーム＞
（新）在宅患者訪問褥瘡管理指導料 750点

訪問看護ステーション

＜入院中からの患者・医療機関との連携の評価＞
・外泊日の訪問看護の評価
*医療機関との退院時共同カンファレンスの評価
 退院時共同指導加算 特別管理指導加算 200点
 訪問看護療養費特別管理指導加算 2,000円
*介護保険の訪問看護における退院時カンファレンスの評価

＜退院後の療養生活支援の充実＞
退院時共同指導加算 600単位
・医療ニーズの高い患者への対応が充大
・退院4日以上訪問可能な対象者の拡大
・退院後2週間の特別訪問看護指示書交付
・早朝・夜間、深夜の訪問加算
・効率的で質の高い訪問の評価
・補助者との同行訪問

＜専門性の高い看護師の訪問＞
訪問看護療養費（I）（II）の・・・ 12,850円

共同カンファレンス（看・看連携）

退院支援計画等の情報共有

リソースナースによる療養生活支援の評価

＜介護保険＞（小規模多機能居宅介護＋訪問看護）の新設
・要介護度が高く、医療ニーズが高い患者の支援

＜介護保険＞定期巡回・随時対応型介護看護の新設
・泊まり以外、訪問介護看護による訪問の定期回の定期的な訪問と、随時の対応を組み合わせたサービス

医療機関と訪問看護の連携先の拡大

出典：日本看護協会編『看護白書』41頁。

疾患を持つ患者，在宅での中心静脈栄養法の管理，長期療養中の患者観察と判断，臨床での特定行為の範疇ではなく在宅における訪問看護においては，看護師の観察や判断によることが多くなり，より高い能力が必要となる。

医療機関と訪問看護ステーションの連携

　地域包括ケアシステムの改革においての成果を左右するものに連携と協働の評価がある（図4-9参照）。

　一般急性期医療機関での治療効果や早期からのリハビリの効果による改善によって早期退院により在宅への取り組みが準備でき，患者は住みなれた自分の住まいへの退院が可能となる。

　早期退院により在宅等への取り組みが強化されるためには，医療施設内での機能の調整とチーム医療，連携と協働が必要である。患者にとっても医療施設にとっても医療費の効果的な活用にとっても早期のチーム医療による退院は評価できる。

　さらに患者としての成果は，自分の健康障害に対する克服によって，自分の病気にたいする個人技術の修得というヘルスプロモーションの能力獲得という課題も修得したこととなる。そして次の段階へのプロセスとして医療機関での治療効果をさらに強化する在宅のなかでの生活能力の獲得という課題に挑戦することができる。在宅での健康を支援する環境つくりという地域における支援を医療機関と訪問看護が連携することにより，健康寿命を拡大していくことができるとも言える。こうした早期退院の取り組みの強化・医療機関と訪問看護ステーションとの連携はつまり看・看連携の強化となっていく。医療機関の取り組みとしては，退院部門の強化とともに専門性の高い看護師の人材の養成が必要となる。システムとしての連携の要因を強化することを医療機関・訪問看護介護双方が準備し，退院支援計画の情報の共有をし，合同カンファレンスの開催等に退院する当日からの支援を計画する必要がある。

I　総　論

2　居住安定確保計画

　居住安定確保計画において考える前に，人が住むということについて地域包括ケアの概念図について再度考えてみたい。ヨーロッパにおいては，「福祉は住宅に始まり，住宅に終わる」と言われており，人権の一つと考えられている。いったん病気になって長期に入院すると借家住まいの独居高齢者は所得も低く，帰るべき家がなくなってしまう。ケアを受ける住まいがなければ医療や介護のサービスは，無力化してしまう[12]。概念図に示されている'自助'も'互助'も'共助'も有効ではなく，公助が支援となる。こうしたことから，地域包括ケアシステムの展開に当たっては，居住の安定は欠くべからざるものとして考える必要がある。現在の超高齢社会においては，「住まい」は重要な要因となり，図1-3（14頁参照）の概念図に示されたようにこのシステムの土台として考える必要がある。

　デンマークにおいては，大きな英断のもとに改革をしている。地域包括ケアシステムの目指すものは，本人と家族の選択と心構えによって「安心・安全」な継続した暮らしが保証されていくことが必要であるため，住宅保障という人間の尊厳を保証する対策としての住宅対策が展開され，予防・医療・生活支援に立った自立支援が必要である。

　筒井孝子氏は，地域包括ケアシステムのなかで，「これからの日本でいう地域包括ケアシステムに最も必要とされているのは自治体の機能強化である。特に行政戦略と財政管理の知識と技能が求められている[16]」と述べているように，市町村においては，行政課題として取り組み，住民の「安全・安心」への信頼を達成していくことが要求されると言える。

居場所とケアの関係

　居場所とケアの関係を見てみると表4-2のように内付けと外付けとに分かれる。

　デンマークにおいては，居住とケアは分離しており，高齢者の住まいと住まい方は，今後の高齢者の自立支援，尊厳の保持のためには居住とケアの分離が必要であると言えよう。

第4章　地域医療の施策

表4-2　高齢者の居場所とケアの提供のあり方

高齢者の居場所	居場所に関する権利	ケアの提供のあり方
療養病床，老健施設	利用権（医師の判断）	内付け
特養ホーム，グループホーム	利用権（特養ホームは一部措置）	内付け
有料老人ホーム （特定施設入居者生活介護の場合）	利用権	内付け
高齢者賃貸住宅	賃借権	外付け
持　家	所有権	外付け

出典：宮島俊彦『地域包括ケアの展望』社会保険研究所，2013年，111頁。

　療養病床や老健施設，特養ホームやグループホーム，有料老人ホーム（特定施設入居者）においては，ケアはその施設の内付けとして主導権は高齢者ではなく施設側に左右されている。持ち家や高齢者賃貸住宅においては，ケア提供は外付けとして提供される。

　デンマークにおいては，在宅ケアの提供は一元的になされている。訪問看護師と訪問介護士は同一のステーションに属し，担当する地区も同一のため，医療と介護が一体的に提供されている。ケアが外付けに分離されているため，高齢者が居場所を変更する必要がないため，継続した居場所で同じ暮らしをすることができ，これまでの暮らしてきた生活の継続性の確保が可能となる。

　日本においては，供給主体は別々であり，医療と福祉の間での意思疎通が十分に図られない。このために今後のシステムの展開においては，連携と協働という双方での機能のすりあわせが重要な課題となる。また行政担当者の意識改革のもとに市町村が中心となっての地域医療機関との協力体制が重要となってくる。

　日本の住宅政策は，持ち家政策を中心に展開されてきたため，高齢者の多くは持ち家世帯である。65歳以上の持ち家率は91.4％で，要介護の高齢者も8割が在宅である。こうしたことから，在宅医療の場は，患者の自宅である。

　本書の「がん看護の実際」についての執筆者である石賀氏は，訪問医療のなかでも看取りについての実践者である。これは「病院・施設から地域へ」と生活の継続の保障として，住みなれた自分の家での終末期を支え，家族と患者本人の選択と心構えによって，在宅医療を選択した家族の支援者でもあると言える。

　在宅医療を選択する場合には，家族の負担や病状が急変した時の対応が不安という家族への支援を含めての実践を展開されている。日本では看取りの場所が病院や診療車での看取りが80.3％である。1950年代までは，自宅での終末期を迎え

I 総論

る割合は，8割であった。

　今回の地域包括ケアにおいては，居住安定計画という対策に対して，諸外国に比べて少ないケア付き住宅を整備していこうということで2011（平成23）年10月からサービス付き高齢者向け住宅の制度が導入された。高齢者の安定確保に関する法律の改正によって今まであった高齢者向け住宅を一本化した。

低所得の高齢者の住宅問題

　低所得の高齢者の住宅問題についてみると，住宅確保が大きな問題となる。年金が十分な水準にないため，生活保護受給を申請せざるを得なくなるが，低所得な高齢者が入居できる住居の不足がある。

　空き家の利用や地域での様々な住まいと住まい方の工夫が今後されて，高齢者の住宅の「安全と安心」という課題に地域行政が挑戦していく必要がある。

　生活の基盤となる「住まい」において高齢者にとっては，人生の終末における豊かで実りあるものとすることが今後の高齢社会の課題ではないだろうか。

3　診療報酬（介護報酬）

高齢社会での健康生活の道筋

　2014（平成26）年度の1人あたり医療費が31.4万円であると2015（平成27）年9月3日に発表された（表4-3）。これは「概算医療費」で医療コストの約98％を占める速報値で，1年後にはすべてを網羅した国民医療費が発表される。医療費は前年度に比べて2.0％増え過去最高を更新している。伸び率は3％前後であったが，2012（平成24）年度からは2％前後で推移している。その理由は，割安な後発医薬品（ジェネリック）が増えていることと，手厚い看護を提供するベッドを減らしたことによる，と発表された。1人あたり医療費は75歳以上が93.1万円，75歳未満21.1万円と4倍強の差があり，医療費は人口の高齢化に伴い確実に増大し続けているが，その伸び率をコントロールし，安定的な医療の提供を図ろうとする手立てが講じられてきていることもうかがわれる。高齢社会において医療費の安定的な財源の確保とともに，効果的に運用しながら国民の健康な生活に寄与

表4-3 厚生労働省 平成26年度 医療費の動向~概算医療費の年度集計結果~
1人当たり医療費の推移（平成27年9月3日 政府統計）

(単位：万円)

	総計	医療保険適用						75歳以上
		75歳未満	被用者保険	本人	家族	国民健康保険	（再掲）未就学者	
平成22年度	28.6	19.5	14.6	13.7	14.6	28.8	20.5	90.1
平成23年度	29.6	20.1	15.0	14.0	14.9	29.8	20.8	91.6
平成24年度	30.1	20.4	15.1	14.2	15.1	30.5	20.8	91.5
平成25年度	30.8	20.7	15.3	14.5	15.2	31.4	20.6	92.7
平成26年度	31.4	21.1	15.7	14.7	15.5	32.2	21.1	93.1

注：人数が未確定の制度もあり，数値が置き換わる場合がある。
出典：厚生労働省中央社会保険医療協議会総会（第303回）『平成26年度 医療費の動向』表2-1：1人当り医療費の推移。

することは政策上の課題でもある。

　2012（平成24）年8月に社会保障と税の一体改革関連法案が参議院本会議で可決された。当時5％だった消費税率を段階的に引き上げることなどが盛り込まれた。その背景には団塊の世代の高齢化や社会保障の給付の問題等がある。社会保障・税の一体改革法案が目指す将来像は「患者ニーズに応じた病院・病床機能の役割分担や，医療機関，医療と介護の間の連携強化を通じて，よりよい効果的・効率的な医療・介護サービス提供体制を構築すること」である。高度急性期への医療資源集中投入などの入院医療強化，在宅医療の充実，地域包括ケアシステムの構築を図り，どこに住んでいても，その人にとって適切な医療・介護サービスが受けられる社会をつくることを目指している。

　地域包括ケアの概念は，医療・介護・福祉の提供にあたって，過去の様々な充実のための取り組みや連携のための取り組みを通じて，育ってきていると思われる。その考え方を基本として医療と介護供給体制の連携などについて，踏み込んだ内容の制度改革が行われている。2014（平成26）年6月に成立した「地域における医療および介護の総合的な確保を推進するための関係法律の整備等に関する法律（以下，医療介護総合確保推進法）」は，地域において効率的かつ質の高い医療提供体制を構築すると共に地域包括ケアシステムを構築することを通じ，必要な医療および介護の総合的な確保を推進するために医療法，保健師助産師看護師法，

I 総論

介護保険法等19本が改正された。診療報酬改定と介護報酬改定もその提供体制の改革の1つである。診療報酬による価格設定は財政コントロールの機能に加え，医療制度を広範にわたって指揮・監督すると共に，改革を行うためのおもな方策として機能している。2012年度は診療報酬，介護報酬同時改定であり，社会保障と税の一体改革で示された目指すべき2025年の医療・介護の提供体制を実現していくその第一歩の改定と位置づけられ，地域包括ケアが本格的に動き始めた。

地域包括ケアシステムにむけての診療報酬改定

診療報酬は厚生労働省が提案し，その後，医療提供者，保険者，患者の代表及びその他の利害関係者で構成される中央社会保険医療協議会で協議される。正式な改定は1年おきに行われており，これにより診療所及び病院の95％以上の収入が決定される。この事実は，診療報酬が望む方向に向けて制度全体の舵取りをするためのおもな政策手段としての役割を果たしていることを意味している。[18]

2012年の診療報酬改定では2つの重点課題が示され，そのひとつは「医療と介護の役割分担の明確化と地域における連携体制の強化の推進及び地域社会を支える在宅医療等の充実」として，①在宅医療を担う医療機関の役割分担や連携の推進，②看取りに至るまでの医療の充実，③在宅歯科・在宅薬剤管理の充実，④訪問看護の充実，医療・介護の円滑な連携，について重点的に改定された。

2014年度は，社会保障と税の一体改革を進めるための2012年に続く第2回の改革であり，医療機関の機能分化・強化と連携を進め，受け皿となる病床，主治医機能，在宅医療の充実等が基本認識として示された。重点課題は医療機関の機能分化・強化と連携，在宅医療の充実等に集中的に絞られた改定であった。

入院医療については，病床の機能分化の促進が強化され，7対1入院基本料の要件が厳格化された。「重症度，医療・看護必要度」の見直し，平均在院日数の見直し，在宅復帰率の導入，データ提出の要件化，などが改定された。特に「重症度，医療・看護必要度」要件の見直しは，高度急性期・急性期病床のあるべき姿を視野に入れながら，7対1病床の適正化を図る意図がある。病床の機能に応じて医療サービスを評価していく観点から，急性期病床の見直しとともに，急性期後や在宅からの受け皿となる亜急性期等の充実が図られた。地域包括ケア病棟の創設である。急性期病床からの患者の受け入れ，在宅・生活への復帰支援，在

第**4**章　地域医療の施策

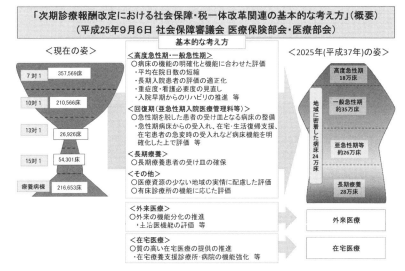

図4-10　次期診療報酬改定における社会保障税一体改革関連の考え方（概要）
出典：厚生労働省HP，平成26年診療報酬の概要。

宅等にいる患者の急性増悪時の受け皿，の役割を担っていくことが期待されている。さらに，7対1病棟から亜急性期等，長期療養に至るまであらゆる入院医療において，在宅復帰が促進されている。

日本では7対1の病床が格段に多く（約35.7万床），急性期を脱した患者の受け皿や地域で療養しながら暮らす人々の受け皿や支援が少ない現状がある。地域完結型の医療を構築し，QOLの維持・向上を目標として，住みなれた地域で，人生の最後まで，自分らしい暮らしを続けることができる仕組みとするためには，病院・病床や施設の持っている機能を，地域のなかで確保するための誘導が必要である。2025年のあるべき姿を見すえて，必要な病床配分を図り，質の高い在宅医療の推進を意図している（図4-10）。

在宅医療では，高まる利用者のニーズの充足を掲げて，機能強化型訪問看護ステーションが創設された。常勤看護職員7人以上（5人）以上，24時間対応，ターミナルケア，重症度の高い患者の受入れ，居宅介護支援事業所の設置等，機能の高い訪問看護ステーションを評価するものである。患者が訪問看護に求める上位は，24時間対応，重症者への対応，頻回な訪問，であり，機能強化型訪問看

107

護ステーションの創設はこれに応えるものである。

これからの課題

　7対1病床は厳格化が図られたが，減少は緩やかだった。7対1入院基本料の届け出病床数は2014年3月には約380.4千床で，2015年4月は約363.9千床となり，16.5千床減少している状況である。今後，さらにあるべき姿に向かって機能分化がすすんでいくと思われる。「重症度，医療・看護必要度」要件の見直し等で厳格化と適正化が図られることだろう。患者像の変化，在院日数の短縮に適応するケアが求められるとともに，入院中から在宅復帰を視野に入れたケアのマネジメントが重要である。

　地域包括ケア病棟入院料は2015年4月では，1,170施設，31.7千床であった。7対1入院基本料，10対1入院基本料からの転換による増加であるが，期待されたほど増えてはいない。急性期治療を経過した患者や在宅療養を行う患者の受入れ，在宅復帰を行う機能を有するが，地域包括ケア体制の強化のあり方や円滑な医療連携を進めるための方策については今後も検討されていくだろう。

　機能強化型訪問看護ステーションは確実に増えてきている。訪問看護を必要とする者は増加しており，そのニーズは多様化している。難病，がん，小児の利用者，医療依存度の高い患者が増加している。訪問看護は在宅療養を支える必須のサービスではあるが，訪問看護ステーションは小規模な事業所が多く，非効率さやスタッフの負担が課題となっている[20]。機能強化型訪問看護ステーションは，土日・祝日などの計画的な訪問看護や緊急時の対応，地域住民との連携，医療機関との連携など，その他の訪問看護ステーションより実施状況が高くなっている。在宅医療を支える必須のサービスである訪問看護に求められるのは，多機能，高機能，大規模化，であり，健全な経営のもとに運営できる環境を整えることが課題である。

注
1) 「変革の時代に入った医療政策」『社会保険旬報』No. 2590, 2015年, 社会保険旬報, 3頁。
2) 小笠原文雄他「医療と介護の連携をどう進めるか」『社会保険旬報』No. 2590, 2015年。
3) 「医療・介護情報の活用による改革の推進に関する専門調査会（永井良三会長）」『社会保険旬報』No. 2608, 2015年, 7頁。

4) 厚生労働統計協会『国民衛生の動向　2015／2016版』「傷病分類別にみた受療率」92頁。
5) 同上書「主要死因別に見た死亡率」，65頁。
6) 同上書「生活習慣病」，96頁。
7) 同上書「精神障碍者の医療」，130頁。
8) 小澤利男「高齢者の特性——加齢に伴う身体生理機能の変化」『内科』87（2），2001年，210～214頁。
9) 太田秀樹「在宅医療の主役は訪問看護師」『看護』Vol. 67, No. 9, 2015年, 70～72頁。
10) 穴見翠「『特定行為に係る看護師の研修制度』の目的および概要」『看護』Vol. 67, No. 9, 2015年。
11) 山本幹夫編訳・島内憲夫編訳『21世紀の健康戦略　ヘルスプロモーション／フォー・オール』垣内出版，1990年。
12) ローレンス．W．グリーン・マーシャル・W．クロイター／神馬征峰・岩永俊博他訳『ヘルスプロモーション——PRECEDEPROCEED モデルによる活動の展開』医学書院，1997年。
13) 宮﨑徳子・立石宏昭編『保健・医療・福祉ネットワークのすすめ——ヒューマンサービスの実現（第3版）』ミネルヴァ書房，2011年。
14) 宮島俊彦『地域包括ケアの展望』社会保険研究所，2013年，20～21頁。
15) 同上書，110～111頁。
16) 筒井孝子「第3章　地域包括ケアシステムに関する国際的な研究動向」高橋紘士編『地域包括ケアシステム』オーム社，2012年，85～107頁。
17) 厚生労働省：第303回中央社会保険医療協議会総会資料，平成27年9月9日。
18) OECD「医療の質レビュー；日本スタンダードの引き上げ　評価と提言」, 5 November 2014年，38頁。www.oecd.org/.../Review of HealthCareQualityJAPAN
19) 厚生労働省：平成26年度診療報酬の概要，www.mhlw.go.jp/file/06-Seisakujouhou/0000039891.pdf4）
20) 厚生労働省：第242回中央社会保険医療協議会総会資料，平成25年5月25日。

（1・2　宮﨑徳子，3　小川惠子）

Ⅱ 各論

第5章 地域看護の変化

　ここでは，まず地域看護の考え方と地域看護の4つの場である公衆衛生看護，産業看護，学校看護，在宅看護についてそれぞれの機関での看護職の活動内容と役割について，特に公衆衛生（行政）看護を担う保健師の活動について述べるとともに，包括ケアシステムの構築に向けて，これからの地域看護と看護職の役割について概説する。

1　地域看護とは

地域看護のねらい

　地域看護とは，地域において，個人・家族・集団・地域を対象に，地域住民への健康支援活動であり，看護の立場から展開する。看護職は，地域住民の一人ひとりが，自らの健康を保持・増進できるよう導き，家族が健康上の問題を解決できるように支援する。その活動では看護職は，病気や障害が社会環境や自然環境と関連することを理解し，出現する健康問題を人々の生活の問題と捉え，プライマリーヘルスケアやヘルスプロモーションの理念に基づき活動を展開する。ヘルスプロモーションとは，オタワ憲章では，「人々が自らの健康をコントロールし，改善することができるようにするプロセスである」と定義している。つまり地域看護は，地域社会における個人，家族および集団に対して，看護の専門職として，対象の主体性を育てる看護サービスを提供し，その対象が自分の力で健康を保持・増進することができるように支援する活動である。

　その活動の中心的役割を担うのは，保健師および看護師である。具体的には，地域で生活する個人・家族を対象に，個人・家族が自らの健康を管理する能力

第5章 地域看護の変化

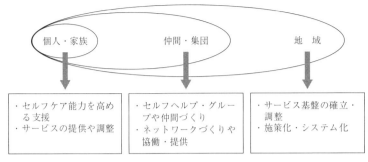

図5-1　地域看護の活動
出典：奥山則子『標準保健師講座1　地域看護学概論』医学書院，2014年をもとに筆者作成。

（セルフケア能力）を高める支援やサービスの提供や調整等を行う（図5-1）。また仲間・集団を対象に，セルフヘルプ・グループや仲間づくり，ネットワークづくりや協働・連携等を行う（図5-1）。さらに地域を対象に，サービス基盤の確立・調整や施策化，システム化等を行う（図5-1）。

地域看護の活動の場

　地域看護の活動の場は，公衆衛生看護，産業看護，学校看護，在宅看護の4つに分けられる。以下に活動の場ごとの活動内容と役割について示す。

　①公衆衛生看護

　公衆衛生看護を担っている看護職は，主として保健師と看護師である。多くは保健師として都道府県保健所・市町村の行政機関に所属し，保健分野のほか最近では福祉分野にも配属され，公衆衛生看護を実践している。都道府県保健所は市町村支援や広域的対応を行う行政機関であり，難病対策，結核・感染症対策，エイズ対策などの専門的な保健サービスの提供，災害を含めた健康危機管理の体制づくり等を行っている。市町村は住民の身近な健康問題に取り組むこととされ，健康増進等の保健サービスの計画・立案・実施・評価，市町村が保険者として行う特定健康診査，特定保健指導，介護保険事業などの取り組みを行う。加えて地域特性に応じた保健計画の策定や実施，防災計画，障害者プランおよびまちづくり計画などの策定，施策に基づいた活動を行うとともに，保健，医療，福祉，介護などと連携および調整し，地域のケアシステムの構築を図っている。

Ⅱ 各 論

②産業看護

　産業看護を担っている看護職は，主として，保健師と看護師であり，事業所（企業）や健康保険組合および健診センターなどに雇用され，事業所・健康保険組合（健保）の健康管理室および健康管理センターに所属している。産業看護の活動は，労働衛生関係法規に基づいて行われており，事業所と協力して，事業所，労働者の双方に対して，健康問題に対する対象者の反応を的確に診断し，その要因を明らかにし，問題解決への支援を行っている。看護職は，労働者の健康支援を行うためには職業生活のみならず，労働者の家庭生活も捉え，産業看護の活動と地域看護の活動の連携を図ることが重要である。

③学校看護

　学校看護を担っている看護職は，養護教諭であり，学校で児童，生徒や教職員などの健康を保持増進するため，学校環境の衛生と安全を配慮し，健康管理を行っている。養護教諭は，児童，生徒が生涯を通じて自らの健康の保持増進を図ることができる能力の育成を行う。学校現場では，社会や家族の諸問題が児童，生徒の学校生活に反映されるため，養護教諭は，地域の関係機関や専門家と連携し，協働を図ることが重要である。

④在宅看護

　在宅看護を担っている看護職は，多くが看護師である。生活の場である在宅を訪問する訪問看護師が，主に訪問看護ステーション，診療所や病院の訪問看護部に配属され，地域で生活する疾病や障害のある療養者（児）と家族を対象に，健康保険制度や介護保険制度などの制度を利用し看護の専門知識，技術を提供している。在宅看護を担っているのは，医師，訪問看護師を始めとして多くの専門職が関わっている。2006（平成18）年4月から制度化された在宅療養支援診療所は，プライマリーな医療が行われ，在宅での医療や看取りを可能にし，訪問看護との連携の重要な拠点となっている。在宅で生活する人々が入院や退院する場合は，病院との連携が重要であり，最近では病院の地域連携室がその橋渡しをする部署として位置づけられており，そこでは退院調整看護師やソーシャルワーカーが配置され，退院支援・退院調整が実施されている。また在宅療養者が，介護保険制度のサービス利用に関してケアマネジメントを行う機関として居宅介護支援事業所があり，そこでは介護支援専門員（ケアマネジャー）が配置されており，看護職

表 5-1　保健師の保健活動の基本的な方向性[2]

1. 地域診断に基づく PDCA サイクルの実施
2. 個別課題から地域課題への視点及び活動の展開
3. 予防的介入の実施
4. 地区活動に立脚した活動の強化
5. 地区担当制の推進
6. 地区特性に応じた健康なまちづくりの推進
7. 部署横断的な保健活動の連携及び協働
8. 地域のケアシステムの構築
9. 各種保健医療福祉計画の策定及び実施
10. 人材育成

の資格を有した者も多くいる。在宅療養者が介護保険制度のもと利用する通所・入所施設には看護職・介護職が配置されている。このように在宅療養者の療養支援には，保健，医療，福祉などの関係機関との調整や連携が不可欠であり，看護職には重要な役割が求められる。

これからの地域看護と看護職の役割

　地域看護を担っている保健師の役割は，地域保健や保健師を取り巻く社会状況の変化とともに拡大してきた。特に，2012（平成24）年，「地域保健対策の推進に関する基本的な指針」[1]が改正され，「国民の健康の増進の総合的な推進を図るための基本的な方針（健康日本21〔第2次〕）」が策定されたことで，2013（平成25）年4月，「地域における保健師の保健活動に関する指針（表5-1）」[2]が出され，保健師の保健活動の基本的な方向性が明確に打ち出された。この活動指針には，地域ケアシステムの構築についても明確に示されており，そのシステム構築のため市町村の保健師は，医療・保健・福祉の関係機関との連携を図りながら，それぞれの役割を果たす体制づくりに積極的に関わることが期待されている。

　一方医療分野では，これまでの「病院医療」から「地域医療」へシフトし，在宅看護の需要が拡大するため，対象者を「生活」の視点で捉えることができる訪問看護師の専門知識・技術が必要となる。今後，団塊の世代は病院の病床数の限界から，あふれる人々がかなり出てくるので，それらの人々を地域で支える必要がある。地域住民の一人ひとりが考えて組織を作る共助の動き，そういった意味から，地域看護の知識・技術は，保健師だけでなく地域で働く看護師にとっても必要不可欠である。病院をはじめとした施設内外で働く多くの看護職が地域看護

Ⅱ 各 論

の志向をもつことが求められている。今後，多くの高齢者を支えるには，地域で働く保健・医療・福祉の専門職の連携が重要であり，看護師は，その連携の中心的役割を担っていく必要があるからである。

2 地域看護活動の展開

前項では地域看護の理念と地域看護の活動の場ごとの看護職の役割について概説した。ここでは，特に公衆衛生看護を担う保健師の活動の展開について概説する。

保健師が行う地域看護活動の展開

前項で述べた通り地域看護は，子どもから高齢者まで，地域で生活するさまざまな人々を対象に，セルフケア能力を高め，地域全体の健康を向上させることを目的としている。

特に保健師は，地域のどんな健康レベルや発達段階にある人々を対象にしても常に予防的視点で捉え，国の政策や指針に基づき，地域看護活動を展開する。例えば母子保健分野では乳児健康診査や育児相談といった行政機関で行われる保健事業を通して，乳児の発達支援や母親の育児支援を行い，成人保健分野では，生活習慣病予防や健康づくりのための活動，高齢者分野では，介護予防や認知症予防の活動を行っている。近年，保健師が行う地域看護活動は，子育て支援，生活習慣病予防対策，難病患者・精神障がい者への支援，高齢者の介護予防，感染症予防対策，災害を含めた危機管理対策等の取り組む課題が多岐にわたり，対象者の1人が多問題を抱えているため保健師の地域看護活動が複雑化している。

保健師は，地域に出向き個別の家庭訪問や健康相談を実施しながら，個別の健康問題から地域の健康問題を，その背景にある社会や地域の関係の中で捉え，時には既存の保健統計や疫学などの調査を実施し，組織のなかで地域看護活動を展開している。その際，地域診断，計画策定，相談・支援，健康教育，調整・ネットワーク化，施策化・システム化する等の看護技術を用いる。つまり，個人・家族に対しては，家庭訪問，相談・面接，ケアマネジメントの技術を用い仲間・集

団に対しては，健康教育や地域組織活動の技術を用いるなど，対象や課題に応じてそれらの技術を活用し支援を行っている。

地域看護は，PDCAサイクル（Plan-Do-Check-Action）のプロセスで活動を展開する。まず情報収集や実態把握を行うことで健康問題を明確化する。次いで明確化した健康問題に対し地域看護活動計画を立案し（Plan），実践する（Do）。続いて実践した活動の評価や点検を行う（Check）。何度も評価・点検を行いながら新たな改善（Action）を行い次の活動へと展開する。このサイクルのプロセスが地域看護の実践には不可欠である。

保健師は地域看護活動を展開するときには，活動計画を企画する最初の段階から地域住民や関係者に働きかけることを忘れてはならない。つまり最初の段階から住民参加に基づき予防活動を行うことで，地域全体の健康水準を向上させることができ，このことが，人々が暮らしやすい地域の環境づくりや，住民自身で問題解決できる力がつくような関わりを目指すヘルスプロモーション活動である。さらにその活動の効果を評価し，人々の関係づくりや地域全体の健康づくりの施策化を目指し，活動を再び展開するのである。行政機関では，国の政策に応じて，自治体ごとに「健康日本21」や「健やか親子21」など健康づくりに関する計画が立案され実践されている。これらの展開は，行政主体ではなく計画立案から実施，評価のプロセスでは住民参画と協働を基本とし，地区組織活動の強化および関係者間のネットワークづくりを図りながら，住民が主体的に行動できるように支援されている。また活動に関わる関係者や住民を通じて，他の地域住民への波及効果をもたらすことができる方法などを検討しながら活動が展開されている。

健康日本21の評価について

2000（平成12）年に開始された「21世紀における健康づくり運動（健康日本21）」の最終評価が2011（平成23）年に行われた。がん，心臓病，脳卒中，糖尿病等の生活習慣病やその原因となる生活習慣病に関する課題9分野の59項目の達成状況は，「メタボリックシンドロームを認知している国民の割合の増加」など10項目が目標を達成し，全体の6割の改善が見られた。悪化していたのは，「日常生活における歩数の増加」，「糖尿病合併症の減少」など9項目であった。[4]

Ⅱ 各論

健康日本21（第2次）と新健康フロンティア戦略

　健康日本21の最終評価の結果を踏まえて，2012（平成24）年5月に，「21世紀における第二次国民健康づくり運動（健康日本21〔第2次〕）」が策定された。基本的な方向として，目指すべき姿を，全ての国民がともに支えあい，健やかで心豊かに生活できる活力ある社会とし，健康日本21（第2次）の基本的な方向として，①健康寿命の延伸と健康格差の縮小，②生活習慣病の発症予防と重症化予防の徹底（NCD：非感染性疾患）の予防，③社会生活を営むために必要な機能の維持および向上，④健康を支え，守るための社会環境の整備，⑤栄養・食生活，身体活動・運動，休養，飲酒，喫煙および歯・口腔の健康に関する生活習慣および社会環境の改善，等の5つが提案された（図5-2）。

　また，超高齢化社会を歩むわが国は，国民一人ひとりが生涯にわたり元気で活動的に生活できる，明るく活力ある社会の構築のため，国民の健康寿命（健康で自立して暮らすことができる期間）を伸ばすことを基本目標に，「生活習慣病予防の推進」と「介護予防の推進」を中心とした新健康フロンティア戦略が策定された。この戦略は，2007（平成19）年度からの10か年戦略であり，国民が自ら取り組んでいく分野として，「子どもの健康」，「女性の健康」，「メタボリックシンドローム克服」，「がん克服」，「こころの健康」，「介護予防」，「歯の健康」，「食育」，「運動・スポーツ」の9分野の対策が進められている。[5]

これからの地域看護活動

　前述の通り，公衆衛生看護に携わる保健師は，地域住民の健康の保持・増進のため，地域住民が，自らの健康を保持・増進できるよう導き，家族が健康上の問題を解決できるように支援を行い，地域の実情に応じた地域看護活動を展開している。その活動を実践するためには，保健師はいくつかの能力が必要である。特に昨今の健康日本21の評価にみるように保健師の行う地域看護活動は，その成果を数値で示すことが求められる。近年わが国は，少子高齢化の進行が加速し，一方で高齢者の要介護者数が増加し，個人や地域の健康格差がますます広がっている。このような状況のなかで保健師に求められる能力は，個別の健康問題の解決に向けて保健福祉サービスが総合的に提供されるようなケアマネジメント能力が必要であり，特に個別の健康問題を地域全体の健康課題に結びつけて組織的に解

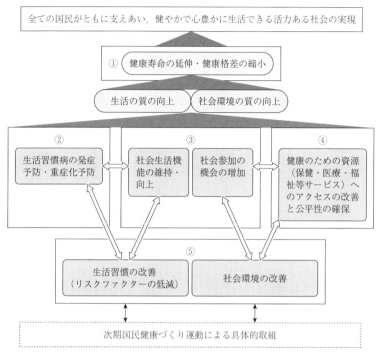

図5-2 健康日本21（第2次）の概念図
出典：厚生科学審議会地域保健増進栄養部会，次期国民健康づくり運動プラン策定専門委員会「健康日本21（第2次）の推進に関する参考資料」（平成24年7月）．

決していく能力が必要である．そのため保健師は，保健・医療・福祉行政の最新の知識を主体的・継続的に学ぶ能力を養うととともに，保健・医療・福祉サービスを調整し活用する能力，地域の必要な社会資源を開発し，施策に反映する能力がますます重要になると考えられる．今まさしく地域の実情に応じた地域づくりに向けて，保健師の応用力や創造力が求められている．

地域看護は，公衆衛生看護，産業看護，学校看護，在宅看護と4つの分野に分けられ，それぞれの活動の場で看護職は機能・役割を果たしているが，それぞれの分野が決められた方法で行うのではなく，連携することでそれぞれの特徴を活かした地域看護活動を行うことが可能となる．地域看護に従事する看護職は，保健・医療・福祉分野で働く専門職がチームとなり，地域に住む住民が安心して生活できるよう支援することが重要であり，そのためには地域のさまざまな機関レ

Ⅱ 各 論

ベルの人たちと協力して地域看護活動を展開することが必要である。

3 地域看護の組織化（連携・協働）

　保健・医療・福祉分野の活動に「連携・協働」が必要であると言われるようになって久しい。その背景には健康に対する考え方の転換がある。急性疾患への対応では医師の指示のもと，迷うことなく定められた治療支援がなされることで健康回復がされた。しかし慢性疾患，特に治療困難な疾病や障害を有する人々，さらに地域で暮らす高齢者の健康支援のためには多面的な要素を含む生活の場で，対象者の生活のしづらさに対する長期にわたる支援が必要となった。おのずと医療モデルでの対応では不十分となり，生活モデルを意図した支援のあり方を模索する必要性が出現した。その過程のなかで多職種によるチームケアに必要な「連携（cooperation）・協働（collaboration）」さらに，その結果としての「組織化（organization）」という言葉が市民権を得たと捉えられる。ここでは，行政看護分野における「組織化・連携・協働」に焦点をあてて説明する。

　保健所，市町村保健センター，あるいは福祉分野の保健師活動の機能は，家庭訪問，健康相談などの個別支援，集団を対象とした健康教育，各種の健診・検診，健康づくりのための地区組織育成等，個，集団，そして地域全体を視野に入れながらの健康なまちづくりを意図した活動に取り組むことにある。それらのどの活動も幅広い多様な人々の協力を求めながら実施することが基本となる。

　以下に，個別支援における連携・協働の必要性と方法，さらに地域ケア体制づくりのためのグループ支援と組織化の視点について述べる。

個別支援における連携・協働

　行政保健師による個別支援対象の健康レベルは様々である。母子保健活動においては，乳幼児の発達の確認とともに母親の育児上の不安軽減をはかり，母親の育児力向上を支援する。発達の問題が発見された場合には小児発達専門医，臨床心理士，さらに保育園関係者等と情報交換しながらの療育支援が必要となる。近年開始されたメタボリックシンドロームに焦点をあてた特定保健指導では，生活

習慣病予防の視点から，病識のない成人期を対象に，健康課題の気づきを促し，さらに生活習慣の変容を働きかける。ここでは栄養士，健康運動実践指導者等との協働がなされている。

　一方，高齢者支援においては，介護保険制度創設前と現在では，連携・協働のあり方が様変わりしている。介護保険制度創設以前は，行政保健師が在宅高齢者への看護支援を担う機会も多かった。脳卒中後遺症で寝たきりになった高齢者の療養支援，認知症高齢者の家族からの相談への対応も保健師の役割であった。当時の在宅サービスは，市町村福祉分野によるホームヘルプサービス，入浴サービス等の限られたものであり，その分野との連携が主体であった。介護保険制度導入により，介護支援専門員によるサービス担当者会議の開催等サービス提供者（機関）間の連携・協働が制度として組織化された。さらにこの会議はサービス利用者と家族の参加が求められ，サービス利用にあたっての利用者の意思重視が強調された。保健師は関係職種として参画することになった。一方，地域包括支援センターへの配置が義務づけられ，社会福祉士，主任介護支援専門員とともに，「①要支援になるおそれのある者に対するケアマネジメントを行う介護予防事業，②個々の高齢者から具体的な相談を受け，関係機関や制度の利用など必要な支援につなぐ総合相談業務，③権利擁護事業や成年後見制度などを活用して高齢者の権利擁護，虐待防止を行う業務，④地域のケアマネージャーに対するネットワークづくりや援助困難事例などに関する指導，助言を行う包括的・継続的ケアマネジメント業務」[6]の一役を担うことになった。地域包括支援センターでの活動では，多職種連携・協働が必須である。介護予防を意図した地域支援事業においても口腔機能低下予防では歯科衛生士，転倒予防では理学療法士と様々な職種との協働が重要となった。

　さらに，公的サービスを担う保健師には地域に潜在している要支援者を見つけ出し，必要なサービスが利用できるように働きかけるという役割がある。健康課題に気づいていない，相談の手立てを知らないで孤立している，健康課題を自覚しながらも自己の力では解決できない等の要支援者のニーズを掘り起こし，公平なケアを提供することは，保健師単独では不可能であり，医療・福祉分野の専門職者を始めとして，民生委員や既存の地域組織を巻き込んだネットワークづくりに努めることが必要となる。

Ⅱ 各 論

　このような個別支援における対象との最初のかかわりにおいて重要なことは，対象を深く理解することであり，支援者としての信頼を得ることである。そのためには，対象の生活に注目しながら，複数の側面から多面的・多次元的にその人に関する適切な情報を収集すること，その人の内面の動きを適切に感受し，健康課題をアセスメントし，対象者の意思を尊重した支援の方向性を見きわめる姿勢，技術を持ちあわせていなければならない。このような支援者としてのあり方が，個別支援における職種間の連携・協働の基盤ともなる。

グループ支援と組織化

　行政保健師には個別支援を基盤に共通の健康課題を持つ人々を対象としたグループワークの場を提供し，やがて自主活動へと発展するプロセスを支援する役割がある。発達障害の子どもたちの療育支援グループ，在宅療養中の高齢者家族の会，精神障害者の社会復帰支援のためのグループ活動や家族会の育成などに従事してきた経緯がある。また，既存の様々な障害者の当事者組織から支援を求められる機会も多い。このようなグループ支援活動においても多職種連携が重要であることはいうまでもない。

　個別支援活動で培った関係機関（者）との連携機能を有効に活用し，グループメンバーのQOL向上のために，健康課題の解決，不安の軽減，社会資源の有効活用を支援していくことが求められる。

　このようなグループや組織への支援活動は，地域の貴重な社会資源開発という意義もある。介護の困難さを分かちあい，励ましあうことから開始された「介護者の集い」から認知症家族会においては，法人化して相談事業の委託を受けるまでになっている。育児経験豊かな母親で構成される育児グループは初めて子育てする母親の不安軽減のための一役を担う組織ともなる。「保健師にはグループづくりの初期の支援から，グループを地域ケアの資源として組織化していく役割が求められている[7]」。そして社会資源へと発展した組織との「協働」こそが，組織のエンパワーメント，さらに地域ケア体制の基盤づくりとしての意義があると考える。

4　地域包括ケアと地域看護

保健師の役割

　地域包括ケアシステムの目指すところは，高齢者が住み慣れた地域で尊厳ある生活を可能な限り継続できる体制を整備することにあり，システム構築の主体は市町村である。

　住民の身近な健康問題にかかわる市町村保健師のシステム構築参画への期待は大きい。行政保健師の役割は，起きている現象としての個々人の問題へのアプローチにとどまらず，その問題が生じる根源を俯瞰的に捉え，改善のために予防的視点を持ちながら関係職種と協働しながら，ネットワーク化，システム化を目指すことにある。市町村保健師には，かつての老人保健法に基く健康診査，健康教育，近年の特定健診・保健指導，さらに介護保険法に基づく地域支援事業等，健やかな老いを獲得するための予防活動の経験を基盤に，地域の特性を踏まえた地域包括ケアシステムづくりに積極的に取り組む責務があるといえる。

保健師の活動

　S県F市（人口14万6,000人）の地域包括支援室所属保健師の活動状況について聞き取りし，概要を図示した（図5-3）。具体的な活動内容を紹介しながら，地域包括ケアシステム構築における保健師の役割について述べる。

　聞き取り対象の保健師は，市町保健師として二十数年の経験を持つベテランである。健康増進部門の経験を経て5年前から介護福祉課に勤務し，高齢者支援活動に携わっている。本年4月，地域包括ケア推進室が新設され配属された。推進室長にも保健師が配置されている。

　活動の内容は「課題抽出のための実態調査」「連携・協働のための基盤づくり」「市民とのパートナーシップ形成のための啓発活動」の3分野に区分された。高齢者を対象に実施されたニーズ調査の結果，「自宅での介護希望63.9％・在宅介護が難しい理由は緊急時の対応が不安40.3％・充実してほしい在宅医療サービス：訪問診療35.2％，通所リハビリテーション33.0％，訪問看護29.5％等であった[8]」。これらの調査結果は，システムづくりの「司令塔」と位置づけられた，医

Ⅱ 各 論

師会，歯科医師会，薬剤師会，市立病院，介護支援専門員（ケアマネジャー），訪問看護ステーション，地域包括支援センターの各代表で構成される「専門部会」における施策検討に活かされることになった。専門部会では，「在宅療養を希望する人に病院から在宅への切れ目のない支援」「訪問看護の円滑な導入，効果的活用の推進」などの課題についての検討がされている。1995（平成7）年4月，市立病院の中に医師会立の病診連携室が設置され，病診連携の強化，在宅療養がしやすい環境づくりに取り組んでいる。各組織，機関の代表同志が互いに顔が見える関係をつくり，課題を共有することが，システムづくりの基礎となっていると言える。保健師は行政の立場で会の開催，運営にかかわっている。

　聞き取りのなかで最も注目したのは「市民とのパートナーシップ形成のための啓発活動」である。「最期のときまで自分らしく QOD（Quality of Death/Dying）への初めの一歩」のテーマで市民対象のフォーラム開催を牽引したのは，小さなボランティアグループであった。会の発足は23年前に遡る。市主催の高齢者福祉を学ぶ「生き生きライフ講座」受講生の有志で結成したという。「より良い高齢者福祉を求めて学び，多くの人に知ってもらう活動を行う」ことを目的に，毎年様々なテーマで講演会等を開催している。

　また，高齢者施設での入浴やリハビリの介助ボランティアを継続しているという。保健師は講演会等の開催のための会場確保，社会福祉協議会からの資金援助を得るための仲介など後方支援をしてきたという。このような市民の力こそがシステムづくりの鍵となる。保健師活動のなかで日常的に行われる健康教育が受講者のエンパワーのきっかけとなり得ると捉えられた。フォーラムの参加者からは「在宅医療は大変心強く感じた。訪問看護の大切さも理解でき，自分や家族の死について家族で話し合うことが重要であると感じた」[8]という感想が寄せられた。

地域包括ケアシステムと保健師

　保健師には，住民が主体的に健康に関する知識や技術を学習することができるような場の提供や，身近な相談者としての役割が期待されている。地域包括ケアシステム構築に向けて，自己の老い方に関心を持つこと，介護予防を意識した生活のありよう，さらに超高齢化社会に向けての「共助」の考え方などについての学習の機会を提供すること，市民の関心を高めるために行政の取り組み状況につ

第5章 地域看護の変化

```
┌─────────────────────────────────────────────────────┐
│ 課題抽出のための実態調査:高齢者の生活と意識に関する調査(行政) │
│ ◆6割以上が「自宅で介護して欲しい・介護したい」              │
│ ◆自宅療養が難しい理由は「緊急時の対応が不安」               │
│ ◆「訪問診療」「通所リハビリ」「訪問看護」「訪問リハビリ」サービスの充実希望│
└─────────────────────────────────────────────────────┘
                          ↓
┌──────────────────────────┐   ┌──────────────────────────┐
│  連携・協働のための基盤づくり  │   │  市民とのパートナーシップの形成  │
│ ┌──────────────────────┐ │   │         (啓発活動)          │
│ │地域包括ケアシステム専門会議(司令塔)│ │  ボランティアグループからの提案 │
│ │医師会,歯科医師会,薬剤師会    │ │  「地域包括ケアを創る市民フォーラム│
│ │市立病院,介護支援専門員,訪問看護│ │   自分の最期を自分らしく描くQODへの│
│ │ステーション各代表           │ │   始めの一歩」              │
│ │◆切れ目ないサービス提供を支援する │ │                          │
│ │ための協力体制・具体策の検討   │ │◆ボランティアグループの活動紹介 │
│ └──────────────────────┘ │   │  より良い高齢者福祉を自ら学び,多くの│
│          ↕                │↔│  人に知ってもらう活動の継続    │
│ ┌──────────────────────┐ │   │                          │
│ │ 高齢者支援対策推進会議(実務者) │ │◆高齢者の生活と意識に関する調査結果報│
│ │2カ月に1回定期開催         │ │  告(行政)                  │
│ │◆個別の支援困難事例への対応検討 │ │                          │
│ │ 支援者の技術向上           │ │◆医師会での取り組み:家で暮らす,家で│
│ └──────────────────────┘ │   │  生きることを支援するための病診連携│
│          ↕                │   │  コーディネーター事業         │
│ ┌──────────────────────┐ │   │                          │
│ │      地域ケア会議         │ │◆市民病院からの提案:終末期はだれにも│
│ │ (7か所の地域包括支援センター)  │ │  おとずれる。どのように生活したいか,│
│ │◆地域に必要なネットワーク機能の発│ │  話し合うことから始めよう。    │
│ │ 見,不足している地域の機能や役割,│ │                          │
│ │ 社会資源の明確化           │ │◆訪問看護ステーション:訪問看護をもっ│
│ └──────────────────────┘ │   │  と頼りにして下さい。         │
└──────────────────────────┘   └──────────────────────────┘
```

図5-3 F市における地域包括ケアシステムづくりの活動概要
出典:筆者作成。

いての情報提供を様々な方法で行うことが求められる。それは,あらゆる年代に向けて計画的に実施することが望まれる。「小学校,中学校での認知症サポーター養成講座を開催すると,子どもたちの反応は積極的で,真剣に学んでくれる」と保健師は語っていた。

　さらに保健師が強調したのは,健康づくり部門との連携の重要性であった。介護予防は生活習慣病予防に準拠するとも言え,特定健診,特定保健指導による生活習慣改善行動は,介護予防に直結する。特定健診受診率の向上,効果的な保健指導は広い意味で地域包括ケアシステムづくりの基盤となるといっても過言ではない。それは産業保健分野での労働者の健康支援においても同様である。

Ⅱ 各 論

　地域包括ケアシステムの目指すところは「健康増進や予防，診断，治療，疾病管理，介護，終末期（人生の最終段階）までが切れ目なく一貫性を持った保健医療として提供される[9]」ことにある。地域看護を担う訪問看護ステーションにおける在宅看護分野，行政看護を担う保健師，労働者の健康管理を担う産業看護職が，各々の立場で，システム構築に向けての役割を果たすことが求められる。そのために，活動の基盤となる個別支援技術，集団を対象とした健康教育技術，調整技術等向上のために日々研鑽することが必要である。

注
1) 厚生労働省　地域保健法第四条第一項の規定に基づく地域保健対策の推進に関する基本的な指針。
2) 『国民衛生の動向2015/2016』2015年，38頁。
3) 奥山則子『標準保健師講座1　地域看護学概論』医学書院，2014年。
4) 厚生科学審議会地域保健健康増進栄養部会次期国民健康づくり運動プラン策定専門委員会「健康日本21（第二次）の推進に関する参考資料」平成24年7月。
http://www.mhlw.go.jp/bunya/kenkou/dl/kenkounippon21_02.pdf
5) 厚生労働統計協会『国民衛生の動向　2015/2016版』。
6) 『地域包括支援センター業務マニュアル』一般財団法人長寿社会開発センター，2011年，5頁。
7) 川野雅資監修／豊島泰子編集『看護学実践　地域看護学』「第3部　地域看護学の展開——Eグループ支援・組織化」PILAR PRESS，2013年，178頁。
8) 藤枝市健康福祉部地域包括ケア推進室発行啓発用パンフレット「最期のときまで自分らしく　QODへの初めの一歩」平成27年3月。
9) 2035年「日本は健康先進国へ　保健医療2035提言書」「保健医療2035」策定懇談会，平成27年6月，17頁。

（1・2　豊島泰子，3・4　鈴木みちえ）

第6章 がん患者の看護と在宅の看取り

　2003（平成15）年3月「医療制度改革の基本方針」を具体化することを目指して，「医療制度改革試案（2005〔平成17〕年10月）」が示された。地域医療連携について，「後期高齢者の診療報酬を終末期医療の評価，在宅での看取りまでの対応の推進，入院による包括的なホスピスケアの普及等，後期高齢者の心身の特性等にふさわしい体系を構築する」ことが示され，この間に取り組みの成果が報告されている。しかし，在宅での看取りの割合は大きな変化はなく地域間での格差が出始めている。この章ではがん患者の在宅医療における看取りをどのようにすすめていくかを紹介する。

1　がん看護とは

がんの定義

　がん（悪性新生物）は，「遺伝子変異によって自律的で制御されない増殖を行うようになった細胞集団（腫瘍）のなかで周囲の組織に浸潤し，または転移を起こす腫瘍である。悪性腫瘍のほとんどは無治療のままだと全身に転移して患者を死に至らしめる病気」[1]で，普通では人の細胞には存在しない新生物が自立性・進行性に増殖し，転移し，多臓器へ影響を及ぼすという特徴を持つ。

がんの罹患数と死亡の動向

　国立がん研究センター・がん対策情報センターの報告によると，2015（平成27）年の予測がん罹患数は98万2,000人（男性56万人，女性42万2,000人）で，2014（平成26）年予測値より約10万人増加し，男女をあわせた罹患数は大腸，肺，胃，前立

Ⅱ 各 論

表6-1 2015（平成27）年に新たにがんと診断される男女別・部位別のがん統計予測

	1位	2位	3位	4位	5位
男 性	前立腺	胃	肺	大 腸	肝 臓
女 性	乳 房	大 腸	肺	胃	子 宮
男女計	大 腸	肺	胃	前立腺	乳房（女性）

出典：国立研究開発法人国立がん研究センターのがん対策情報センター，2015（平成27）年がん予測罹患数。

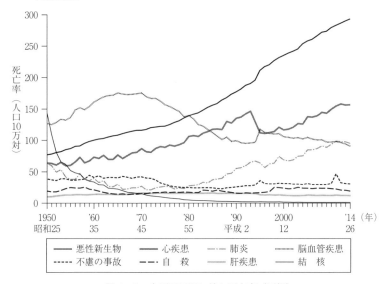

図4-2 主要死因別に見た死亡率（再掲）

注1）：平成6年までの死亡率は旧分類によるものである。
 2）：平成26年は概数である。
出典：厚生労働省人口動態統計『国民衛生の動向 2015/2016版』65頁。

腺，乳房の順に多いことが報告されている（表6-1）。

　がんの死亡動向は，厚生労働省「人口動態統計」の報告によると，わが国の2013（平成25）年における悪性新生物の死亡数は36万4,721人，死亡率（人口10万対）は290.1で，総死亡数の28.6％を占めている（図4-2〔89頁より再掲〕）。年齢構成の異なる集団で死亡状況の比較をより正確にできる年齢調整死亡率の年次推移を見ると，がん対策の推進によりがんの部位により差異が見られるものの全体としては若干の低下が認められる（図6-1）。しかし，主要4死因の年齢階級別死亡率（人口10万対）では，年齢構成が高くなるにつれて増加していることから，65歳以上の高齢者人口が急激に増加することに伴い，がんの死亡数・率はますま

第6章 がん患者の看護と在宅の看取り

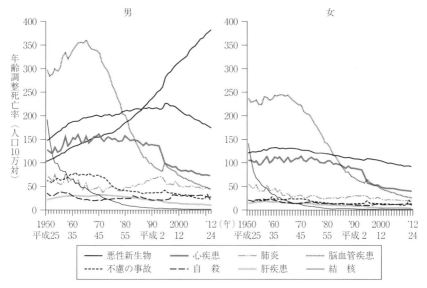

図6-1　性・主要死因別にみた年齢調整死亡率（人口10万対）の推移
資料：厚生労働省「人口動態統計」
注：年齢調整死亡率の基準人口は「昭和60年モデル人口」である。また，平成6年までは旧分類によるものである。（肝疾患の昭和25～55年はデータ不備のため，5年間隔の折れ線で表示してある（編集部））。
出典：厚生労働統計協会『厚生の指標　増刊　国民衛生の動向　2014／2015版』Vol. 60, No. 9, 57頁。

す増加することが予測されている[3]。

がん患者と家族の苦悩

　多くの人々の意識のなかには「がん＝死」のイメージが依然として根強い。がんの告知を受けた患者・家族は大きな衝撃を受ける。「なぜ自分ががんなのか」「どうしてこんな目に遭うのか」「死とは何なのか」「死んだらどうなるのか」などの強い不安を感じ，気持ちが不安定となる。家族や友人に事態を打ち明けられず，いらだち，恐れ，怒りの気持ちが込み上げる。中には集中力が低下し，食欲不振や不眠を体験し，日常生活での役割を遂行できないことがある。
　手術療法，薬物療法（化学療法），放射線療法などの治療が行われるが，選択肢の決定に思い悩む。がんの治療に関する情報を自分で収集する人もいれば，セカンドオピニオンの意見を参考に苦渋の決断を行う人もいる。いざ化学療法が始ま

Ⅱ 各 論

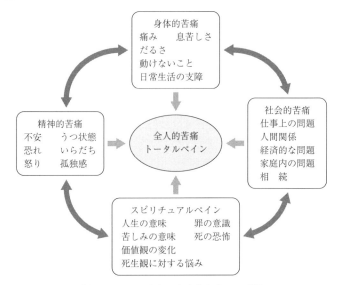

図6-2 がん患者の全人的な痛みの理解
出典：柏木哲夫監修／淀川キリスト教病院ホスピス編『ターミナルケアマニュアル（第4版）』最新医学社，2001年，23頁。

ると就業やこれまでの役割を継続することについて困難さを体験する。治療がすすむと自分では意図せずに好ましくない徴候や症状（有害事象[*]）が現れる。不確実で不安な日々を過ごし，再発すると死を身近なこととして意識し始める。これまで頑張ってきたことがまるで否定されたかのように，八方塞がりの胸中を語る人がいる。進行するとがんの周囲組織の圧迫や破壊，多臓器への転移により，痛み（侵害受容性疼痛と言い，内臓痛と体性痛に分かれ，内臓痛のほうが疼痛緩和のための医療用麻薬が効きやすい）などの症状が出現する。

　＊有害事象とは，化学療法のために使用する薬品の使用，放射線治療，または手術と時間的に関連のある，好ましくない，意図しないあらゆる徴候（例えば臨床検査地の異常）症状，または疾病のことであり，当該治療との因果関係は問わない。Common Adverse Events Reporting Guideline in Japanese Cancer Trial Network『有害事象報告に関する共通ガイドライン』-ver 1.0-発効2015.4.1

ホスピス（St. Christopher's Hospice）の創立者であるシシリー・ソンダース（Cicely Saunders）は，がん末期における疼痛や苦痛を「全人的な苦痛」と示した（図

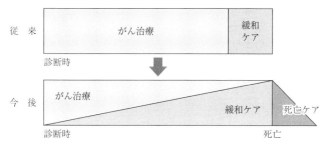

図6-3 がん治療と緩和ケアの関係
出典:宮下光令編『成人看護学 ⑦緩和ケア』ナーシンググラフィカ,メディカ,2013年,17頁を筆者一部改編。

6-2)。がん性疼痛は,身体的なものだけでなく,心理・社会的・スピリチュアル的な側面によって成り立っている。一度痛みを感じると増強しながら持続し,自然消失することはない。慢性的な痛みと急性の痛みが混在し,痛みはがんの進行として捉えられ,強い不安や恐怖を引き起こし,本人だけでなく家族にも「何もしてあげられない」等の痛みを与える特徴を持つことから,がん患者と家族の苦痛は身体的苦痛だけでなく,精神的側面や社会的側面,スピリチュアルな側面から包括的に捉えることが重要である。

がん看護と緩和ケア

がん看護は,がんの診断や治療に関連する看護ケアにとどまらず,過去・現在・未来の時間軸を含め,より全人的な視点から,がん患者と家族の生きる体験を支援する看護をいう。がんと診断されたときからがん患者と家族が「がん体験」に自ら意味を見出し,患者と家族が人としての尊厳と自尊感情を保ちながら安らかな人生の終焉を迎えることを支援するという役割を持っている[4]。

在宅では,本人と家族が自宅で過ごしたいという意思決定に基づいて,痛みの緩和をはじめその人らしい生活支援ができる体制をつくることが看護の役割である。

緩和ケア(Palliative care)とは,生命を脅かす疾患による問題に直面している患者とその家族に対して,早期より痛み,身体的問題,心理社会的問題,スピリチュアルな問題に関して,きちんとした評価を行い,それが障害とならないよう

Ⅱ 各 論

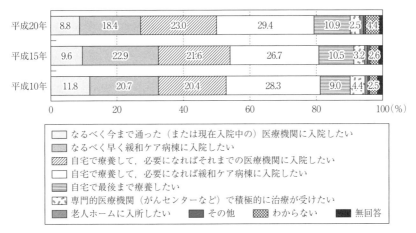

図6-4 終末期を過ごしたい場所
出典：厚生労働省終末期医療に関する意識調査等検討会「終末期医療に関する意識調査等検討会報告書」2015（平成26）年スライドより抜粋。

に予防したり，対処することで，クオリティ・オブ・ライフを改善するためのアプローチをいう（WHO，2002）。近年ではがんと診断された直後から緩和ケアを行うと治療効果が高まることや死別後のグリーフケアを家族に行われることから図6-3のような概念に変わってきている。

2 がん患者を取り巻く社会的環境

国立社会保障・人口問題研究所の推計によると，高齢者人口は増加を続け，2025年には戦後のベビーブーム世代が75歳以上となり，ピークを迎える。2060年には2.5人に1人が65歳以上の高齢者，4人に1人以上が75歳以上の高齢者になると推計され，[5]「多死時代」における人生の終焉を迎える場の確保が必要となってきた。

自宅で最期まで療養を希望するがん患者の割合

厚生労働省「終末期医療に関する意識調査検討会報告書及び人生の最終段階における医療に関する意識調査報告書報告」2012（平成24）年4月によると，国民

第6章　がん患者の看護と在宅の看取り

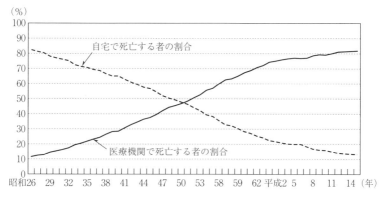

図6-5　自宅と医療機関で死亡する者の割合
出典：厚生労働省大臣官房統計情報部「人口動態統計」。

の60%以上は，終末期を自宅で療養し，必要になれば医療機関等を利用したいと希望している。また要介護状態になっても，自宅や子ども・親族の家での介護を希望する人が40%を超えていることが報告されている（図6-4）。がん患者の間でもそのニーズは高まっているが，自宅での死亡割合には大きな変化は見られていない（図6-5）。

がん患者の在宅医療への移行を促進するための対策

　在宅では，「住み慣れた地域で尊厳のある生活を継続できるよう，患者のニーズや状態の変化に応じたサービスが切れ目なく提供される「地域包括ケア」の存在や24時間体制の在宅医と訪問看護師等の在宅ケアチームなど，患者・家族が選択したことを実現できることを支援するために入院中から以下の対応を進めていくことが期待される。

(1)　がん性疼痛治療法（WHO）に即した疼痛マネジメントの実施

　日本の医療用麻薬消費量は欧米先進諸国と比較すると依然として少なく，がん性疼痛に苦しむがん患者の除痛がまだ十分に行われていないことが推測される。痛みがあると日常生活の活動量が低下し，冷静な判断ができないことから生活の質は著しく低下する。治療法の選択，人生の終焉をどこで迎えるか等，重要な意思決定事項に関する判断を阻むことが予測されることから，WHO（1986年）の「がん性疼痛緩和のガイドライン：Cancer Pain Relief」（図6-6）に即して，①

Ⅱ 各 論

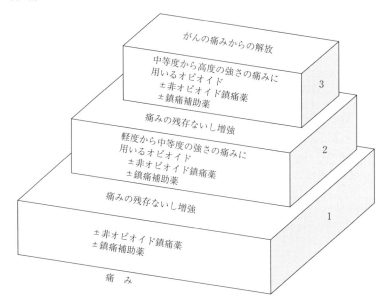

図 6-6　WHO 3 段階がん疼痛治療ラダー（WHO, 1996）
出典：非特定営利法人日本緩和医療学会編・緩和医療ガイドライン作成委員会「がん疼痛の薬物療法に関するガイドライン」2010年版，HTML ファイルより転載。

経口的に，②時間を決めて規則正しく，③「WHO 3 段階除痛ラダー」が示すところに従って選択し，④個別的な量を調整し，⑤副作用対策を行う，という 5 つの基本原則に基づいて疼痛管理が行われることが望ましい。このような疼痛管理によってがん性疼痛の 7 ～ 9 割は緩和すると言われている[6]。

(2)　人生の終焉をどこで迎えるかの意思決定に必要な支援

がん患者が自分の病状や検査・治療内容，それに伴う副作用・合併症などについて適切な説明を受け，十分に理解したうえで自身の判断で治療方針などに対して拒否や合意を選択するインフォームド・コンセントが十分に行われていない，あるいは，患者やその家族が治療法を選択する上で第三者である医師に専門的見解を求めることができるセカンドオピニオンが十分に活用されていないなど，患者やその家族の視点に立った医療体制の質的な整備が依然として十分でないことが指摘されている[7]。

在宅療養について，多くの人は「家族に負担がかかる」という。家族も遠方や

高齢，共働きや子どもが小さいことを理由に在宅への移行を拒否する場合があるが，患者の人生は患者が決めることを尊重し，家族が独断で判断しないように支援する必要がある。

「がん対策推進基本計画」（2012〔平成24〕年6月）では，がん医療に携わる医療従事者への研修や緩和ケアチームなどの機能強化等により，がんと診断された時から患者とその家族が，精神心理的苦痛に対する心のケアを含めた全人的な緩和ケアを受けられるよう，緩和ケアの提供体制をより充実させることが期待されている[8]。

(3) 地域連携クリティカルパスの有効利用

クリティカルパスとは，良質な医療を効率的，かつ安全，適正に提供するための手段として開発された診療計画表である。もともとは，1950年代に米国の工業界で導入されはじめ，1990年代に日本の医療機関においても導入された考え方である。診療の標準化，根拠に基づく医療の実施（EBM），インフォームド・コンセントの充実，業務の改善，チーム医療の向上などの効果が期待されている。地域包括ケアにおいてはがん診療連携拠点病院を中心に地域連携クリティカルパス（急性期病院から回復期病院を経て早期に自宅に帰れるような診療計画を作成し，治療を受けるすべての医療機関で共有して用いるもの）[9]を積極的に活用し，在宅緩和ケアを提供できる診療所などと連携して，患者とその家族の意向に応じた切れ目のない在宅医療の提供体制を整備するとともに，急変した患者や医療ニーズの高い要介護者の受入体制を整備することが期待されている[10]。

3 在宅における緩和ケアと地域包括ケアシステムの構築

在宅療養の魅力

長年住みなれた家で家族に囲まれて思い思いの療養生活を送れることは，在宅療養の最大の魅力だと思う。入院生活では病院の管理や規則にしばられ，心からやすらいで過ごすことは思いのほか困難だ。それに対し自宅は自由空間である。また自宅では子どもたちが集まりやすく，人の死を見つめ日常のなかで人が死ぬということを学ぶことができ，看取りの場面は重要な学びの場となり得る。また

Ⅱ 各 論

病院ではみんな「患者」の役割しかないが，自宅では「父・母・夫・妻・息子・娘・ペットの飼い主」などさまざまな役割を担うことができる。

　がんの終末期でも痛みや苦痛をきちんとコントロールできれば，ほとんどの方は最期の瞬間が来るまで，趣味や仕事，そして家族との会話など思い思いの自由な時間を過ごすことができる。ましてや最期の最も貴重な時間は家族で過ごすべきだし，そのためにも最期を迎える場所は病院ではなく住みなれた家であるべきだと思う。そして在宅療養における主役は医師や看護師ではなくあくまで患者さんとご家族だ。特に最期の1か月くらいは，ご自分の生きてきた価値観をご家族，お子さん，お孫さんたちに伝えるという最も重要な時期であると考えている。

在宅緩和ケア，在宅看取り4つの心得

> ①本人に苦痛があれば徹底的に取り除く
> ②本人の嫌がることはしない
> ③介護者が疲れないように支援する体制を整える
> ④カウンセリングでプラス思考に

　苦痛があれば徹底的に取り除くことに関して，特に痛みに関してはスピード感が命である。同じ痛みを取り除くにしても1週間も2週間もさらには1か月もかかっていてはまったく患者と医師の信頼関係は築けない。私は疼痛コントロールを3日以内につけることを目標にしている。そのためには，医療用麻薬を処方しっぱなしではなく，毎日医師から電話をかけて頻回に用量調整をすることが必要になる。毎日何度も電話をするということが手間のように思われるかもしれないが，最初に信頼関係ができて疼痛コントロールもうまくいけば以降頻回にコールで悩まされることもなくなる。頻回に電話をこちらからするということは患者のことを考えているというほかに，頻回の往診依頼を防ぐ目的として医師の自己防衛にもつながっている。

　疼痛があれば食事が摂れなくなる，夜眠れなくなる，遊べなくなる，笑えなくなるといった悪循環に入り，最終的には寝たきりとなる。しかし適切に疼痛コントロールができれば，最期の最期まで日常生活を行うことが可能となる。私の経験でも，亡くなられる直前まで選挙活動を行った方，亡くなられる数日前まで教

壇に立った方，亡くなられる月に海外旅行に行けた方などみなさん思い思いの日常を送ることが可能となる。

　がんなどで余命が限られた場合は，いい意味で「わがままに，好きなように，やり残したことがないように」を心がける方がよい。抑圧的な生活を送ることでさらに免疫が下がってしまい，がんとうまく共存することができなくなってしまう。例えば，がんになった途端に肉好きであった方が急に麦飯しか食べなくなるといったことをよく経験する。しかし食事は楽しむこと，体が欲するものを摂取するということが基本である。食事においても自分を抑圧することでストレスとなり病状が一気に進行するということもよく経験する。

　また「がんが治ってから旅行に行きたい。抗がん剤治療が終わったら〜したい」といった声を患者さんからよく聞く。しかし余命が限られた状況では，やりたいことを1日1日こなしていくことが大切であり，あまり楽しみややり残したことを先送りすることは好ましくない。したがって説明の仕方としては「がんは抗がん剤で治るわけではなく，うまく共存していくしかありません。またがんが進行したときの変化は，年の取り方が急に速くなることに似ています。がんがあるとすごいスピードで年をとると考えておいた方がいい。余命はわかりませんが，今が一番若いのは間違いありません。したいことは早めにやっておいた方がいいと思います」というふうに患者さんには説明している。私自身も仏教にある「一日一生」という言葉を座右の銘として，一日一日を後悔なく生きるように心がけている。

　最終的に在宅で穏やかに看取りができるか，あるいは慌てて入院になるかは，結局のところ，介護者が疲弊しないように支援することができたかどうかにかかってくる。患者自身がどれだけ在宅療養を望んでもやはり家族や介護者の理解や協力がなければ成り立たないものである。そのためにはわれわれ専門家がいかに家族の負担を軽減するための助言や支援を行えるかが重要になってくる。特に病院を退院するときには，「吸痰もできますか？　経管栄養の管理もできますか？　おむつ交換はできますか？　急変時にあわてず対処できますか？」といったように介護者がすべてできないと在宅療養をしてはならないような退院指導がなされている場面によく遭遇する。しかし本来は，家族には無理なくできる範囲の協力だけをしてもらい，可能な範囲の手技などに医療者がうまく医療行為をダウンサ

イジングしたりすることも大切である。つまり病院で行うことと同じことを家族に求めるのではなく，家族ができる範囲を超える部分は医療者が工夫するか，訪問看護や訪問介護といったプロの手をうまく借りるということが大切である。

地域包括ケアシステムの構築

　地域包括ケアシステムとは医療・介護・自治体・住民参加の連携システムであり，高齢者が住み慣れた地域で尊厳あるその人らしい生活を継続することができるようにすることを目指すものである。つまり地域包括ケアとは理念・目的・内容であり，それを達成する手段が地域連携である。地域連携を機能させ，地域包括ケアシステムを完成させるためには，中心的役割を誰があるいはどこが担うのかは意見が分かれるところではある。しかし私はやはり人生の最期まで責任が持てかかわることができる，在宅看取りを中心とした在宅医療特化型の診療所がその地域で中心的役割を担うべきであると考えている。

　高齢者の望みは各種アンケート結果からも，一に家庭円満，二に子どもの世話になりたくない，三に家で死にたいとなっているが，現実に家で死ぬということは高嶺の花になっている。実際わが国において自宅で亡くなられる方は13％しかいない。

　2015年現在，日本における年間死亡者数は約127万人であるが，2030年には年間死亡者数が約160万人になることが予想されている。しかし，現在の病院中心型の医療システムでは，死亡者の急増に対応できないことは明らかである。そのため新しい医療の仕組みを構築し，在宅での看取りを進めていかなければならない。その中心を担うのが在宅に特化した診療所である。特に積極的に在宅看取りを担う診療所が中心となり，地域の医療・介護のネットワークを構築し，必要な人に必要なサービスを紹介することが必要だ。例えば認知症の患者に介護サービスである小規模多機能型居宅介護を紹介する，疲れた患者の家族のためにレスパイトケアできる病院を探すなどだ。病院が担っている看取りや終末期の対応の負担を軽減するためにも，そんな中心的役割をはたせる在宅医療に特化した診療所を増やしていく必要がある。急性期病院の負担を軽減し，持続的な医療体制を構築していくためには，2030年に現在の在宅看取り率を13％から30％程度まで引き上げなければならない。そのためには現在，年間看取り100名以上行っている診

療所は全国に五十数か所しかないが，これを3,200か所前後まで増やす必要がある。欧米では看取りの文化というものが根づいているが，日本ではたった40年の間に看取りの文化が失われてしまった。欧米や過去の日本でできていた看取りの文化を取り戻すために，在宅医療の普及や地域包括ケアにおける多職種連携，そして在宅療養支援診療所が鍵となるのは間違いない。

四日市市モデル

　全国に先駆けて三重県四日市市では，在宅医療の整備と地域連携を進めながら地域包括ケアの構築が進んでいる。在宅看取り率30％を達成するために，中心的役割を担う診療所として「いしが在宅ケアクリニック」を2009年7月に三重県四日市市（人口約30万人）に開設した。2012年には四日市市の病院看取り率が68.6％へと激減し，自宅や施設での看取りが急増した。全国の主要な市町村と比較しても四日市市の在宅看取り率は全国トップレベルとなっている。2012年には自宅死18.5％施設死9.0％であり在宅死は合計27.5％となっている。近い将来30％の在宅死は達成できると思われる。四日市市が全国のモデルとなりつつある要因としては，かかりつけ医と在宅医，そして病院の3者の分業がうまく機能していることが挙げられる。かかりつけ医がかかりつけの患者や施設の患者に対し責任を持って最期まで診ることが増え，在宅医はがんや難病の方，医療依存度が高い方，独居や老老世帯等の介護難民を中心に診る。その結果，病院は手術や救急医療，高度医療に専念できるといった好循環が生まれている。

4　在宅における看取りの実際

在宅看取り普及への障壁

　在宅看取りを担う在宅医，かかりつけ医が絶対的に不足している。また日本人の死生観が変化し，看取りの文化が失われてしまった。そして独居や老老世帯の増加など家族構成の変化などが挙げられる。その結果として看取り経験のない家族が増えている。つまり日本では家で家族を看取るのがあたり前という看取り文化が衰退し，子どもたちが臨死の場面から排除されてしまったという現状がある。

Ⅱ 各 論

そして看取りを経験していない家族は、いざ臨死の場面に立ち会うことになると、看取るつもりがあっても揺れてしまい最終的に救急搬送してしまうといったことが起きてしまう。それを解決するためには、人間も含めて動物が死ぬ際の自然な経過というものを、家族教育していく必要がある。しかし看取る知識や看取る技術の教育は、残念ながら日本の医学部の教育にはまったくなく、病院の臨床現場にもほとんどないのが現実である。そのため在宅の現場できちんと「自然死」を理解した医療従事者を育成していかなければならない。

お別れが近づいたときの様子

　お別れが近づくなかで、患者さんの身体には様々な変化が見られる。これは動物が死ぬ際の自然な経過であり、患者さん自身も苦痛を感じていることはない。お別れに際し、家族がどのようなことが起きるかを知らないと、自然な反応に対し「苦しんでいる」「痛がっている」と勘違いしてしまう。そして、それをなんとかしようとした結果、患者さんの意識が無理やり覚醒され、暴れたり、激しく苦しんだりといったことになれば、残された家族にとって、看取りがつらい思い出になってしまう。そうならないためにも、お別れのときが近づいてくると患者さんにはどのような兆候があらわれるのかと、そうなったとき家族はどのようなことに気をつければよいのかをくわしく説明しておく必要がある。

お別れの約1か月前

　食事量が減少し飲み込む力が低下して、むせることが多くなる。体が食べ物を受けつけなくなってくる。食べないと弱ってしまうからと無理にでも食べさせようとしても、患者さんにとっては苦痛なだけなので、食べたいものを、食べたいときに少しずつあげるようにする。ゼリーやプリンなど、とろみのあるものが食べやすく、かき氷や氷のかけらを口に含ませたり、ガーゼで口を湿らせたりして水分補給を行う。脱水症状が顕著であり、食べ物も飲み物も喉を通らなくなっている場合、点滴を行う必要があるが、それはあくまで水分補給が目的である。水分が十分であるのに食欲がないから点滴を行うようなことはあくまで避けるべきである。そして死が近づくにつれ、嘔吐であったり、吐血であったり、下血であったり、あとは大量に便が出るといったことも生じてくるが、排泄や嘔吐は、体

のなかを掃除してから死んでいくという動物の本能から起こってくることと理解しておく。また，この時期には自分で動くことが難しくなり，ベッドにいる時間が増えてくるため，身の回りの世話が必要になってくる。睡眠の時間が長くなり，昼夜を問わずうとうととするようにもなる。これは，重要な臓器へのエネルギー供給を最優先にしているためであり，昼間寝ていても夜眠れなくなるからと無理に起こす必要はない。ときには会話のつじつまがあわず，落ち着きのない行動も見られるが，それも夢を見ていると理解する。

お別れの約1〜2週間前

夢と現実が入り混じり，家族からしてもその区別がついていないように見える。ときにはしっかり返事をし，会話ができることもあるが，せん妄や意識障害も起きてくる。これも決して精神がおかしくなったわけではなく，通常の過程のひとつである。家族は，伝えたいことを先送りせずに伝え，会わせたい人は連れてきて，家族での時間を大切にするようにうながす。音楽やラジオを流し，リラックスした雰囲気のなかで，昔話や思い出話をすると，患者本人にとっても心地がいいようだ。

お別れの数日前

全身の力が衰弱して返事もできなくなる。家族の声は聞こえていても，反応できない状態だ。濡らしたガーゼや綿棒で口を湿らせたりして少しでも心地いいようにケアをしつつ，身体に触れ，話しかけてあげてほしいと思う。ときには目や口を開けたまま眠っていたりすることもある。その際は，そっと目を閉じるお手伝いを。最後まで大切な家族の一員として接してあげてほしいと思う。この時期になると，息を吸う時や吐くときにぜいぜいという音がする。のどもとで痰が絡んでいるような音であり，家族からすると痰が絡んで苦しそうだから，とった方が楽になるのではないかと思えるかもしれない。しかしこれは，死前喘鳴と呼ばれるもので，死期が迫った患者さんの約半分に出現する。この際，患者さんの意識はないことが多く，苦痛を感じていることもない。ここで吸痰してしまうと，その苦痛が患者さんの意識を無理やり覚醒させ，ときに暴れたりしてしまうこともある。自然な経過と理解し，見守ってあげることが大切だ。

Ⅱ 各論

お別れの数時間前

　お別れの7～8時間前になると呼吸のリズムが不規則になり，数秒から数十秒呼吸が止まったり溜息のようになったりする。下あごを突き出すようにして呼吸することも多くある。残り3，4時間を切ると，手足は冷たくなってきて，酸素が行きわたらないことから手足の色は紫や白っぽくなる。身体の中心は熱を持ち，触るとかなり熱くなっている。これは，全身の力を心臓や呼吸のために使っているせいであり，発熱は全身の脂肪を燃やそうとしている自然な過程だ。ここまで来ると，もう医師や家族にできることはない。あわてず静かに，見守ることが必要だ。

お別れのときというのは，患者さん自身が教えてくれる

　病院で亡くなる場合には，終始治療が施され，最期まで痰の吸入をして苦痛を与え続けたり，点滴で水分を入れ続けたり，せん妄を薬で抑えようとしたりしてしまう。結果としてこのような自然な兆候がほとんどわからないから，いつ亡くなるかもまた判断することができない。家での看取りの際には，医師がきちんとこのような経過をわかっていれば，どのタイミングで家族が集まり，お別れのときを迎えるかということを，かなりの精度を持って伝えることができる。だからこそ多くの方が，家族全員が集まったなかで穏やかに最期を迎えることができる。

注
1) 大西俊造・梶原博毅・神山隆一監修『スタンダード病理学　第3版』文光堂，2009年，139頁。
2) 国立研究開発法人国立がん研究センター・がん対策情報センター，2015（平成27）年がん予測罹患数，2015年4月28日（http://www.ncc.go.jp/）2015年10月4日閲覧。
3) 厚生統計協会編『国民衛生の動向』第61巻9号，厚生統計協会，2015年，57頁。
4) 黒田裕子編『成人看護学　第2版』医学書院，2013年，138頁。
5) 国立研究開発法人国立がん研究センター・がん対策情報センター，前掲資料。
6) 特定非営利活動法人日本緩和医療学会，緩和医療ガイドライン作成委員会編『がん疼痛の薬物療法に関するガイドライン　2010年版』金原出版，2010年。
7) 厚生労働省　終末期医療に関する意識調査等検討会「終末期医療に関する意識調査等検討会報告書」2014年。
8) 厚生労働省「がん対策推進基本計画の概要」2012（平成24）年6月。
9) 厚生労働省「終末期医療に関する意識調査等検討会」，前掲資料。
10) 厚生労働省「終末期医療に関する意識調査等検討会」，前掲資料。

（1・2　岩本淳子，3・4　石賀丈士）

第7章 精神看護の変化

　本章では，地域包括ケアシステムについて，精神看護学の視点から看護者の役割をみていく。まずは，精神的健康に関わるストレス理論と危機理論を概説し，精神障害者の地域生活移行の意義について触れる。次に，精神看護における歴史的経緯と現在の法制度を整理し，地域で暮らすことができるために求められるアウトリーチ型の協働の意義を問いかける。最後に，精神看護の立場から地域包括ケアシステムの構築に望まれる課題を述べる。

1　精神看護とは

精神看護学の現実

　地域包括ケアシステムの対象者は主に高齢者である。しかし団塊の世代が後期高齢者となる2025年問題への対応にあたり，国民全体，すなわち高齢者だけでなく家族，地域住民が総力を挙げて，国民全体の健康な生活を確保するという視点が重要となる。本節では，地域包括ケアシステムの効果的な構築のために，精神看護学の視点から看護者が配慮すべき問題について述べる。

　2011年に厚生労働省は，四大疾病に精神疾患を加えて「五大疾病」とした。これにより，その後の医療計画では精神疾患も重点的に取り組むべき疾患として扱われることになった。WHOによる健康の定義では，「健康とは，病気でないとか弱っていないということだけではなく，肉体的にも，精神的にも，そして社会的にも，すべてが満たされた状態にあることをいう」（日本WHO協会訳）とある。すなわち健康の保持・増進のためには，精神的健康も重要な要件となる。

　精神的健康に焦点を絞れば，精神科医療で行われている治療について知る必要

がある。まず精神疾患の診断であるが、診断基準として多く用いられているのはアメリカ精神医学会作成の「精神疾患の診断と統計のためのマニュアル第5版」(DSM-5)と世界保健機関（WHO）作成の「疾病及び関連保健問題の国際統計分類」(ICD-10)である。

　精神疾患に対する主な治療法は薬物療法と精神療法である。薬物療法では向精神薬が使用される。薬物療法の第1の目的は幻覚、妄想、不隠、興奮、抑うつ、不安、緊張、不眠などのさまざまな症状の改善にある。向精神薬には抗精神病薬、抗不安薬、抗うつ剤のSSRI（選択的セロトニン再取り込み阻害薬）などがある。薬物療法は有効であるが、看護者は有害作用（副作用）に注意を払う必要がある。精神療法としてはカウンセリング、支持的精神療法がある。特に認知行動療法と対人関係療法は、人間関係の破綻を原因とする不安には効果的である。認知行動療法とは認知療法・認知行動療法というのは、認知に働きかけて気持ちを楽にする精神療法（心理療法）の一種である。薬物療法と精神療法は、症状が安定した後の再発予防という観点からも重要である。

　原因の特定が困難な精神疾患の理解のため、生物心理社会モデル（BPSモデル）で説明するという認識が拡大されている。すなわち精神疾患は生物学的因子（遺伝子や脳）、心理的問題、社会的問題、この3つが複雑に絡むことで発症する、という考え方である。BPSモデルの考え方は参考になり、臨床でも活用できると思われる。しかし従来の医学モデルとしてのアプローチも注目しなくてはならない。脳科学、分子生物学、遺伝学などの各専門領域で精神疾患解明への研究が、世界的規模で積極的に進められている。

ストレス理論と危機理論

　精神的健康にかかわる理論としてストレス理論と危機理論がある。

　ストレス理論は、いろいろな出来事と人間の行動や心身の反応との関係を説明する。人間は人生のなかで様々な出来事（ストレッサー）に遭遇するが、その遭遇した出来事が自分の対処能力を超えた脅威であると感じるときに、ストレス反応と呼ばれる症状や行動を生じる。ストレス反応では心理面の反応として、不安、イライラ、恐怖、落ち込み、緊張、怒り、孤独感、疎外感、無気力などの感情が現れる。また心理的機能の変化として、集中困難、思考力低下、決断力低下など

の障害が現れる。また行動面の反応,身体面の反応として動悸,頭痛,腹痛,疲労感,食欲の減退などがみられる。ストレッサーに対する個人のストレス耐性には個人差があり,またストレス反応として現れる症状にも個人差があるため,個人の耐性を高めるかかわりが必要となる。ストレス反応を放置すれば,ストレス性の疾病へと進むことがある。

危機理論は,カプランとリンデマンらによって構築された理論である。危機理論は社会福祉,精神医療,急性期医療,災害医療,ターミナルケアなどで活用されることが多い。危機には経過の岐路,分かれ目といった意味が含まれており,すべてが悪い状態ではなく良い方向に向かう出発点にもなるということを示す。危機介入は,危機にある人々への即応的援助を言う。

精神的問題はある状態に固定されているわけではなく,常に変化している。重大な状態に陥る前に対策を行い,予防することは重要である。地域精神医学の理論を発展させた一人であるアメリカのカプランは,予防という概念の変更を提唱し,予防を第1次予防,第2次予防,第3次予防の3つに分けて考えた。第1次予防とは,環境改善を図り,相談業務や危機介入を通して精神障害者の発生を予防することである。第2次予防とは,精神障害の早期発見や早期治療に努めることである。第3次予防とは,慢性患者のための社会復帰訓練を専門家,地域住民の手によって推進すること,いわゆるリハビリテーションである。

人間の精神内界は外部から見ることはできない。他者はその人の行動を観察し,会話によりどのように感じて何を考えているのか,を推測する。看護者はクライエントが呈する症状の背後にある原因を探求する必要があるため,高いコミュニケーション能力が求められる。看護者は精神的問題のアセスメント能力を高める必要がある。

ナイチンゲール看護論を代表とする多くの看護理論を読み解くことにより,クライアントをひとりの人間として理解する「看護の視点」の重要性を強調したい。ここで紹介するのはペプロウとオーランドである。両者は看護理論では対人関係論者として区分されている。

ペプロウは精神科看護に従事し,サリヴァンの人間関係論的精神医学の影響を強く受けた。ペプロウの看護理論では,重要な考え方が2つある。1つは患者―看護師関係モデルである。看護師と患者関係の局面は,方向づけ(導入),同一

化（ともに立ち向かう），開拓利用（患者がまわりの人を自分のために活用する），問題解決（自立的に問題を解決していく）へと進んでいく。もう１つは看護師の役割についての考え方である。看護師は，母親・友人・指導者・カウンセラー・情報提供者・代理人の役割などを，患者の回復過程（患者の問題解決過程）に応じて演じていく。

　オーランドは，看護師と患者との間で直接的な相互作用の生じる場を看護状況と名づけ，看護状況における患者の不安や苦痛を不適切な看護ケアの結果とした。そして，看護状況には患者の行動，看護師の反応（知覚・思考・感情），看護師の活動，の３つの要素があり，これらの要素が互いに絡みあっている関係を「看護過程」と名づけた。看護師自身がなぜそう思うのか原因を探ることや，患者にその理由を問いかけたり確かめてみたりすることの重要性を説いている。

リカバリーとストレングス

　精神的健康を支える重要な考え方に，リカバリーとストレングスがある。リカバリーとは，精神障害者が，自分が求める生き方を主体的に追求し，精神疾患からもたらされた困難な状況を乗り越えて成長するという，その人の人生における新しい意味と目的を発展させる考え方である。またこのリカバリーを実現するため，障害者は自身の良いところに注目し，伸ばすことができる強みがある，と考える。このような強みをストレングスと呼ぶ。

　障害の捉え方で大切な視点が，ICFモデルである。2001年，WHO総会で国際障害分類（ICIDH）の改定版として，ICFモデルが採択された。厚生労働省による公定日本語訳では「国際生活機能分類」（ICF）と呼ぶ。ICFモデルは，「障害というマイナスだけでなく，障害者がもつプラスの面にこそ着目しよう」という新しい考え方に立脚したものであり，従来のモデルの考え方を大きく転換することになった。

　ICFモデルでは構成要素が６つある。個人の生活機能は，健康状態と背景因子との間に相互作用あるいは複合的な関係があると考えられ，背景因子は「環境因子」と「個人因子」に区分されている。また，生活機能を構成する「心身機能・身体構造」，「活動」，「参加」の間にも相互作用あるいは複合的な関係があると考える。

クライアントへアプローチするために注目されている方法がある。オープンダイアローグ，アウトリーチ，コンサルテーション・リエゾン精神看護，レジリエンスなどである。

オープンダイアローグとは，フィンランドの病院で行われている家族療法の一種である。患者やその家族からの連絡で，治療チームは患者の自宅を訪問してミーティングを行う。ミーティングには，患者本人とその家族，保健医療スタッフなど，患者にかかわる重要な人なら誰でも参加できる。そこで行われるのは，まさに「開かれた対話」であり，この方法が成果を上げているという。北海道に，精神障害等をかかえた当事者の地域活動拠点である「べてるの家」の理念のひとつに，「三度の飯よりミーティング」というものがある。オープンダイアローグやべてるの家の理念は，当事者とのコミュニケーションの重要性を示す事例として注目したい。

地域生活への移行

精神障害者の地域生活への移行について，様々な施策が実践されている。訪問（アウトリーチ）もそのひとつである。自らの意思では受診が困難な精神障害者には，日常生活を送るうえで，きめ細やかな訪問や相談対応を行うことが必要とされている。本人の意向に寄り添う医療と生活支援を両立させるためには，保健医療スタッフと福祉スタッフとが，「多職種チーム」を組み，それぞれの技術及び価値観から多面的な視野のもとに共同して支援を行うことが有効である。アウトリーチを担当するのは病院の外来部門，訪問看護ステーションなどである。

現在，一般病院で行われているのが身体疾患を持つ患者の精神疾患，精神症状，精神面の問題の評価を精神科医が行い，助言や治療を行う医療である。これをコンサルテーション精神医学と呼ぶ。またリエゾンとは連携，連絡を意味し，予めがん病棟や救急病棟で高頻度に生じる心の問題の予防や早期発見につなげる目的で精神科医が症例カンファレンスに参加するのがリエゾン精神医学である。そして必然的に両者が連携し，コンサルテーション・リエゾン精神医学として成果を上げている。

看護学領域でもそのモデルを参考に，コンサルテーション・リエゾン精神看護が実践されている。その活動を担うのは，主に専門看護師（CNS）である。専門

Ⅱ 各 論

看護師制度は，複雑で解決困難な看護問題を持つ個人，家族および集団に対して水準の高い看護ケアを効率よく提供するための，特定の専門看護分野の知識・技術を深めた専門看護師を社会に送り出すことにより，看護学の向上をはかることを目的としている。専門看護師は，専門看護分野において，実践，相談，調整，倫理調整，教育，研究の6つの役割を果たすことが規定されており，コンサルテーション・リエゾン精神看護活動がそのなかに含まれると考えられる。

レジリエンスにはさまざまな定義があるが，一般に人間の基本的な生きる力を強める機能，個人を精神的健康へと導く回復力などと考えられている。個人の心理的特性として研究されている概念である。

バーンアウト

最後に，スタッフのバーンアウトにも注目したい。バーンアウトという概念は，1974年，アメリカの精神科医であるフロイデンバーガーが提唱した。燃え尽き症候群とも呼ばれるバーンアウト調査では，ヒューマンサービス・スタッフとして積極的に仕事をしていた人が，まるで「燃え尽きたように」意欲を失い，休職，離職してしまう例が多数報告された。

バーンアウトの原因としては，個人要因として性格，神経症傾向，年齢などであり，環境要因では，過重労働，役割ストレス，対人関係などである。1980年代後半から盛んになった看護師のバーンアウトに関する研究は，首尾一貫感覚（SOC），感情労働，自己効力感，コミュニケーション能力，対人関係スキル，コミュニティ感覚，精神的健康度，ソーシャルサポートなど，バーンアウト発生に関連するいくつかの概念を見出している。今後，バーンアウトの防止プログラムに関する研究の進展が望まれる。

以上概観したように，人々の精神的健康に関係する要因は非常に多様であるため，対策としても多様な方略が計画され実践されている。看護者にとって重要なことは，クライアントと自分自身の精神的健康に，今まで以上に配慮しなければならないことである。

2　精神看護の展開

精神科医療の展開

　かつて，精神科医療は入院医療制度によって支えられ，入院中心主義であった。
　精神科病棟での入院は，治療の場でもあり生活の場であるという考え方がふつうであり，病院が衣食住を支える場となっていた時代があった。精神看護は看護独自の専門性を踏まえながらも，国の施策の下に展開されていった。

　精神障害者施策は法制度としては，精神病者監護法（1900年）から精神病院法（1919年），精神衛生法（1950年）を経て，精神保健法（1987年）へと大きく変化した。精神衛生法までは日本における精神医療は長期入院が当たり前で精神医療制度自体が精神障害者を地域から遠ざけていたと言える。欧米諸国では1950年代には脱施設化が始まり，脱施設化の時流を生みだした。当初は治療中断者やストリートピープル，ホームレスを生みだす問題も生じたが，徐々に成果も上がり，精神科治療は外来診療が中心となり，米国ではACT（Assertive Community Treatment：包括型地域生活支援プログラム）がスタートした。

　日本においても，2002（平成14）年からACT導入を検討するため，国立精神・神経センターにACT-Jプロジェクトが組織化され，2003（平成15）年には臨床チームが活動を開始した。

　2002（平成14）年に社会保障審議会障害者部会精神障害分会の報告書『今後の精神保健医療福祉施策について』がまとめられ，精神保健福祉の基本的な考え方が示された。その後，2004（平成16）年には『今後の障害保健福祉施策について（改革デザイン案）[1]』が公表され，このグランドデザイン案は2005（平成17）年に障害者自立支援法の成立となり，障害者福祉施策は大きな転換点を迎え，身体障害，知的障害，精神障害が同じ福祉制度を受けることになり，福祉政策が統合された。同年，『精神保健医療福祉の改革ビジョン（10年計画）[2]』が提示され，「受入条件が整えば退院可能な約72,000人の精神病床入院患者の退院・社会復帰を図ること」が目標として挙げられ，社会的入院の解消にむけた取組みが全国的に実施されるようになった。

　2009（平成21）年には厚生労働省の今後の精神保健医療福祉のあり方等に関し

Ⅱ 各 論

て「精神保健医療福祉の更なる改革に向けて」の検討報告書を受け,「精神保健医療体系の再構築」,「精神医療の質の向上」,地域生活を支える医療機能の充実・強化,障害福祉サービス等の拡充を含む「地域生活支援体制の強化」,「普及啓発（国民の理解の深化）」の重点的実施の4本柱をもとに方向性が検討された。

2008（平成20）年から受け入れ条件が整えば退院可能な精神障害者への退院,および地域生活支援を行うことを目的に「精神障害者地域移行支援特別対策事業」が実施され,2010（平成22）年度からは,「精神障害者地域移行・地域定着支援事業」と名称および事業内容を改め,精神障害者が地域の関係者の連携の下,統合失調症をはじめとする入院患者の減少および地域生活への移行にむけた支援ならびに地域生活の継続を目指した支援が実施された[3]。入院患者の減少,地域生活移行を目指し,地域移行推進委員や地域体制整備コーディネーターを配置し,退院促進に必要なサービスの充実や市町村,病院および福祉サービス事業者等の関連機関との連携体制を整備し,退院促進だけでなく,退院促進に必要なサービスの充実と関係組織との円滑な連携をとりながら,地域生活への移行を進めている。

精神障害者の地域移行

日本の歴史的な入院中心主義の流れのなかでは,地域移行は入院から地域での生活を目指すことが出発点となっている。長期入院によって,自分の居場所である家庭や地域を失った人を,地域へ戻すことは簡単なことではない。入院が長期になることで,主体性を失い,入院という受け身の生活に慣れ,あきらめや退院意欲の減少につながっている場合も多い。さらに長期入院患者自身と家族の高齢化が進み,入院患者が家に戻ることは難しく,グループホームなどの地域の受け皿も少なくないことが退院を難しくしている現状がある。したがって,地域での住居の確保や地域での生活を始めるための支援が入院中から必要となる。入院患者への看護は長期入院患者が退院し地域で暮らせることを目指し,入院生活の中で日常生活上での困難な状況に対応できるような訓練や教育支援,地域生活のための準備を開始し,福祉サービスの見学や体験ができるように積極的に働きかけ,体験の機会をつくり提供している。

高齢入院患者に対しては,入院期間の長期化による生活機能の低下に加えて高

齢化による機能低下も生じる。高齢入院患者地域支援事業が2012（平成24）年に始まり，病院内の専門職種と地域の関係者が連携をとりながら，包括的なプログラムを立案，実施する地域移行を目指している。緊急時の連絡体制づくり，相談体制を整え，対象者が地域で生活できるための環境を整え，さらに再入院を防ぎ地域生活の定着をはかれるような取り組みが始まっている。

早期介入・相談・支援

　また，地域で生活している精神障害やそのリスクを持つ人に対して，早期介入・相談・支援を行うことで，適切な医療を早期に継続的に受けることができ，疾病の重症化や再燃を防ぎ，家族や住みなれた地域で暮らしていくことが継続できるような支援を行っている。そのなかには医師，看護師，保健師，精神保健福祉士等のチームと行政機関の連携による危機介入と外来や在宅医療へつなぐ危機介入包括支援体制が重要となる。

　地域移行支援事業は2012（平成24）年には障害者自立支援法に組み込まれ，長期入院患者を対象として一般制度化された。これまでは，入院中の患者は医療サービスに限定されていたが，地域移行支援が障害者自立支援法で個別給付されることにより，原則1年以上入院中の患者は地域移行支援の対象となり，入院中から支援を受けることが可能になったことで，早期から積極的に退院にむけての取り組みが可能となった。2013（平成25）年には障害者自立支援法は「障害者の日常生活及び社会生活を総合的に支援するための法律（通称「障害者総合支援法」）」に法律名が変更され，新たに，基本的人権を享受する個人としての尊厳を重視することが明記された。

　精神看護は幅広いこころの問題に対する支援を含んでいるが，歴史的には入院患者を対象とした看護に焦点があてられていた時代が長かった。今日では入院当初や外来受診時から地域での対象者の暮らしが継続できるような視点を持ち，地域の関連機関との連携を迅速にとり，情報を共有できるコーディネーターとしての役割が求められるとともに，医療の継続や日常生活が送れるような細やかな支援を行い，対象者のセルフケア能力を高めていくことが重要となる。看護は患者がどうありたいのか，どう生きたいのかを表現でき，健康な部分や持てる力を引き出し，具体的な地域生活のイメージが描け，生活者として地域で暮らすことが

Ⅱ 各論

可能となるような積極的なかかわりをとることができる。

3 精神看護の組織化──精神障害者が安心して，地域で暮らす時代を創るために

組織化は，協働を調整する働きかけ

　組織化という言葉は，用いられる分野や状況により多様な捉え方ができる。ここでは，精神看護の組織化を「精神看護領域の健康課題を持つ当事者の自立を支援するための協働活動を調整するシステム機能」と理解して，説明を進めたい。

　保健・医療・福祉にかかる当事者支援の目標を達成するためには，多くの人々の協働が求められ，さまざまな地域や場での真摯な取り組みに，看護職もその一員として活動している。組織化された活動とは，偶発的な活動ではない。多くの知見や根拠，技術に基づく，目標と機能を持つ働きかけである。精神障害者の看護の場合，他者がこうあるべきと考える目標ではなく，当事者の生き方や価値観に沿って当事者と多くの関係者が支援目標を共有し，職種や所属機関の専門性や強みを生かしながら，また役割機能を調整しつつ，目標達成のための意志決定を行い，精神障害者の生活を支援するための協働を図る実践を行うものである。それぞれの所属組織のなかでの協働活動も存在するが，近年は，医療から地域への流れ，当事者の地域社会での関係性の回復や維持を目標とする実践が蓄積されている。しかし，精神障害者は，その疾病・障害の特性から，当事者自身が自己のニーズを見失ってしまいやすいことや生活のしづらさが複合的かつ継続化して，地域生活から切り離された状況に陥ることも多く，特に長期入院を経験した当事者の地域生活支援活動は困難性が大きく，予測される長期かつ多様で複合的な生活支援課題に対応しながら当事者をサポートするためには，多機関多職種の連携や協働のネットワークが重要とされている。

　障害者総合支援法による退院可能な精神障害者の地域移行や一般就労への移行など，国の政策の方向性は，確実に，精神障害者が医療と保護の対象であった歴史からの脱却の流れを作り，医療とつながりつつ，保健・福祉・労働など，地域生活の対象者としての対応が図られることを示している。モデル事業で実施されたアウトリーチ事業などが，当事者と当事者を取り巻く人々の連携・協働での成

果を出しつつあるが，当事者が真に望む形で，実際に活用できる制度やサービスは，他の疾病や障害に比べて圧倒的に不足しており，現に地域での暮らしが定着した精神障害者であっても，その生活実態は厳しく不安定で，QOLの充実には程遠いものである。地域で暮らしたい「住」，働きたい「職」，仲間がほしい「友」，誰かの役に立ちたい・学業や趣味を続けたい「遊（生きがい）」と願うことは，人として当たり前の希望であり，基本的人権であるといえる。これらを支援する当事者と関係者，住民や行政の協働活動は，ノーマライゼーションを実現する基本的活動であり，「医療」に加えて，当事者の「住」「職」「友」「遊（生きがい）」などを支援することは，精神障害者の社会復帰や地域生活の実現に不可欠で，広義の精神看護の目標ともつながっている。

　精神看護の組織化は，このような困難な状況にある当事者や家族が望む地域での安心，安全な生活を目指し，対等な住民として尊重され，人々との日常的な関係性のなかで，①自己のニーズを表明できること，②ニーズに沿った生活の実現に向けて，自己決定し行動すること，を目指して調整された協働活動，すなわち，個人の健康課題の解決を図るため，具体的に必要なサービスの提供や社会資源の探索，不足している資源の創造などにより，当事者への質の高い看護を生み出していく仕組みづくりとも言える。そこには，サービスの提供者と受け手という位置関係ではない包括的な市民社会の構築につながる相互関係が描き出され，「ソーシャル・インクルージョン」，障害のあるなし等にかかわらず，すべての人が平等で同じ共同体の一員として，健康で文化的な社会の実現を目指していく理念の実現に方向づいていくシステム構築が浮かび上がってくる。

医療・地域・行政（保健・福祉）のアウトリーチ型の協働

　人の生活の構成要素は，衣食住をはじめ，労働，経済，コミュニケーションなど，多様な要素と機能で形成され，その満足度も個々に相異があって当然とも言える。しかし，すべての生活の基盤となる共通点も存在する。人は，住むところがなくては，生きていけない。たとえば，退院を目指している精神障害者の「住まいの確保」を想定してみよう。

　精神障害者のなかには，長期にわたる入院生活で，家族構成が変化し，自宅や家族のもとに帰れなくなってしまった人が多くいる。病状は回復しても不安定さ

Ⅱ 各論

があり、家族の支援力も乏しい状況なら、当事者は退院後の生活が不安で、退院に消極的になるだろう。宿泊型の訓練など、ピアサポーターや相談員が退院に向けて当事者への動機づけを工夫しながら繰り返す期間も必要とするかもしれない。そして、やっと退院の目途が立ち、地域生活の自立に向けて、一人で公営住宅、民間住宅の入居を進めたいとの当事者の意向や意思決定や合意された援助計画が立案されていても、保証人がいないことや精神障害者への偏見や差別から、入居できない結果となることもある。このような状況に遭遇した当事者は、また、自信を失ってしまうこととなるかもしれない。このように、当事者の病状が安定していても、「住まいの確保」には、課題が山積している。実際に入居できる住居資源は充分でなく、地域での資源増加を図るためには、住民の意識への啓発で精神疾患や精神障害は誰もが出逢う可能性のある疾病や健康課題であることを働きかけ、住民の協力を得ていくことも重要となる。個々の職種や機関の専門性や既存の活動のみでは、実効的な支援が進まない現実にぶつかってしまうことも多く、医療から地域への当事者支援の継続性を図るには、医療機関と地域・行政（保健・福祉）が重層的に協働していく、柔軟でタイムリーな相互補完のアウトリーチ型アプローチの積み重ねが必要である。

　2012（平成24）年に施行された改正障害者自立支援法（現「障害者総合支援法」）により、相談支援の体系が整理されたことで、市町村は、当事者のニーズの集約、利用できる障害福祉サービスの量的拡大（質の充実までには、至っていない）、自立支援協議会による相談支援体制の整備、地域で活用できる社会資源の開発が可能になった。「地域移行支援」「地域定着支援」の2つの相談事業は、当事者を中心とした個別の支援チームを形成するなかでの相互理解、ネットワーク会議開催での課題の共有化などにより、精神障害者の地域生活支援を各地で大きく推進させたと言える。医療機関の相当な変革意識の醸成や地域移行を推進する積極的な姿勢、そして、市町村行政においても、社会資源の開発、グループホーム、福祉ホームなどの居住資源の設置や制度に基づいた地域生活支援の社会資源の基盤整備を図らなければならない。これらの地域資源は、絶対的に不足しているだけでなく、地域で、これらの施設を開設しようとする際に、地元住民からの反対運動に直面する事例なども存在するからである。市町村は、障害福祉計画の主体者であり、障害福祉サービスは、市町村の裁量で進められることから、市町村の意向

で推進が促進することも多い。人・モノ・カネの不足は，いずれの地域でも起こっているが，当事者の望む地域生活を支援したいと願う地域の協働者の姿勢や意欲は無尽である。当事者の目標や健康課題によっては，地域における相談支援体制として，保健所や精神保健福祉センターなどの広域行政機関との連携や市町村のなかでの他部署との相互連携も重要である。さらに，2011（平成23）年から導入された精神障害者アウトリーチ推進事業については，モデル事業で取り組んだ先進地と，これから進める後発地域では，すでに市町村格差が起こり始めている。

協働会議の力，熟議の場での体制づくり

　地域における精神障害者の生活支援の協働者は，専門機関や専門職種だけではない。市町村は，住民に最も身近な行政であることから，協働できる支援者について，当事者を中心にして，柔軟に調整できることがその強みと言える。また，今までに介護保険制度による高齢者支援のノウハウも蓄積している。精神看護の分野では，認知症者への支援が先行していくと考えられるが，精神障害者の個別支援も協働会議で検討されることとなる。地域クリニックも含めた医療機関，保健所・保健センター，地域包括支援センターや地域相談事業所，宿泊型訓練施設，民生委員や児童委員，保健師やホームヘルパー，行政機関としての県と市，NPOや民間組織，地域住民も含めた，所属機関や職種を縦横に横断した組み合わせで有機的なつながりを形成し，具体的で，有効な支援策の検討が行われる。個別の課題の検討には，当事者の参加も促したい。また，自助グループや当事者の仲間の力（ピアサポート）も借りたい。このような熟議が，既存の制度やサービスだけでなく，新しい地域資源を生み出す基盤となる。そして，実践の調整，協働だけでなく，協働した活動の結果検証の場に変化し，地域の体制づくりにつながる地域力となる。

　このように，システムづくりには，連携を通して，関係者が相互に調整しながら検討し，協働し，検証していく場の設定が重要である。地域ケア会議などは，フォーマルに組織された一つの形態といえる。医療と福祉に加えて，保健，労働，教育をつなぐ，単独の関わりからチームでの関わり，組織内の関わりから，所属を超えた関わり，そして，縦横なネットワークと協働の調整には，つなぐ役割を担う人材，つまり，コーディネーターの役割を果たす人材が必要である。コーデ

Ⅱ 各 論

ィネーターは誰か，いつ，どのように動くかは，事例や課題，地域によって違うので，その時々に柔軟に考えればよい。看護職がコーディネーター役を担うこともあるが，つなぎの受け手となることもある。個人で動くことも，所属機関の役割機能として担うべきことも，複数人がコーディネーター役を調整することもあるだろう。会議の名称や位置づけも多様なので，要は，その目的にコミットすることが大切となる。

看護師・保健師が，専門職として働きかけるとき，最も重要なことは，看護の視点からの「アセスメント」に基づく支援コーディネート力と言える。「当事者の思いやニーズをしっかり把握すること」および「当事者の意向を尊重しながら，ニーズを満たす制度やサービスを当事者とともに探索，選択し活用すること」，そして，「不足している資源についての問題意識を持つこと」，「深刻な事例には，集中して関わること」などである。大切なことは，当事者の思いや意向を理解したうえで，これらの看護の視点からしっかり意見を出し，質の向上を図る熟議が行われる場を創りだすことである。

医療施設も福祉施設，行政機関も民間施設も，専門職も地域住民も，地域の社会資源である。それらを活用しながら地域生活を送っていくことは，人として当たり前のことである。精神障害者にとって，この当たり前のことを実現するために，看護の視点からシステマティックにその専門性から調整と協働に働きかけることが，精神看護の組織化である。

4 地域包括ケアシステムと精神看護

期待感あふれる概念図，実行内容の設計図は，自分たち次第

期待感あふれる「地域包括支援システム」概念図（図1-3〔14頁参照〕）しかし，地域には同じ設計図はない。

「地域包括ケアシステム」の構築は，少子超高齢化社会において，医療保険・介護保険制度の安定的運営を支えるために重要であることは，明白な事実である。2025（平成37）年を目途に要介護状態であっても，自分が住み慣れた地域において暮らしやすい生活を送ることができるように，医療，介護，予防，住まい，生

活支援が一体的に提供される「地域包括ケアシステム」の構築は，厚生労働省政策の目玉ともいうべき新しい支えあいの仕組みであり，最近，急速に目にすることが多くなった。しかし，その提言の具体的な取り組みは，各地でまだ始まったばかりである。高齢者の支援だけでないこと，障害者，生活困窮者，子ども・子育て支援なども包含され，誰もが自分の人生に主体性を持ち，尊厳が保たれながら，自分らしく，かつ健康的に生きることを地域で柔軟に取り組むこととされる。すなわち，すべての人々の，個人としての尊厳にふさわしい日常生活の営み，積極的な社会参加ができる安心した暮らしを住みなれた地域社会が支えていこう，介護と医療の連携を軸に，住宅や生活保障，予防などをネットワークでつないでいこう，地域の特性を生かして自由に創っていこうというビジョンである。この提言は，精神障害者および障害児にとっても，期待感にあふれるシステム予想図ではある。「地域包括ケアシステム」のなかで描かれた，ケアの仕組みが，今より質の高い，よりよいケア実践を実現する，当事者を含め多様な関係者の多様な取り組みや工夫で，今まで目指してきたケアを充実強化していくグランドデザインだと考えられる。ただし，その仕組みの実行内容は，地域のみんなで考えるものである。暮らしている地域の大きさや規模，そこに暮らす人々の特性，文化，経済，価値観，供給されるサービスの質と量，ターゲットとされる人々の数とその健康課題，地域資源の量と質，推進するリーダーの存在など，どれひとつとしても同じ地域はないのである。つまり，概念図は示されても，取り組みの具体的な中身についての設計図はない，それぞれの地域が創意工夫して，自分たちのベストプラクティスを創造すべきであるということではないだろうか。

取り組みを推進するための課題と方策

　では，地域包括ケアシステムの中身を，当事者にとってより良いものにするためには，精神科看護の視点からは，どのような課題があるだろうか。国の制度設計をしっかりと理解したうえで，自分の地域では，どう運用していくのか，自己の地域の現状分析，自分たちの活動実感から，構築の方向性を模索することが重要である。

　地域包括ケアシステムは，高齢者支援において先行し，まるで，地域包括ケアが多様な当事者ニーズの解決を一手に引き受けるかのように，声高に叫ばれてい

る。しかし，高齢者の機能低下の代償的なケアと違って，精神障害者支援は，当事者との関係づくりからはじまることがほとんどであり，当事者の生活の行動特性を理解した看護介入は，困難性も高い。精神看護の立場での地域包括ケアは，2015（平成27）年時点では，先進的に地域移行を推進してきたいくつかの地域以外のところでは，ほとんど手つかずであると言ってよい。つまり，地域生活支援の取り組みの地域格差が存在しており，その内容の相違も大きいものである。精神領域の地域包括ケアは，まだまだ後発の分野と言える。

1）精神障害者の地域生活支援，特に長期入院者の退院は，本当に促進可能なのか

2）具体的に退院した人のその生活基盤の充実をどのように推進していくのか，という課題もある。そこで，先行地域の事例などを参考に具体的な推進方策の課題について考えてみよう。

①医療のなかの制約

精神保健福祉法の改正で，医療保護入院は，2014（平成26）年4月から，保護者の同意要件が外され，精神障害者の配偶者，親権者，扶養義務者，後見人，保佐人とされる「家族等」のいずれかの者の同意があれば，本人の同意がない場合でも入院が可能となった。これは，「精神科入院は，あらゆる手段を使い尽くしたうえでの最終手段とすべきである」との国際的に共有されている考えと距離がある。強制入院が地域生活を絶つ手段として存在することを自覚すべきである。さらに，医療保護入院制度は，その運用段階で，本人の意思が反映されない懸念はないのか，入院中の患者の行動制限に関して，一人の精神保健指定医への権限が集中していないかなど，精神看護の視点から，医療現場での本人の権利を守る仕組みの存在について，その質保証に目を向けて考えてほしいと思う。

②疾患・障害特性と生活構造の関係性

精神障害者は，疾病が悪化しているときは，入院による療養の必要性が高いことが多い。入院が長期化するにつれて，家庭生活だけでなく，職業生活や学校生活への影響，休職や離職，休学や退学などにより，生活基盤が崩れ，生活構造が大きく変化し，地域生活への定着は困難性を増すという特性がある。一時的に入院・入所を経たとしても，病状の回復にあわせて，タイムリーに生活の立て直しを図るための支援ができれば，再入院に至らず，その人なりの希望する地域生活

支援に近づいていくことがと考えられる。

③孤立の構造

かつては，多くの制度やサービスは，未治療状況にある精神障害者を治療に結びつけることが制度上の目的であった。地域に暮らす精神障害者の生活実態として，自宅以外に居場所がなく，ひっそりと閉じこもっている，回復しているのに，仕事が見つからない，地域で孤立しているという問題は，社会的な排除状況と言える。社会的に弱い立場におかれた人々を含めて，すべての人々を社会の構成員として包含し，支えあう仕組みづくり，「ソーシャル・インクルージョン」の理念がある。わが国では，「社会的包摂」と説明されていることがある。「地域包括ケアシステム」の構築は，「ソーシャル・インクルージョン」の理念を地域で具現化していくことではないだろうか。

④アウトリーチ推進での実績

自らが，住む場所を選択できるという当たり前のことの実現を，入院中から退院時の生活計画をアウトリーチチームで支援したい。地域生活への不安に関わること，体験利用等の制度や地域連携パス，外来治療の継続とあわせて，地域移行・地域定着事業を進めていく。グループホームが，新たな入所生活の固定化にならないよう，地域住民との交流や，この段階をステップにして地域定着が進み，一人での生活にチャレンジできるような生活支援が重要である。重い障害のある人であっても，モデル事業でのアウトリーチ事業の実績やACT（Assertive Community Treatment）の包括型地域生活支援プログラムなどの実績が，地域実践のヒントになると考えられる。

⑤就労困難者の雇用の問題

こだわりの強い障害特性等もあり，就労支援の困難性は根強い。しかし，障害者雇用促進法の改正で，ハローワークなどの労働関係機関や雇用する側が精神障害者の就労支援，雇用支援に積極的に関わるようにもなってきて，推計雇用者数は増加しつつある。知的水準の高さが維持されている障害者の場合はパソコンを利用した作業で，根気強い特性のある人の場合は農業などで，自分のペースでじっくりと取り組める仕事などが継続されている。法定雇用率の対象とはなったが，雇用義務の対象ではないこともある。ケアの担い手としての雇用に発展していくことも期待したい。

Ⅱ 各 論

⑥相互支援と権利擁護

　支援者は,「生活者として一人ひとりを尊重する」「人と状況の全体関係性を捉える」「援助関係の相互性,対等性」「自己決定の尊重」の基本姿勢を持って,精神障害者の人権の尊重,権利擁護（アドボカシー）,自立支援に関わる。これは,精神保健福祉士などの福祉職の基本姿勢であるが,看護と同じ視線である。マイノリティである当事者に関わりながら,当事者を含めたすべての人が,相互に支援しあい,交流し,みんなが平等に暮らせる社会を目指したい。

⑦窓口支援者の連携

　相談の窓口は,多様である。生活困窮者の相談支援事業,地域包括支援センターが実施する総合相談,障害者自立支援の指定相談等窓口も多様である。当事者は,高齢で,障害をもって,さらに困窮しているとすると,どこに行けばよいのか迷ってしまう。各々の窓口担当者同士の連携があれば,支援の出発点に位置づく可能性もある。

⑧居場所の連携

　当事者の居場所をどこにするのか,地域生活のなかで活動する場の確保が重要である。生活困窮者自立支援法の就労準備支援事業は,障害者福祉の就労移行支援事業と対応しているし,中間的就労は就労継続支援Ａ型,Ｂ型に対応していると考えられる。要支援者の地域支援事業やシルバー人材センターの仕事など,当事者が少しでも,安心して過ごせる居場所の連携も重要である。

⑨行政の役割と使命

　行政に位置づく地域ケア会議は,個別の事例の生活実態や健康課題,置かれている状況をアセスメントし,その健康課題と支援内容を検討し,地域の実情に応じて制度やサービスにつなげていく。その評価は,当事者の暮らしの満足度やその人らしい暮らしの継続にあると考えられる。高齢者を中心とした介護検討で,すでに実績のある地域ケア会議は,市町村行政と当事者,関係者の熟議の場として個人に対する支援の充実を図りながら,地域社会基盤の整備の充実へとつなげていく場ともなる。地域ケア会議には,5つの機能があり,それは,①個別課題解決機能　②ネットワーク構築機能　③地域課題発見機能　④地域づくり・資源開発機能　⑤政策形成機能である。これらは,地域を対象とした看護活動,地域保健活動の機能であり,看護職である保健師の活動が目指す機能でもある。地域

の看護職である保健師の視点からは，地域づくりの概念とも重なる。行政職員には，制度やサービス，資源不足を変化させ，少しでも暮らしやすい地域づくりに発展させていく使命がある。

2004（平成16）年の厚生労働省「心のバリアフリー宣言」から，すでに10年余が経った。「地域包括支援システム」構築に向けて，私たちの心のバリアは，消えているだろうか。

①精神疾患を自分の問題として考えていますか「関心」，②無理しないで，心も身体も「予防」，③気づいていますか，心の不調「気づき」，④知っていますか，精神疾患への正しい対応「自己・周囲の認識」，⑤自分で心のバリアを作らない「肯定」，⑥認めあおう自分らしく生きている姿を「受容」，⑦出会いは理解の第一歩「出会い」，⑧互いに支えあう社会づくり「参画」，これら8つのキーワードは，障害者総合支援法の目指す社会，地域づくりの理念とも重なる。自分らしく生きることは，すべての人間の願いである。

地域包括システムは，精神障害者だけでなく，すべての人の「生活支援ケアの各領域，すべての包括である。」そして，「当事者の主体性を支える生活支援を行う人々のケアの主体の多様性，多元性による包括である」。

概念図を地域の特徴ある真の設計図として，当事者とともに，地域で具体的な取り組みへの挑戦が始まっている。

注
1) 厚生労働省障害保健福祉部「今後の障害保健福祉施策について（改革デザイン案）」
 http://www.mhlw.go.jp/shingi/2004/10/s1025-5c.html，2004．
2) 厚生労働省「精神保健福祉改革ビジョン」
 http://www.mhlw.go.jp/kokoro/nation/vision.html，2005．
3) 厚生労働省「地域定着支援の手引き」
 http://www.mhlw.go.jp/kokoro/docs/nation_area_01.pdf，2010．
4) 厚生労働省「高齢入院患者地域支援事業」
 http://www.mhlw.go.jp/file/05-Shingikai.../0000046400.pdf，2012．

（1 水野正延，2 萩典子，3・4 井上清美）

第8章 老人看護の変化

　老人看護では高齢者の健康を身体・精神・社会的側面より総合的に捉え，生活機能の視点から老人看護を展開していく必要がある。また，超高齢社会においては老人医療の組織化が大きな課題であり，高齢者や家族の意思に基づき生活の質を高めるための支援について考えていかなければならない。さらに，地域包括ケアと老人医療のシステム化が重要であり，高齢者が在宅生活を継続するための重層的な支援体制の構築が求められる。

1　老人看護とは

老人看護の変遷

　老人看護とは，65歳以上の高齢者への看護であり，高齢者の健康を幅広く捉え，生活の質の維持・向上を目指すものである。また，老人看護は加齢現象の過程に伴う臨床医学，心理・経済・社会学など，あらゆる側面を包括した学問である老年学を基盤としている。そのため老人看護においては，老年期にある人々の特徴を理解し，多様な健康レベルに応じた高齢者の生活に視点をおき，家族を含めた看護を実践する必要がある。

　老人看護の変遷には，第2次世界大戦後の高度経済成長により都市部に人口が集中し，核家族化に伴い高齢者世帯が増加したといった社会的背景が大きく影響している。その結果，全人口のうち65歳以上の高齢者が占める割合である高齢化率は1970年に7％となり日本は高齢化社会に，そして1994年には高齢化率が14％に達し高齢社会となった。また，その間24年と世界最速の高齢化を辿り，現在の超高齢社会に至っている。このような社会的背景のなかで，高齢者に対する看護

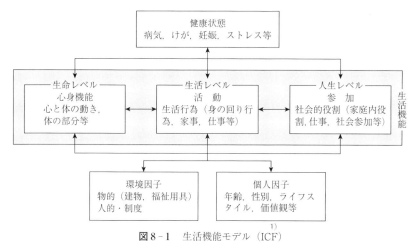

図 8-1　生活機能モデル（ICF）[1)]

出典：障害保健福祉研究情報システム「平成16年度厚生労働科学研究, 障害保健福祉総合研究, 研究成果発表会「共通言語」としてのICF（WHO国際生活機能分類）の活用——医療・介護・福祉の連携のツールとして」。

が重要視されることは必然であり，今後もますます高齢化率の上昇が見込まれる現代社会において，老人看護は重要な役割を担っているということができる。

　このような社会的背景を踏まえ老人看護においてなすべきことは，加齢という現象を理解し，加齢に伴う身体，精神，社会的側面の特徴を把握することである。そのためには，ライフプロセスにおける高齢者の発達課題を含め，高齢者の心身がどのように変化しているのか，そのプロセスを理解しなければならない。また，加齢による変化に健康障害が加わることによって生じる老年期特有の症状や，症状を予防もしくは緩和するための看護についても明確にしていかなければならない。疾患的側面だけでなく環境や生活面にも目を向け，健康状態が日常生活に及ぼす影響など，高齢者を幅広く捉えることが重要となる。

老人看護の役割

　同様に，家族への看護についても考えていかなければならない。高齢者は健康障害により介護が必要となる場合が多いため，介護者となる家族の状況を十分に把握する必要がある。一人ひとりの高齢者がその人らしく毎日を過ごすことができるよう支援するためには，高齢者を取り巻く家族や社会に目を向け，老人看護

Ⅱ 各論

が現代社会においてどのような役割を果たさなければならないかを常に考え，看護を展開していくことが重要であると考える。

2　老人看護の展開

生活機能の観点

　老人看護を展開するうえで欠かすことができない視点は，国際生活機能分類（ICF）の生活機能の観点から高齢者をとらえることである。世界保健機関（WHO）は2001年に，従来の国際障害分類（ICDH）の疾病により機能障害が生じ能力障害により社会的不利が生じるという考え方から，障害というマイナス面ではなく，生活機能というプラスの側面による健康状態の分類に転換している。

　この転換は老人看護の展開にも大きな影響を与えており，老人看護では生活機能の観点から高齢者への看護を考えることが不可欠となっている。生活機能の観点とは，人を生活者として捉え，その人らしくいきいきと生活するためのその人自身の力と働きを重要視することである。その人自身の力とは「強み」とも言われ，個人因子を強化するストレングスモデルの考え方に基づいており，老人看護では高齢者の強みを見出すことが重要となる。

　このように，老人看護の展開においては，高齢者ができることなど，長年の人生において培われた強さに注目し，生活機能を維持するために必要な看護を展開していく。その際には問題となる状況を解決することを目指すだけでなく，現在の状況を維持することも目標となる場合がある。その場合，高齢者自身が望む生活とは何かといった本人のニードを把握し，個別の思いや価値観を踏まえて，現在の状態をどうすれば維持・向上できるかを焦点とし適切な対応や支援方法を考えていくことが重要となる。さらに，老人看護を展開する上では，高齢者の尊厳を重視し，高齢者が今まで生きてきた人生やその人らしさといった個別性を大切に，看護を展開していくことを忘れてはならない。

老人看護の実践

　老人看護の展開の場は，高齢者が健康な状態で生活している地域，疾患や健康

障害を治療・療養するための病院・施設，そして何らかの疾患や健康障害を有しながらも再び生活していく地域と，あらゆる場で展開される。特に，高齢者の健康障害の特徴である完全な治癒が難しいことを考慮すると，病院や施設だけでなく，地域において自宅を拠点とし老人看護を展開していくことが，超高齢社会においてますます重要となるといえる。

　地域における老人看護の展開においては，家族の存在を欠かすことができない。家族は高齢者と共に生活する上で介護という役割を担うことが多くなるが，介護は身体的・精神的・社会的ストレスや，生活上の負担も生じやすいため，家族の介護を支える体制を整える必要がある。そのためには，看護だけでなく，医師，薬剤師，理学療法士・作業療法士・言語聴覚士，社会福祉士・介護福祉士，栄養士など，多くの職種より成り立つチーム医療を行うことが不可欠となる。

　また，このような多職種間の協働において重要なことは，高齢者の生活の質を考慮し，どのような状態をゴールとするか目標を共有することである。さらに目標設定においては，高齢者本人や家族の意向が重視されるべきである。高齢者や家族のコンセンサスを得たうえで，より良い状態を目指して定めた目標に向けて，多職種がチームを組んで支援する体制を整えていく必要がある。

　さらに，老人看護の展開において実践した内容を評価する際には，目標達成状況や状態改善状況など，客観的視点から評価する必要があるため，高齢者総合的機能評価（Comprehensive Geriatric Assessment：CGA）などの数値化による評価指標を用いることも有効となると思われる。ただし，老人看護の展開を評価する際には，高齢者本人や家族にとって実践した内容がどうであったかという，高齢者や家族の主観的視点からも評価を行うことを忘れてはならない。老人看護の展開において中核となる存在は，高齢者や家族である。高齢者や家族にとってより良い看護を提供できたか，当事者の視点から展開した看護を評価することが不可欠であるため，客観的側面，主観的側面の両側面から評価を行うこととなる。

Ⅱ 各論

3 老人医療の組織化

医療体制の組織化

　高齢化に伴い，医療に求められることや，医療がなすべき役割も変化しているため，老人医療体制も，改めて整備し直すべき時期にきている。高齢者にとっての生活の場は，自宅のある地域，病院，施設などそれぞれであるが，加齢による身体的な変化や健康障害を伴いやすい高齢者にとって，医療は生活の一部となる。そのため，病院だけでなく在宅においても適切な医療を受けることができるよう，医療体制を組織化することが，超高齢社会において最も重要なこととなる。そして，老人医療の組織化においてキーワードとなるのは，"シームレス"な医療の提供である。

　シームレスとは，「途切れのない，継ぎ目のない」という意味であり，シームレスな医療とは地域から病院，病院から施設，施設から地域といった生活の場の変化において，常に途切れることなく，医療が提供されることを意味している。そのような医療を提供するためには，病院における老人医療の組織化，病院から地域への連携，そして地域における老人医療の組織化が大きな課題となると考えられる。

　まず，病院における医療の組織化について，病院といっても一括りに捉えることはできず急性期，回復期，慢性期といった病期において病院の機能が異なるという特徴がある。また，それぞれの病院に診療科が複数ある場合が多いが，複数の疾患を有するという高齢者の特徴を考えると，診療科の枠を超えた協働を実践できる組織づくりも重要となる。現在，老年科や老年病科，老年内科といった高齢者を総合的に治療する診療科を設置している総合病院もいくつか見られているが数は少ないため，今後このような診療体制の組織化も一つの課題となると思われる。

　また，病棟の形態としても，平成26年度診療報酬改定において「急性期治療を経過した患者および在宅において療養を行っている患者等の受け入れ並びに患者の在宅復帰支援等を行う機能を有し，地域包括ケアシステムを支える役割を担う病棟または病室」である地域包括ケア病棟が新設されている[2]。このように地域で

の生活を視野に,入院時から積極的に退院を支援する体制を整備した病棟は,今後の老人医療において欠かせない役割を果たすと期待できる。そこでは,病院の主治医や地域のかかりつけ医,病院のメディカル・ソーシャルワーカーや地域のケアマネジャーといった,複数の専門職が同時にかかわることが多い老人医療において,地域連携室の機能を強化するなど連携・協働していく体制を整え,組織的な支援を提供していく必要がある。

地域の組織化

次に,病院や施設を退院・退所後に自宅に戻った後の受け皿となる地域の組織化を考える必要がある。地域づくりは超高齢社会において重要な課題であり,行政だけでなくボランティアや地域住民の協力体制やネットワークを組織化し,高齢者の見守りや生活支援を地域全体で行っていかなければならない。そこで重要なことは,地域事情を十分に考慮することや,住民が主体的に取り組める体制を整備することであると思われる。地域づくりといっても都市部から地方まで様々な地域特性があるため,それらの状況に応じて互いに支え合える住民活動の支援体制を整備していく必要がある。

地域の組織化に関する一例として,大都市における地域包括ケアシステムにかかわる担当者を対象に行った質的記述的研究[3]から,地域包括ケアシステム構築に関するカテゴリーが抽出されている。そこでは,在宅医療体制の整備や,相談・サービスにつながるしくみ,生活や健康を支える情報提供,地域ケアの基盤となる生老病死についての教育といった課題が明らかになっている。このように地域づくりを行う際には,地域の実情から生じている課題を明確化し,情報を共有することにより地域全体で取り組める体制を整え,条例の制定などにつなげていく必要があると思われる。

特に老人医療においては,認知症高齢者への対応も大きな課題となっている。高齢化に伴い益々増加すると予測される認知症高齢者を地域で見守ることは,超高齢社会における地域社会の役割でもある。地域包括支援センターを中心に,認知症に対する理解を促進し,多職種のチームと住民の協力体制のもとで,認知症高齢者が住みなれた地域で暮らし続けることができるよう支援していくことが重要となる。

Ⅱ 各　論

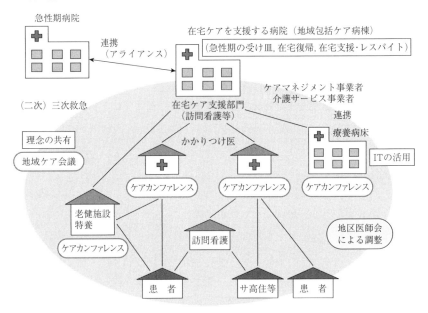

図8-2 在宅ケアを支援する病院と診療所を拠点としたネットワーク化
出典：松田晋哉「そして10年後，日本の医療はどうなるか」月刊保険診療70（1），33-36，医療通信社，2015年．

　もう一つ，老人医療に関する地域の組織化においては，終末期医療についても考えていかなければならない。高齢者の看取りにおいては，死を迎える患者と家族の生活の質（QOL），死の質（QOD：quality of death）の維持・向上に重点をおいてケアを提供するエンドオブライフ・ケア（end-of-life care）が終末期ケアの方向性となっている。高齢者一人ひとりが尊厳ある死を迎えることができるよう，人生の晩年期を死の瞬間までその人らしく生きることができるよう支援することが重要となる。そのためには病院だけでなく施設や自宅を含む地域においても，終末期医療を実践するための体制を組織化していく必要がある。

　このように，老人医療の組織化においては，病院と地域をつなぐ地域医療体制の整備を欠かすことができない。在宅ケアを支援する病院と診療所を拠点としたネットワーク化について，松田は図8-2のように示している[4]。

　このように老人医療は病院だけで提供されるものではなく，日常生活の場を含めたあらゆる場で，必要とされる医療を生活支援とともに提供していかなければ

ならない。そのため老人医療の組織化においては，病院の組織化，地域への連携，地域の組織化と，それぞれのシステムを組織化していく必要があり，各システムに多くの専門職が関わるため専門職がそれぞれの立場で何かできるのかについて話しあい，連携体制を整え協働していくことが重要となる。

　超高齢社会において老人医療の組織化を進める際には，高齢者に関わるあらゆる組織・機関において多職種がそれぞれの視点から，その高齢者に必要な医療とは何かを熟考し，「Aging in Place」と言われるように，住みなれた自分の家や地域で，高齢者が最後まで自分の人生を全うし生活することができるような支援体制を整えていくことが柱となると考える。

4　地域包括ケアと老人医療のシステム化

地域包括ケアシステムにおける医療と介護等との関係性

　厚生労働省によれば，地域包括ケアシステム構築のプロセスは，市町村において，介護保険事業計画（現在は3年ごと）の策定・実施を通じて，地域の自主性や主体性に基づき，地域の特性に応じた地域包括ケアシステムを構築していくこととされる。そして，地域包括ケア実現に向けた中核的な機関としては，市町村により現在，全国で4,300か所設置されている地域包括支援センターが想定され，そこを中心として開催される「地域ケア会議」が，高齢者個人に対する支援の充実と，それを支える社会基盤の整備とを同時にすすめる手法として推進されている。

　そのうえで，医療と介護の連携については改めて別の項目を立て，関係機関が連携し，多職種協働により在宅医療・介護を一体的に提供できる体制を構築するためには，市町村が中心となって，地域の医師会等と密接に連携しながら，地域の関係機関の連携体制構築を図ることが必要とされている。この取り組みは「在宅医療連携拠点事業」とされ，そのイメージ図では「在宅医療連携拠点機能（市町村，医師会等）」と「地域包括支援センター」とが連携することが図示されている（図1-2〔13頁参照〕）。

　その内容について詳しくは第Ⅰ部第2章（2）「地域包括ケアと在宅医療」に

Ⅱ 各 論

譲るが，つまり，地域包括ケアシステムにおいて，保健・医療・福祉（介護）が，いまだ完全に協働している現状にはないことがわかる。

多職種協働の現状と課題

　より具体的に，地域包括ケアシステム構築を進める手法として重要とされている地域ケア会議を，特に医療と介護との関係性の側面から検討することとしたい。鈴木裕介の調査によると，地域ケア会議は都市部では平均年間7.3回，市外では4.4回開催されており，都市部でより検討されている内容は「各職種の情報共有」（都市部69.2％，市外40.0％）であり，逆に市外でより検討されている内容は「個別事例検討」（都市部46.2％，市外67.8％）で，都市部，市外とも「地域課題」については同程度検討されている（都市部38.5％，市外35.6％）[5]。都市部，市外とも本節のテーマに関連する「地域課題」について「温度」差はないが，会議の主要な検討課題とはなっておらず，それよりやや具体的レベルである「各職種の情報共有」については都市部でより検討され，そして逆に市外では都市部より，具体的な個別事例を検討していることがうかがえる。

　多職種の協働に関して，竹端寛は自らの取り組みについて近著で，「訪問看護師や医療ソーシャルワーカー，作業療法士など，いわゆる『コ・メディカル』と言われる，医師と密接に連携する役割を担う専門職の視点までは盛り込めている。だが，往診をしてくれる医師や，医療機関そのものとの連携についてまでは，じっくり踏み込めていない。……気づいたことは，医療との連携を考える前に，まず保健・福祉領域のなかでの『言語』と『方向性』を合わせることの重要性である」とし，そのうえで「医療職から見ると福祉の支援者は支援のやり方や質がバラバラである，という不信感につながりやすい。……地域包括ケアシステムを展開するにあたり，福祉・保健職に求められるのは，まずその自治体のチーム形成において，大切にしたい『ぶれない軸』とは何か，という価値観の言語化と共有である。これなしに医療との連携を模索すると，医師の側からは，『みんな言っていることがバラバラでまとまりがない』と見られてしまう。……まず保健・福祉チームのなかで，その価値観を共有化し，わかりやすく医療者側に伝える言語化のプロセスに取り組む必要がある」と述べている[6]。

喫緊の課題である認知症対応

　前掲の鈴木裕介の調査によると，地域ケア会議で検討されている内容として「認知症に関する活動報告」（都市部38.5%，市外14.4%）が挙げられており，特に都市部での課題として認知症対応が喫緊の課題となっていることがわかる。[7]

　厚生労働省においても，特に認知症高齢者への対応について重要と考え，「医療や介護サービス以外にも，在宅生活を継続するための日常的な生活支援（配食・見守り等）を必要とする方の増加が見込まれ」るとして，「そのためには，行政サービスのみならず，NPO，ボランティア，民間企業等の多様な事業主体による重層的な支援体制を構築することが求められる」としている。[8]

地域包括ケアシステムの本質的課題である老人医療のシステム化

　要点をまとめると，地域包括ケアシステム構築は市町村において，地域の主体性に基づき，地域の特性に応じてなされるべきものであり，市町村の地域包括支援センターを中心とする「地域ケア会議」を用いるのが代表的な手法である。また，医療と介護の連携については，市町村が中心となり，地域の医師会等と連携してされるべきものとされ，在宅医療連携拠点機能（市町村，医師会等）と地域包括支援センターとが連携することが必要である。特に認知症高齢者への対応では，医療や介護サービス以外に，在宅生活を継続するための日常的な生活支援を必要とし，行政サービスのみならず，NPO，ボランティア，民間企業等の多様な事業主体による重層的な支援体制の構築が求められる。

　そしてその本質的課題としては，基本的に，保健・医療・福祉（介護），生活支援を一元的に調整する組織がいまだ設けられるに至っていないという点が挙げられる。これに関して，複数の専門家が指摘している点は，基本的に医療に関する行政は都道府県，福祉（介護）に関する行政は市町村が担うという大原則があることを指摘している。医療に関する行政をその機能により都道府県と市町村とで切り分けるか，もしくは医療をその実施場所により切り分けて，在宅医療に関する行政を完全に市町村に担わせるのか，その調整が今後の検討課題であろう。

注
1）　障害保健福祉研究情報システム「平成16年度厚生労働科学研究，障害保健福祉総合研究，研究成果発表会『共通言語』としてのICF（WHO 国際生活機能分類）の活用——医療・

Ⅱ 各 論

　　　介護・福祉の連携のツールとして」http://www.dinf.ne.jp/index.html，2015年9月27日閲覧。
 2)　地域包括ケア病棟協会 HP www.chiiki-hp.jp，2015年9月27日閲覧。
 3)　佐藤美由紀・山科典子・安齋紗保理他「都市部の地域包括ケアシステム構築における課題と方策――行政および在宅医療の視点から」『応用老年学』8（1），63〜73頁，日本応用老年学会，2014年8月。
 4)　松田晋哉「そして10年後，日本の医療はどうなるか」『月刊保険診療』70（1），33〜36頁，医学通信社，2015年1月。
 5)　鈴木裕介「地域包括ケアシステム構築における地域ケア会議の位置づけ」『地域包括ケアシステムの成功の鍵――医療・介護・保健分野が連携した「見える化」・ヘルスリテラシーの向上』（公財）日本都市センター，2015年，34頁。
 6)　竹端寛『自分たちで創る現場を変える地域包括ケアシステム』ミネルヴァ書房，2015年，185頁。
 7)　鈴木裕介，前掲書，34頁。
 8)　厚生労働省，前掲ホームページ。

（1〜3 小松美砂，4 東川薫）

第9章 母性看護学の変化

　本章では，今求められる地域での母性看護活動について，以下の4つの観点から地域包括支援の重要性について概説した。「母性看護とは」では，母性看護の定義，現状の問題点を，「母性看護の展開」では周産期医療施設による母性看護ケアと地域社会における母性看護ケアに分け概説し，地域での活動の現状を説明した。「母性看護の組織化」ではわが国の母子保健サービスの施策，「健やか親子21（第2次）」の母性看護の組織化を説明し，市町村の実施例を提示した。切れ目ない妊産婦・乳幼児への保健指導のため，市として機関の枠を取り払った活動の組織化と，個人のケアの連動性の重要性について述べた。また，「地域包括と母性看護のシステム化」では，切れ目ない妊産婦・乳幼児への子育て支援の地域包括支援の重要性について述べた。

1　母性看護とは

　母性看護では，女性とその家族（パートナー）を対象に女性の生涯にわたる健康をリプロダクティブ・ヘルスの観点から理解し，母性の健康を保持増進するとともに次世代を担う子供の健全育成することを目的としている。その内容は生涯を通じての性と生殖に関する健康を守るという観点からライフサイクルに沿った各時期の健康問題へ看護することであり，次世代が健康に生まれ育つために妊娠・分娩・産褥へとその生命の誕生を守り支えるためのケア，母と子および家族（パートナー）が，より健康的な子育ての生活ができるための支援をすることである。

　母性看護における「母性」の定義について，見てみよう。世界保健機関 World

Health Organization（WHO）母性保健委員会では，「母性とは，現に子供を産み育てているもののほか，将来子供を産み育てるべき存在，および過去においてその役目を果たしたもの」と定義している。この内容は子どもを産み育てている母性（狭義）と女性の一生からとらえた母性（広義）の2つの意味が含まれている。

広義の母性とは，女性の一生にわたっている。各時期にはそれぞれの発達課題と健康問題がある。思春期，成熟期，更年期，老年期へと連続している。身体的には母性機能の開始から停止までの身体的変化とそれに伴う健康問題がある。一方，性と生殖の観点から見ると，人間は誕生から死まですべてのライフステージにおいて性的存在として生殖にかかわっている。

狭義の母性とは，妊娠したときから出産までの10か月，出産，育児期の女性を指す。この時期は母親の身体的・精神的健康状態は，直接胎児や乳幼児の身体発育や精神的・情緒的発達に強く影響を及ぼすため母子を一体として捉えることが重要である。

それぞれの定義によれば，母性は女性に生来備わった特質として表現されている。女性は身体的には将来母となることが可能な身体構造は有しているが，はたして精神的には女性にとって母性は先天的とか本能と言えるのだろうか。性差の違いはあるが生殖に携わるのは女性・男性の両者である。女性だけがその役割を担うものではない。したがって，母性看護では生殖にかかわる女性のみならず男性も対象である。母性看護では次世代が健康に生まれ育つ母子とその家族を対象としてケアを行うことが求められる。

母性看護の対象者を考えるとき，誕生から老年期まであらゆる段階にあり，人として自らの自己を各発達段階で心身ともに発達させる発達課題を持っている。誕生に伴う発達課題の最も大切な瞬間は，生まれてくる命の出発点で人としての第一歩として，「愛されて望まれて生まれてくること」である。愛されて生まれ育つことはその子にとって，エリクソン E. H. Erikson[1]の発達課題Ⅰ（基本的信頼感と不信感）にあたり，人を信頼していく基礎となる。エリクソン E. H. Eriksonの発達課題第Ⅴ段階（青年期）の課題は身体的には2次性徴を迎えるが，精神的にはアイデンティティ（自我同一性）や性アイデンティティを獲得する時期である。精神発達は未熟で，性的発達も高まる時期である。第Ⅵ段階（前成人期）の課題は「親密性（愛）」であり結婚，妊娠，出産，育児などを経験し，親になる

などの役割も獲得や責任も生まれる。第Ⅶ段階（成人期）の課題は「生殖性（世話）」である。人間発達課題Ⅰの生まれてきた児を受け止め，親になるためは，親になることへの心理的移行ができることが重要であり，親として児を養育する時期である。親になる過程には心理・社会的発達課題がありそれを踏まえてケアを行うことが重要である。

以上を踏まえ，母性看護を考えるとき，母性看護としての特性を十分考慮して看護を行っていく必要がある。

母性看護の特性として

①生命尊重を慈しみ育み，人権を尊重し，擁護することが重要であること。母性の本質は生命の創造と育成にある。人の生命の創造から誕生を経て成長するまでのプロセス，胎児から新生児へ児が心身ともに異常がなく健康な状態で経過することが期待されている。そのためには生命尊重の視点が重要であり，その児の人権が尊重され，人権を擁護できる環境への支援は重要である。

②人生のライフサイクルの段階にある女性やその家族が対象であるため，健康レベルが高く，ケアにはセルフケア能力・自己決定権を支援する方法が求められる。セルフケア能力を高めるにはヘルスプロモーションに関するケアが重要である。

③リプロダクティブ・ヘルス／ライツ（性と生殖に関する健康と権利）における健康状態は妊娠に関連すること，安全な妊娠・出産，健康な新生児，性感染症からの自由などを示している。女性・男性すべてが対象であり，女性・男性の自己決定権を尊重する必要がある。母性看護として重要な概念である。

④家族全体をまるごと捉え，妊産婦と胎児というように複数の対象者を一体としてケアをすること（心身の相互関係─母子関係・父子関係・家族関係等）。

すなわち，家族を中心としてケアを展開すること。

以上である。

これらの母性看護の特性を理解するうえで，重要な基礎理論がある。特に重要な基礎理論について，性としての考え方であるセクシュアリティ，リプロダクティブ ヘルス／ライツ，ヘルスプロモーション，母性看護と倫理等である。

母性看護においては母性看護の基礎理論を踏まえ，女性と家族（パートナー）

Ⅱ 各 論

の健康支援をライフサイクルにしたがって看護を実施する。思春期の健康課題とケアでは，思春期の性のアイデンティティに始まる性の問題へのケア，望まない妊娠へのケア，性感染症へのケア等，成熟期の健康課題とケアでは親になることの支援や不妊に関するケア，性暴力を受けた女性へのケア，児童虐待へのケア，人工妊娠中絶等へのケア等，更年期の健康課題とケアでは更年期の身体的，精神的，社会的健康問題へのケア，老年期の健康課題へのケアを実施する。

　周産期における母子の看護では生命を尊重し，家族中心の看護の理念をふまえ，妊娠期，分娩期，産褥期，新生児期，出産後の子育て支援等それぞれの健康課題に対し継続的に，一貫性のあるケアを実施する。

母性看護の抱える現代の問題

　わが国が抱える大きな問題に少子化がある。少子化にはいろいろな要因が背景として考えられる。少子化の主な原因として現代の男性・女性の結婚観や，子育てについての意識の変化がまず挙げられる。図9－1に示すようにどの年齢においても未婚率は上昇し，特に25歳から29歳，30歳から34歳は顕著である[2]。しかも，その未婚者には結婚願望はあるが経済的に余裕のない非正規労働者は約6割が結婚できない状況にある。未婚者の結婚を嫌う理由も深刻である。特に女性は結婚に幸せを見出せないものが6割を超え，男性は経済的理由が半数を超えている。女性が結婚を遅らせる要因に自身の人生設計から結婚や出産を遅らせる傾向にある。その背景にはキャリアを持つ女性には産後元の社会的地位を確保するには難しい雇用環境にあることや妊娠した女性がマタニティハラスメントを受け，退職を余儀なくされる例がある。このような状況が子育てに対する考え方や意識について，大きく意識に影響を与えている。結婚した夫婦の予定子ども数を見ると，2010年で2.42であるが現存の子ども数は1.71であり，追加予定子供数も0.36と理想の2名には届かない状況である。その理由として子育てや教育にお金がかかることは従来言われているが，近年高齢で産むのが嫌だからという理由が30％を超えている。女性にとって，子育てと仕事の両立は難しく，仕事を辞めざるを得ない理由の多くに職場環境によるものが大半を占めている。このような状況から出産の現状を見ると，夫婦の初婚年齢は2013年夫30.9歳，妻29.3である。初婚年齢は年々上昇するということは，初産年齢もまた上昇するということである。2014

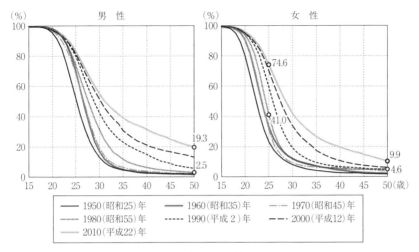

図9-1　年齢別未婚率の変化

資料：総務省統計局［国税調査］
注1）：配偶関係不詳を除いた割合。
　2）：1950～1970年は沖縄県を含まない。
出典：『平成25年　厚生労働白書』より引用。

年母親の第1子平均出産年齢は30.6歳であり，2013年より0.2歳上昇している。2013年父親は第1子32.5歳であった。1人の女性が一生の間に産む子どもの平均を示す合計特殊出生率は2015年1.42であり，過去最少であった。

　少子化の問題は単に女性がいかに出産するように支援するかではなく，思春期からの性のとらえ方に始まり，女性の多様化した生き方のなかでの結婚，妊娠・出産のあり方，個人の対応では対処できない経済的な問題，子生み・子育てをしやすい環境づくり等政治的また社会的環境を整えていくことが求められている。

思春期の性の問題について

　思春期の性の問題として性行動が若年化し活発化してきたことにより，若年妊娠や性感染症の増加は明らかである。若年妊娠による出産はほとんどが望まない妊娠の結果である。結果として人工妊娠中絶の増加やシングルマザーの増加につながり，出産後は家族を作ることも困難な場合も多く児童虐待につながりうる。併せて性感染症・AIDSの増加にもつながっている。思春期の性の問題である望まない妊娠や性感染症には性教育の充実が重要である。

Ⅱ 各論

児童虐待について

　近年児童虐待は増加し続けている。2013（平成25）年には児童虐待相談の対応件数は73,802件となり，2012（平成24）年の66,701件より約7,000件も増加している[3]。児童虐待の死亡例から生まれたその日・0か月の児童例が含まれていることが報告されている。加害者の9割が母親であり，望まない妊娠が7割，10代の出産経験があるものが4割を占めていた。思春期からの性に関する正確な情報提供やケアが重要であることを示している[4]。

2　母性看護の展開

　母性看護ではすべてのライフサイクルの女性と母子とその家族（パートナー）を対象としているため，対象者の健康レベルはさまざまである。したがって看護活動は医療施設だけではなく，地域社会においても継続され活動の場は幅広い。また提供される母性看護ケアは提供する場によってアプローチの仕方やケア内容の違いになって現れる。

A. 周産期医療施設による母性看護ケア

　現在出生場所は施設内分娩が主流になっている。一般に病院・診療所ではローリスクとハイリスクの母子両方が扱われるが，助産所ではローリスクの母子のみが扱われる。病院のなかにはローリスクの母子中心の「地域周産期医療施設」，比較的高度な医療が含まれる「地域周産期母子センター」があり，ハイリスクの母子に対して周産期高度医療を提供する「総合周産期母子医療センター」がある。健康レベルはさまざまであるが，主には家族中心の母子ケアの理念を生かしたケアの実施を目指している。病院では外来・分娩室・褥室・新生児室等で看護職の勤務場所が分断されていることがまだ多い。病院によっては受け持ち制，プライマリーナーシングの導入，院内助産所の開設等勤務助産師が専門的に妊娠から産後までの継続的一貫性のあるケアを目指し，各施設いろいろなケアが試みられている。1995（平成7）年厚生労働省「子供にやさしい街づくり事業」の一環として「産後ケア事業」を開始したのを受け，助産所ではこれを実施している。女性へのケアとしてはライフサイクル各期の女性へのケアのため，思春期外来，更年期

第9章 母性看護学の変化

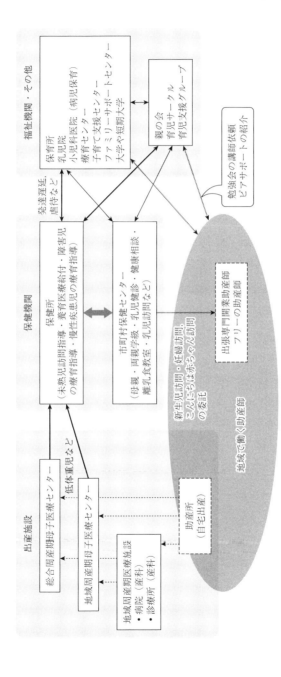

図9-2 子育て支援（サポートシステム）―周産期から小学校入学まで―
―ウイメンズヘルスナーシング概論―女性の健康と子育て

出典：村本淳子・町浦美智子「ウイメンズヘルスナーシング概論―女性の健康と子育て」ヌーヴェルヒロカワ，2011年，192頁より引用。

Ⅱ 各論

外来,女性専門外来,不妊外来,遺伝相談のための外来,受胎調整指導等の外来等を設けている病院もある。

B. 地域社会における母性看護ケア

地域では母子保健法等に基づき保健所・市町村が,国の母子保健サービスの担い手としてさまざまなサービスを住民に提供している。地域には女性や母子とその家族の健康をサポートする機関として,保健所,市町村,学校,企業,民間機関,委員組織(母子保健推進委員),地域組織(愛育班),ライフステージ組織,セルフヘルプ組織がある。看護職の母性看護の担い手としては保健師,助産師,看護師,専門看護師・認定看護師,養護教諭,受胎調節指導員がそれぞれの専門職を生かして母性看護ケアを行っている。

3 母性看護の組織化

わが国では母子保健施策として図9-3に示したサービスを国が提供している[6]。思春期から始まり,結婚前,妊娠期・分娩期・育児期・新生児期・乳幼児期を含めた体系的なサービスが提供されている。これらのサービスは主として母子保健法,児童福祉法,地域保健法等を中心に実施され,これらはヘルスプロモーションの観点から「健やか親子21」で実施されてきた。施策として母性看護が組織化されている。

21世紀の母子保健(健やか親子21〔第2次〕)[6]

2000(平成12)年,厚生労働省は21世紀の子供と家族のため,「健やか親子21」を21世紀の母子保健の主要な取り組みを提示するビジョンを示した。それにより関係者,関係機関・団体が一体となってその達成に向けて取り組む国民運動である。「健康日本21」の一翼を担うものである。この計画は平成13年から26年を第1次機関として,これまで17年と22年には中間評価を,25年度に「健やか親子21」の最終評価等に関する検討会が実施された。

「健やか親子21」の課題設定は,基本的視点を踏まえ,21世紀に取り組むべき主要な4つの課題を設定し,各課題の現状に対する見解と取組にあたっての基本的

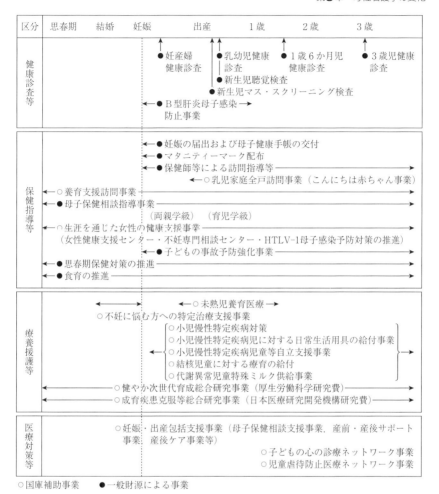

図9-3　母子保健対策の体系

出典：『国民衛生の動向』2015/2016年度版による。

な方向性や取り組む際の枠組みを可能な限り具体的な形の方策として提言された。

　課題1　思春期の保健対策の強化と健康教育の推進
　課題2　妊娠・出産に関する安全性と快適さの確保と不妊への支援
　課題3　小児保健医療水準を維持・向上させるための環境整備
　課題4　子どもの心の安らかな発達の促進と育児不安の軽減

Ⅱ 各 論

表 9-1　最終評価における課題別の指標の達成状況

		課題1	課題2	課題3	課題4	項目計
改善した	目標を達成した	4	7	8	1	20（27.0％）
	目標に達していないが改善した	9	6	16	9	40（54.1％）
変わらない		1	1	1	5	8（10.8％）
悪くなっている		1	0	1	0	2（ 2.7％）
評価できない		1	0	0	3	4（ 5.4％）
計		16	14	26	18	74（ 100％）

出典：「健やか親子21」最終報告書による。

　最終結果では，表9-1の通り，全体の8割で一定の改善が見られた。
　以上の結果から，「健やか親子21（第2次）」が提言された。
　その基本的視点とは，①これまで努力したが達成（改善）できなかったもの，②今後も引き続き維持していく必要があるもの，③21世紀の新たな課題として取り組み必要があるもの，④改善したが指標から外すことで悪化する可能性があるものである。10年後に目指す姿として，①日本の国のどこで生まれても，一定の質の母子保健サービスが受けられ，かつ生命がまもられる等地域間での健康格差を解消すること，②疾病や生涯，経済状態等の個人や家庭環境の違い，多様性を認識した母子保健サービスを展開することが検討会で検討された。母子保健サービスの展開で第1次と大きく異なる点は，基盤課題の表現に一貫性があり，連続性を持っていることである。第2次では地域における母性の看護活動がさらに組織化されることを示している。健やか親子21第2次では，10年後の目指す姿を「すべての子供が健やかに育つ社会」とした。この実現に向け，3つの基盤となる課題と2つの重点課題を設けた。

　基盤課題　A　切れ目ない妊産婦・乳幼児への保健対策
　妊娠・出産・育児期における母子保健対策の充実に取り組むとともに，各事業間や関連機関間の連携体制を強化します。また，情報を有効に活用し，母子保健事業の評価・分析体制をつくり，切れ目ない支援ができる体制を目指します。

　基盤課題　B　学童期・思春期から成人期に向けた保健対策
　児童・生徒が，自ら心身の健康に関心を持ち，健康の維持・向上に取り組めるよう，さまざまな分野が協力し，健康教育の推進と次世代の健康を支える社会の実現を目指します。

基盤課題　C　子どもの健やかな成長を見守り育む地域づくり

　社会全体で子どもの健やかな成長を見守り，子育て世代の親を孤立させないよう支えていく地域づくりを目指します。国や地方公共団体による子育て支援施策に限らず，地域にある様々なNPOや民間団体，母子愛育会や母子保健推進員等との連携を進めていきます。

重点課題①　「育てにくさ」を感じる親に寄り添う支援

　親子それぞれが発信する様々な「育てにくさ＊」のサインを受け止め，丁寧に向き合い，子育てに寄り添う支援を充実させることを重点課題の一つとします。

　　＊「育てにくさ」とは，子育てに関わる者が感じる育児上の困難感で，その背景として，子どもの要因，親の要因，親子関係に関する要因，支援状況を含めた環境に関する要因など様々な要素を含みます。育てにくさの概念は広く，一部には発達障害等が原因となっている場合等もあります。

重点課題②　妊娠期からの児童虐待防止対策

　児童虐待の発生を防止するためには，妊娠期の母親に向けた情報提供等，早期からの予防が重要です。

　また，できるだけ早期に発見・対応するために新生児訪問等の母子保健事業と関係機関の連携を強くしていきます。

　3つの課題のうち基盤課題Aと基盤課題Bは従来から取り組んできたが引き続き改善が必要な課題や少子化や家族形態補多様化を背景として新たに出現してきた課題であり，ライフステージを通してこれらの課題の解決を図ることを目指す。また基盤課題Cは広く下支えする環境づくりを目指すための課題としたとしている。次の2つの重点課題はさまざまな母子保健課題のなかで，基盤課題A～Cの取り組みをより一歩進めた形で重点的に取り組む必要があるものとして設定された。

　これらの計画の推進に当たって，①すべての子どもが健やかな生活を送ることができるよう国民一人一人が親子を取り巻く暖かな環境づくりへの関心と理解を深め主体的に取り組むこと。②課題の達成に向け，取り組みを推進する団体等が活動しやすく，連携しやすい柔軟な仕組みを取り入れることや学術団体や職能団体などと連携した取り組みを推進すること。③子育て等に関連する事業を展開する企業や学術団体等と連携した普及啓もう活動を行うこと。④健康格差の解消に

Ⅱ 各 論

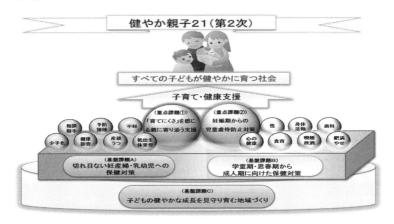

図9-4 健やか親子21（第2次）イメージ図
出典：厚生労働統計局『国民衛生の動向 2015／2016年度版』より引用。

向けて，国や都道府県，市町村における取り組みを推進することの4点が求められている。

以上，国民運動として「健やか親子第2次」の国の取り組みについてみてきた。

母性看護の組織化の実際

健やか親子21第2次など母子保健の実施者は市町村である。施策として，基盤課題Aを市町村として取り組んでいる例がある。「名張版ネウボラ」である。基盤課題Aの切れ目ない妊産婦・乳幼児への保健対策として，それぞれの機関の枠を取り払い，組織化しなくてはこの取り組みはできない。この取り組みはフィンランドのネウボラをヒントに計画された。

「ネウボラとはフィンランドの地方自治体が設置する母子支援地域拠点のことである。妊娠期から就学前までの健康診断や保健指導，予防接種を行い，マイ保健師が子育てに関する相談や必要に応じて他の支援機関との連携を行う」。

名張市では，図9-5に示すように思春期～結婚・妊娠・出産・育児期から学童期まで網羅する形で継続的に支援の母子保健・子育て支援に関連したシステムが構築されている。名張版ネウボラは3つの切れ目ない支援のネットワークである。「①妊娠前から出産・育児期までのときをつなぐ。②人と人・人と地域をつなぐ。③保健・医療・福祉の仕組み（人）をつなぐ。身近なところでの寄り添い，

第9章 母性看護学の変化

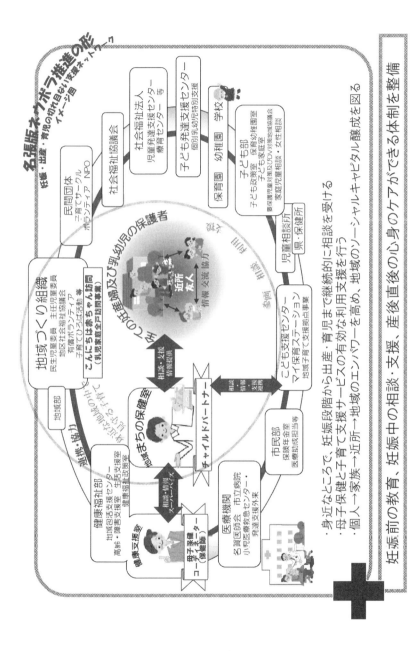

図9-5 名張版ネウボラ 妊娠前から子育て期支援体制
出典：名張市子育て応援サイト ママフレより引用

185

Ⅱ 各 論

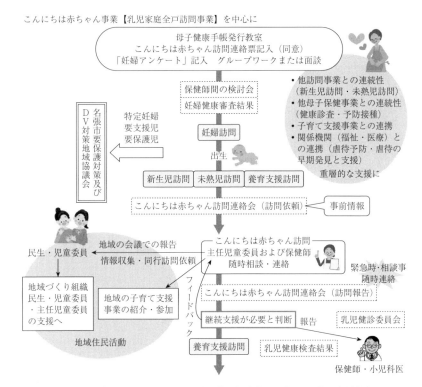

図 9-6 名張市 妊娠期から子育て期（乳児期まで）の具体的支援体制
出典：名張市子育て応援サイト「ママフレ」より引用。

産前産後のケア体制の充実を図る」である。この場合，図 9-5 に示す図は，妊娠・出産・育児の切れ目ない相談・支援の場でありシステムである。母子保健を担う保健師である母子保健コーディネーターを中心としてそれぞれの機関の枠を取り払い，組織化した「思春期から妊娠前の教育，妊娠中の相談・支援，産後直後の心身のケアができる体制整備」を示している。また一方で図 9-6 では，システムの一部として妊婦個人を妊娠初期から把握し，いかに継続的な支援につなげるかという点についても効果的な方法が示されている。母子健康手帳交付時を効果的に活用している点である。母子健康手帳を渡す際，『母子健康手帳発行教室』を行い，妊娠期から子育て期にわたる保健指導・指導教室等のケアの体制を妊婦個人に情報提供していることである。妊娠期間中・子育て期には小学校区単

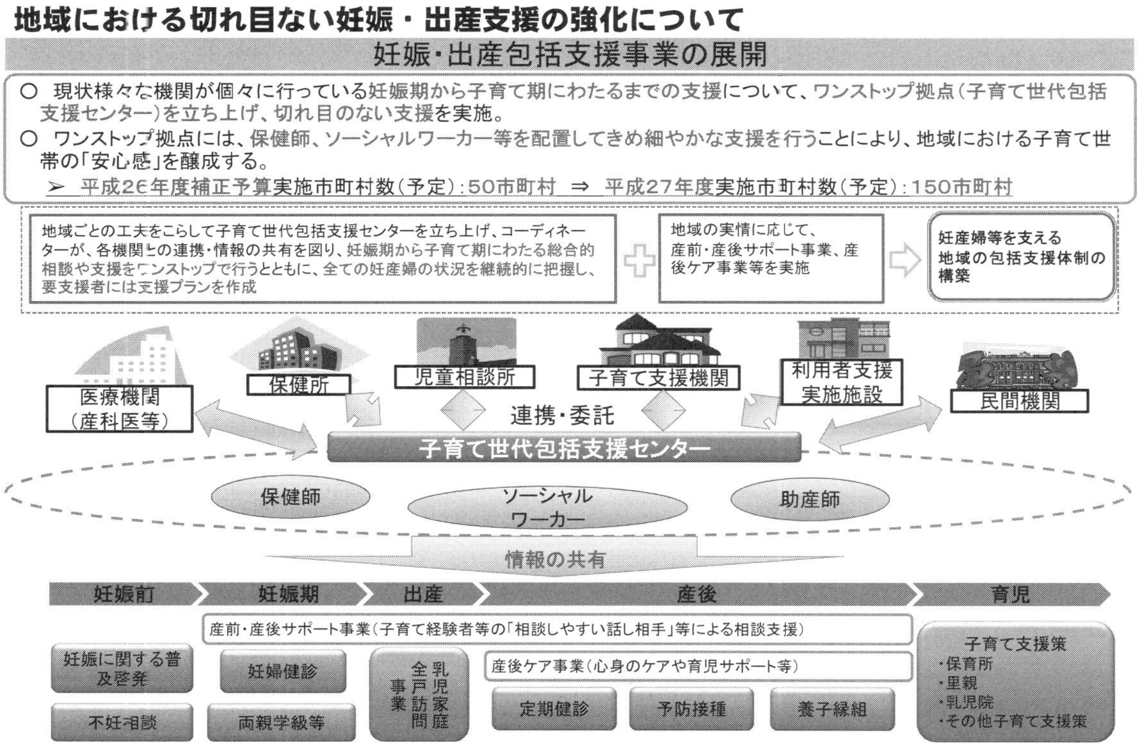

第9章 母性看護学の変化

地域における切れ目ない妊娠・出産支援の強化について

妊娠・出産包括支援事業の展開

○ 現状様々な機関が個々に行っている妊娠期から子育て期にわたるまでの支援について、ワンストップ拠点（子育て世代包括支援センター）を立ち上げ、切れ目のない支援を実施。

○ ワンストップ拠点には、保健師、ソーシャルワーカー等を配置してきめ細やかな支援を行うことにより、地域における子育て世帯の「安心感」を醸成する。

➢ 平成26年度補正予算実施市町村数（予定）：50市町村 ⇒ 平成27年度実施市町村数（予定）：150市町村

地域ごとに工夫をこらして子育て世代包括支援センターを立ち上げ、コーディネーターが、各機関との連携・情報の共有を図り、妊娠から子育て期にわたる総合的相談や支援をワンストップで行うとともに、全ての妊産婦の状況を継続的に把握し、要支援者には支援プランを作成

妊産婦等を支える 地域の包括支援体制の構築

- 民間機関
- 利用者支援 実施施設
- 子育て支援機関
- 児童相談所
- 保健所
- 医療機関（産科医等）

子育て世代包括支援センター
- 保健師
- ソーシャルワーカー
- 助産師

連携・委託／情報の共有

妊娠前	妊娠期	出産	産後	育児

妊娠前
- 妊娠に関する普及啓発
- 不妊相談

妊娠期
- 両親学級等
- 妊婦健診
- 産前・産後サポート事業（子育て経験者等の「相談しやすい話し相手」等による相談支援）

出産
- 全戸訪問事業
- 専門家庭訪問

産後
- 産後ケア事業（心身のケアや育児サポート等）
- 定期健診
- 予防接種
- 養子縁組

育児
- 子育て支援策
  ・保育所
  ・里親
  ・乳児院
  ・その他子育て支援策

図9-7 厚生労働省 子育て支援世代包括支援センター展開図

出典：厚生労働省。

Ⅱ 各 論

位にある地域の「まちの保健室」にチャイルドパートナーがいて，地域に町の保健室がありいつでも相談し支援を受けることができ，母子保健コーディネーターとともに地域の民生児童委員やボランティアや保育園，医療機関や地域の助産師等と連携する体制ができている。とかく妊娠から分娩後までは周産期施設でのケアが中心となり，地域でのケアは問題を抱えた妊婦を中心とした連携になりがちであったが，妊娠期からのケアを個人の段階から地域のケアで包括的に実施される体制ができている。母性看護の地域での包括的取り組み例である。

4 地域包括と母性看護のシステム化

母性看護の対象は女性と母子とその家族（パートナー）であり地域で生活する人々である。厚生労働省は健やか親子21第2次に合わせ，地域における妊娠・出産支援の強化について子育て世代包括支援センターを設けた。ここを拠点に妊娠期から子育て期にわたるまでの支援についてワントップ拠点として切れ目ない支援を展開しようとしている。母性看護としてリプロダクティブヘルス／ライツの観点から考えると，人間として生命の誕生からの支援は次世代をつなぐケアとして重要である。一方，現代の大きな問題である少子化への対策や児童虐待の防止はこの切れ目ない妊娠期から子育て期への支援だけでは対応できない。特に児童虐待はその裏にある思春期の望まない妊娠，家族形成の問題等がある。今まで，健やか親子第1次においては課題1，2，3，4とそれぞれ課題自体が分かれていた。第2次では生まれるときから子育て期まで地域において包括的な支援体制が重視されている。これにより母性看護としての親になることへの支援はケアの継続性・一貫性，各施設間の連携強化が図られると考えられる。重点課題2である妊娠期からの児童虐待防止は思春期からの性の問題，生命尊重への支援なくして，児童虐待防止へとはつながらない。基盤課題Bにおいて思春期の性の支援強化が重要である。地域における母性看護の展開は思春期を含めて包括的に対応していく必要がある。

母性の対象は地域で生活する人々であり，思春期から老年期，妊娠期から子育て期まで母性看護を担うそれぞれの職種である医師，保健師，助産師，看護師，

養護教諭のみならず医療ソーシャルワーカー，栄養士，歯科衛生士，臨床心理士等が連携機関の枠を超えて協働して母性看護を展開することが求められている。しかし現状ではそれぞれがシステム的に展開しているとはいいがたく，図9-2に示したような各機関間の連携にとどまっていた。「健やか親子21第2次」の切れ目ない妊娠・出産支援のためには，例に示した「名張版ネウボラ」のように市町村レベルでの思春期から子育て期までを包括した地域における支援体制を構築していくことが大切であり，その地域での各母性看護を担う職種の連携をシステム化する必要がある。名張市では母子保健を担う保健師である母子保健コーディネーターを中心に機関の枠を外し，市民部，医療関係者（医師，保健師，助産師，看護師），医療施設，民生委員，児童相談所，民間機関等々地域づくり・人づくりの観点から連携のあり方が構築されている。と同時に母子保健・子育て支援サービスを個人として妊娠期から子育て期までフォローするシステムができている。

今後，母性看護における地域での包括支援を考えるとき，母子保健の実施主体である市町村を中心に，地域における切れ目ない妊娠・出産の支援体制の強化がますます求められる。

注
1) エヴァンズ，R. I.／岡堂哲夫・中園正身訳『エリクソンは語る——アイデンティティの心理学』新曜社，1981年，160頁。
2) 『平成25年度版厚生労働白書—若者の意識を探る，第2節結婚に関する意識』(3)未婚率の上昇，58〜59頁。
http://www.mhiw.go.jp-wp-hakusyo-kousei-13-dl-102-2.pdf.url，2015年9月26日閲覧。
3) 児童虐待の現状
http://www.mhlw.go.jp-topics-2015-02-dl-tp0219-13p.pdf，2015年9月26日閲覧。
4) 厚生労働省子ども虐待による死亡事例等の検証結果等について
http://www.mhlw.go.jp/file/06-Seisakujouhou-11900000_koyoukintoujidoukateikyoku/0000058559.pdf
5) 村本淳子・町浦美智子編著『ウイメンズヘルスナーシング概論——女性の健康と子育て』ヌーヴェルヒロカワ，2011年，192頁。
6) 厚生労働統計協会『厚生の指標増刊　国民衛生の動向　2015／2016年度版』114頁。
7) 田川由美子・長純一編／上田紀子著「特集妊娠・出産・子育ての切れ目ない支援　日本版ネウボラを目指して（人と人，人と地域，保健・医療・福祉をつなぐ）」『地域保健』第46巻第1号，54〜65頁。
8) 名張版ネウボラ妊娠前から子育て期支援体制　名張市子育て応援サイト「ママフレ」

Ⅱ　各　論

　　　http://www.city.nabari.lg.jp/indexhtml，2015年9月26日閲覧。
　9）　名張版ネウボラ妊娠前から子育て期支援体制　名張市子育て応援サイト「ママフレ」
　　　http://www.city.nabari.lg.jp/indexhtml，2015年9月26日閲覧。

（落合富美江）

Ⅲ 援助活動

第10章 地域包括ケアシステムの実践

　本章では，わが国における先進的事例として三重県名張地区での取り組みを検討する。それらの事例から，地域包括ケアシステムにおいて，その内容の拡大と，それに伴うステークホルダー（対象者および担い手）の拡大が不可欠であり，それは少子・高齢化，人口減少に対応した地域コミュニティづくりそのものであることが理解される。

1　医　療──いしが在宅ケアクリニック

設立主旨，活動概要

▼いしが在宅ケアクリニックの活動

　40年前の1975年には病院で亡くなる方と自宅で亡くなる方が半々だった。しかし，2015年現在では80％以上の方が病院で最期を迎えている。本来，病院とは救急医療や手術などを担う場所であって，決して最期を迎える場所として適していない。そこでわれわれは三重県において新しいかたちの在宅医療を普及させる目的で，2009年7月四日市市では初めてとなる在宅医療専門クリニックである「いしが在宅ケアクリニック」を開設した。当院の専門は在宅緩和ケアとし，がん患者を中心に緩和ケアが必要なあらゆる疾患の患者に診療を行っている。在宅医の使命は在宅看取りを担うこと，急性期病院の負担を軽減すること，地域包括ケアの核となることであると思う。そのため当院の開設目的としては，在宅医療を担う人材の育成，急性期病院の負担軽減，医療従事者の過重労働の改善，いのちの教育の4つを掲げている。

▼在宅医療の道を志した理由

医学部の学生時代，急性期病院に勤務しているなかで，「家に帰りたい」と希望する患者をたくさん診てきた。しかし，当時在宅医療に取り組んでいる医師は現在よりもっと少なく，受け皿がないためにほとんどの方が願いかなわず病院で最期を迎えていた。そうした状況をなんとか変えることができないかと考えたのが一つ目の理由だ。

2つ目に，「治らない病気」への対応がある。急性期病院での医師の仕事は，「患者を治すこと」だ。一方で，治らない病気の専門家はほとんどいないと感じていた。高齢者が増え治らない病気が増加していくなかで，このままでいいのかという疑問を持ち，「治らない病気に寄り添える医師」になりたいと自然に思うようになっていった。

また私が医師になるきっかけとなったのは，祖母の影響が大きいと思う。祖母は75歳で重度の認知症となったが，そこから10年間入院することもなく自宅で暮らし，亡くなる前日まで普通にごはんを食べていた。翌朝部屋に行ったら息をしていなかった，という本当に自然なかたちで最期を迎えたのだ。そんな祖母の死を見ていた私にとって，医学部時代の実習の際に大学病院で診た患者の死は非常に衝撃的であった。最先端であるはずの病院で，苦しい，痛いと訴えている患者さんが本当にたくさんいたのだ。この状況に怒りや疑問を持ち，生きることや死ぬこと，緩和ケアについて考え学んでたどり着いたのが，病院で亡くなる方の大半は「人工死」，祖母のような亡くなり方は「自然死」ではないかという結論だ。医師として，祖母のような自然死を少しでも増やすことに貢献したいと考えたのだ。これらの思いを達成するために，在宅緩和ケアに特化した診療所をつくりたいと医師になった頃から思っていた。急性期病院だけではなく在宅医療を行う診療所，介護施設での勤務も経験して，医師になって9年目に在宅専門クリニックを開設することができた。

事業概要

「いしが在宅ケアクリニック」は三重県四日市市北部にある。開院時はスタッフ5名と小さな船出だったが，現在はスタッフ総勢31名（常勤医師5名，非常勤医師2名，看護師9名，医療秘書11名，介護支援専門員4名）で約350名の患者に対し訪

Ⅲ　援助活動

問診療を行っている。年間の在宅看取り数は300名以上となっており，在宅看取り数においては西日本一となっている。開院から6年半の在宅看取り累計1,040名となっている。

　訪問患者の構成ではがん患者が約6割，難病患者等が約1割と極めて医療依存度の高い患者構成となっている。私自身が在宅看取り数に強いこだわりを持っている理由は，在宅医にとって最期まで患者とご家族に信頼された証が在宅看取りであると考えているからだ。また当院のような地方の小さな在宅クリニックが全国から多くの医師を集めるためにはどうしても全国トップレベルの実績をあげることが必須となる。そのためわかりやすい指標である在宅看取り数にこだわることがもうひとつの理由だ。

　医師が増えれば増えるほど，困っている患者が減るし，また，医師自身の負担も減るのだ。

活動事例

▼多くの在宅看取りを行うための工夫

　医療従事者の過重労働については，私自身も勤務医時代に36時間連続勤務や徹夜明けに難しい処置をするなどの医療現場を経験した。しかしそれでは真の意味で患者やご家族に寄り添った心のこもった質の高い医療的ケアはできるはずもない。当院では多職種の分業により医師や看護師の負担を軽減し，土日祝日は休み（待機医師は除く），17時に終業，有給休暇は全員全消化という医療機関ではまだ数少ない取り組みを実践している。これにより末期がんや難病など診ることで医療者の精神的な負担が大きい状況でも職員が疲弊や燃え尽きることなく，極めて離職率が低い職場環境となっている。また質の高い在宅医療を継続するためには患者さん一人ひとりとじっくり向きあえるだけの時間を確保する必要があり，具体的には1人あたり平均30分は時間が取れるようにする必要がある。そのため当院では1人の医師が1日に訪問する件数は6～10件とかなり少なくしている。また電子カルテおよびモバイルプリンターを常に持ち歩き，患者さん宅ですべての仕事を完結できるようにしている。これにより処方箋はもちろんのこと紹介状や診断書までもご自宅で作成しお渡しすることができ，帰院してからの残務時間が削減できる。またパソコンの画面ばかり見て患者さんに向きあわないということ

にならないように必ず看護師と一緒に訪問を行っている。ときにはさらに医療秘書や研修医も同行し3人で診療に当たることもある。複数で診療に当たるシステムによって常に誰かが患者さんと向きあって話ができるようになっている。そして地方では車での移動時間が長時間になるため，移動中は基本看護師に運転してもらい，医師はこの時間を「車内会議」としてスタッフ同士で議論し，連携している訪問看護ステーションやケアマネジャー，病院関係者と連絡を取り合うため時間として使っている。夜間や休日は当番制で医師1人が自宅で待機し，すべての在宅患者の臨時往診に備えている。そのため平日の夕方には30分～1時間かけてミーティングを行い，情報共有を行っている。

▼いのちの教育

私自身が最も大切にしているテーマは未来を担う子どもたちへの「いのちの教育」である。現代は在宅看取りや自然死に関わる機会を奪われたために，死ぬということがうまく理解できない人が増えている。さらには生死にかかわる医療を扱う医師や看護師さえ死に逝く過程が説明できない人が増えていると感じている。これはわれわれ大人がいのちの教育を怠ってきた結果であると思う。次世代への責任として在宅看取りや自然死を普及させ，看取りの現場に子どもたちが参加し，いのちというものを学んでいく機会を作っていかなければならないと考えている。実際に在宅看取りを経験されたご遺族からは，「こんなに穏やかに自宅で過ごせるとは思っていなかった」「死が怖いものではなくなった」などの感想をいただけることが多い。本来，子どもたちは9歳くらいで大人と同じレベルで死について理解できると言われている。しかし現代の子どもたちは身近で死というものを実感する機会がない。極端な例ではあるが，そのため中高生になって人を刺して初めていのちとか死を理解するという子もいる。またゲームの影響からか「いのちは3回までリセットできる」と言ってくる子どももいる。東京の小学校6年生を対象にしたアンケート結果でも，約3割の子どもは死んでも何らかの方法で元にもどせると回答したという結果もある。個人的な経験では在宅医としての最初の2年間は医師1人で24時間体制であったため，休日などは娘と遊んでいる最中に患者さんに呼び出されることも多かった。そのため娘は3～5歳の間は何度も往診に同行した。すると5歳のときには悲しそうな顔で「あのおじいちゃんもうあと1週間くらいで亡くなるね」などと言うようになった。小さな子どもでも

Ⅲ 援助活動

「いのちの教育」の機会があればちゃんと死が理解できると改めて思った。そういう自然死というのを学べるのは在宅の場であり，在宅看取りであると思う。

▼看取りの経験という財産

　私たちは在宅医として看護・介護を最期までされて，家で看取りをされたご家族を大勢見てきたが，その方たちは実際には最期までやりきったことによってかけがえのない満足感，充実感，そのような財産を得ているような気がする。やはり，最後病院に入院させてしまったとか最後弱っていく姿を見ずにかかわらなかったという方は比較的悔いを残している方が多い。在宅看取りでご家族がそれほどおちこまず，おだやかに送り出せることが多いのは，自分たちが介護や看取りの主役だという実感があるからだと思う。やはり病院での死というのは医者や看護師が主役であって，結局患者やご家族は主役にはなれない。ご自宅ではあくまで患者・ご家族が主役で，私たち在宅医，看護師は脇役に徹し，実際最期の場面に医師や看護師はいらないと説明している。また私自身はご自宅で死亡宣告をさせていただいた後にいつも話すことがある。「みなさん100％悔いがなくすべてができたということはないかもしれません。ただ自宅で看取りをされるというケースは100人のうちたった13人です。また癌に限って言うと自宅で亡くなれる方は100人にたった10人しかいません。だからご家族にはやり残したことはあるかもしれないけど，その10人に入っているのだからご主人は幸せでしたよ。あなたは最後までやりきられましたよ」ということをお伝えして，ご家族にできるだけ悔いを残らないようにしている。

▼地域包括ケアシステムの構築

　国は団塊の世代が75歳以上となる2025年をめどに，患者が要介護状態になっても住みなれた地域で最期まで自分らしく暮らせるように「地域包括ケアシステム」の構築を推進している。「地域包括ケアシステム」とは各々の地域で，医療・介護関係者や自治体，住民らが連携して患者を支えることである。もちろん各々の地域ではニーズも違えば周辺環境も異なる。

　例えば，ある患者がいるとしよう。その患者は家に帰りたいが，いろいろなことが心配で帰ることを躊躇している。介護の手がたりない，痛みが出たらどうしよう，家族が介護疲れしたらどうしよう等々だ。そこで「地域包括ケアシステム」の中心となるべきは，在宅医療に特化した在宅療養支援診療所だ。かかりつ

けとなった在宅支援診療所が，地域のいろいろなサービスに熟知していれば，困ったことにすぐ対応できる。介護保険の申請の仕方を教えたり，訪問看護師さんに入ってもらうタイミングをアドバイスしたり，家族が疲れたときはショートステイをすすめる，またはレスパイト入院できる病院を紹介する等々。他にも訪問してくれる薬局のリストを渡す，民間の宅配サービスを教えるなど数え上げればきりがないほどだ。そのようなサービスを熟知するには医療，介護をはじめとするあらゆる関係者と顔の見えるつながりを持つことが必要だ。そのために当院が行っていることがある。くわしいことは後述するが，講演会と退院前カンファレンス，そして当院で行うオープンカンファレンスだ。

▼当院の取り組み

当院開設前には四日市市でも多くの人が在宅医療の普及に懐疑的な意見を持っていた。その理由として挙がったのが以下のものだった。

①住民に在宅医療という意識がなく病院依存が強い。
②病院側も在宅医療がどういうものかわからないので紹介をしないであろう。
③訪問看護ステーションがほとんどない。
④核家族化や老老介護のため在宅介護を担う家族がいない。
⑤訪問薬剤指導や医療用麻薬に対応していない。
⑥医療・介護の連携が取れていない。

そのため当院としてはさまざまな対策や取り組みを行うことで，これらの問題を解決してきた。まず住民の意識や病院職員の意識改革のために，在宅医療の講演会を年間20〜30回開催し，在宅医療の魅力，在宅で看取ることの素晴らしさを積極的に伝えてきた。また在宅医療を実際に経験したご家族の感想やエピソードも紹介元の主治医に伝え，デスカンファレンスを開催することによって，主治医や病院スタッフにも在宅医療の魅力を伝えてきた。そして6年間の取り組みで明らかに市民や病院スタッフの意識は変わり始めた。その証拠にこれまで在宅医療の適応と病院が判断しなかった患者さんも次々と紹介されてきており，また紹介のタイミングも数年前と比較すると明らかに早い時期に当院に連絡がくるようになった。また当院を研修先に選ぶ研修医も年を追うごとに多くなってきた。その研修医たちは当院での研修中に在宅看取りや在宅での自然死を何例か経験することによって，病院に戻った後の医師としての考え方にも少なからず影響を与える

ことができていると思っている。また退院前カンファレンスは病院スタッフ・診療所スタッフ双方にとって，教育的役割と顔の見える関係作りのための貴重な機会であるので，当院では可能な限り開催していただき参加するようにしている。その他に当院が継続している活動としては，看護師やケアマネジャー，薬剤師，ヘルパーなど多職種が自分たちをアピールできる場として三重在宅ケア研究会を年2回ほど開催している。150名前後の参加があり，顔の見える関係作りが進んでいる。また当院と密接にかかわっているメンバーには月1回当院のなかで行うオープンカンファレンスを行いさらに関係を密にしている。また院内新聞は当院の活動を広く広報する目的で年に4回発行し，患者や連携先を中心に毎回1,000枚を配布している。

▼在宅緩和ケアの質が向上した要因

現在では在宅において病院と遜色のない緩和ケアが行えるようになってきている。特に以下の理由で在宅緩和ケアの質が向上したものと推察される。

①様々な種類の医療用麻薬が使用可能となった（特に貼付剤）
②モバイル型電子カルテ，モバイルプリンターが普及した
③ポータブルエコーが安価になった
④訪問看護師ステーションが急速に普及した

今後の課題

現在，在宅緩和ケアや在宅看取りを中心に担う診療所は絶対的に不足している。当院では年間に300名以上看取っているが，年間100名以上看取る診療所はまだ全国に五十数か所しかない。在宅医療を展開する診療所は各地に点在しており，まさに「点」の存在となっている。これを「線」から「面」に広げていかなければ，激増する在宅での看取りに対応することはできない。そこで，当院で勤務して在宅医療，緩和ケアについて学んだ医師の独立を支援して，当院が培ってきた在宅医療を拡大していくことを視野に入れている。実際，2015年10月に第一号の医師が当院から巣立って三重県松阪市で在宅ホスピス専門診療所を開設した。各地に拠点をつくっていくことで，より広い範囲に面で在宅医療を展開できるようになる。それに向けて，開業したいという医師に対しては支援をしていきたいと考えている。在宅医療を担う次世代の人材を育成し，三重県全体，そして全国へ人材

を輩出していく役目を担えるよう，今後も活動していきたいと思う。そして在宅ホスピスや在宅緩和ケアを望むすべての人々にその恩恵が受けられる時代が来ることが夢だ。

2　介　護——山田病院

設立主旨，活動概要

▼医療法人社団薫風会の概要と「精神保健医療福祉改革ビジョン」

　筆者の勤務する医療法人社団薫風会（以下，「当法人」）は，山田病院（以下，「当院」）が母体である。戦前東京都清瀬市で開設し，戦後間もなく現在の東京都西東京市に移転，昭和31年から精神科専門病院として稼動し，現在に至っている。当院所在地である西東京市は人口約20万人，東京都東西の真ん中，南北の北側に位置している。都心より電車で20分の西武新宿線田無駅が最寄り駅で，駅から徒歩5分の精神科単科の病院としては比較的利便性の良い立地にある。当院の病棟構成は，精神科高齢者対応病棟（認知症含む），社会復帰病棟，慢性期急性期混合病棟（男子・女子），精神科救急病棟，ストレスケア病棟の6つから成り，定床326床である。年間の入退院者数は約750人，外来者数においては，駅近の立地からか年々増加傾向にあり，年間約3万人超となっている（平成26年度データより）。

　当法人の理念にもなっているが，外来受診から入院治療，社会復帰，さらには就労を含む地域での生活を支援することまでが一連の流れと考え，病院内には入院患者を対象とする作業療法，外来患者を対象とする精神科デイケアを持ち，関連施設として平成15年4月から「地域活動支援センター・ハーモニー」，平成19年4月から「田無メンタルクリニック」，平成21年8月からクリニックに併設の「リワーク（復職）デイケア」を開設している。平成22年4月には「訪問看護ステーション・メロディー」を開設し，365日24時間対応することでアウトリーチチームの核とし，精神障害者，認知症疾患の方を対象に地域生活の定着を図るための活動をしている。福祉的な活動として，西東京市役所生活福祉課へ精神障害者等退院促進および健康管理の支援員2名（精神保健福祉士）を派遣し，行政とともに精神障害者の地域定着事業を展開している。

Ⅲ 援助活動

　また，平成25年1月より東京都指定「北多摩北部保健医療圏認知症疾患医療センター」を稼動させ，増え続ける認知症の早期発見，診断，対応に取り組み，平成27年10月からは，西東京市障害者総合支援センター「フレンドリー」の指定管理者として，精神障害者のみならず，3障害を対象とした相談支援センター，就労支援センターの運営にも関わっている（図10−1）。

　このように時代の流れに応じてさまざまな事業を展開してきたのは，平成16年9月に厚生労働省精神保健福祉対策本部が取りまとめた「精神保健医療福祉の改革ビジョン」において「国民意識の変革」，「精神医療体系の再編」，「地域生活支援体系の再編」，「精神保健医療福祉施策の基盤強化」という柱が掲げられたことが大きくかかわっている。「入院医療中心から地域生活中心へ」という精神保健医療福祉施策の基本的な方策が示され，この改革ビジョンに基づいてさまざまな精神保健医療福祉施策の改革が行われている。

　医療分野においては，平成20年度診療報酬改定により，地域移行を支援する取り組みにかかわる評価として，入院中から退院後の対応までの以下7項目が改定された。

①精神科退院前訪問指導の算定要件の緩和
②精神科退院指導料の精神科地域移行支援加算の創設
③精神科訪問看護・指導料の算定要件の緩和
④精神科地域移行実施加算の創設
⑤入院基本料の入院期間181日〜1年の加算の減算
⑥精神科継続外来支援・指導料の創設
⑦通院精神療法の訪問診療時の算定要件の緩和

　これにより精神科医療機関においての早期の退院に向けた取り組みや退院後の地域生活を支える支援の取り組みが格段に進んだ。

事業概要

▼従来の精神保健福祉連携から多職種協働連携へ
　前述のように，国が「入院医療中心から地域生活中心へ」大きく舵をきった頃と時を同じくして，当法人でも「地域活動支援センター」や「訪問看護ステーション」を開設し，地域で生活する精神障害者への支援を行ってきた。

第10章 地域包括ケアシステムの実践

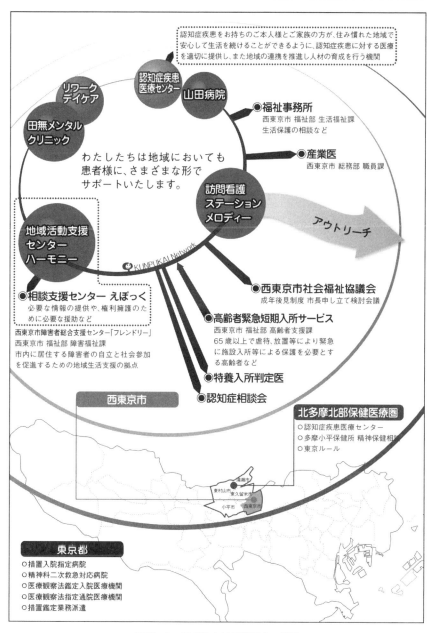

図10-1　医療法人社団薫風会の概要

Ⅲ 援助活動

　当院では，平成20年度の診療報酬改定後，「地域移行推進室」を設置，専任の「地域生活移行推進員」（精神保健福祉士）を配置するようになった。それ以前を振り返ると，担当の精神保健福祉士による個別の退院支援や地域生活支援は当たり前に行われ，医師や看護師，作業療法士等と連携することなく進められることが多かった。そのため，それらの個別支援は担当する精神保健福祉士の力量に委ねられており，その取り組みに偏りが生じていたのも事実である。当院スタッフと行政を含む地域生活援助者との人間関係は個別ケースを通して一部では構築されていたものの，システム化されたものではなく，それまでの困難事例を一緒に取り組むことや，地域で開催される業務連絡会議等への参加による実績から個々の信頼関係に基づくものであった。結果として，退院支援におけるキーパーソンの不明確さやケアマネジメント機能不全により，地域での生活が成り立たず再入院に至るケースもみられていた。医療・福祉・介護が連携した包括的な支援ができずに，他の領域や地域ネットワークの広がりを持つことが難しかった。「地域生活移行推進員」を配置したことで，多職種による地域移行推進会議を定期的に開催し，それまで入院患者を担当している精神保健福祉士が個々に行っていた退院支援，地域生活支援が部門で統括され，チームで取り組むようになった。

活動事例

▼多職種協働の連携構築への取り組み

「地域生活移行推進員」の役割を以下の2点にしぼり活動を始めた。

①長期入院患者の退院支援，地域生活定着支援を行うにあたり，多職種，多機関の方々にも一緒にかかわってもらうために，「地域移行推進会議」を開催すること。

②入退院者数をデータベース化し，長期入院者の退院支援における成果と課題を明確にしていくこと。

　（1）　1つ目の役割

　地域移行推進会議では，1年以上入院を継続している長期入院者をリストアップし，退院に至らない要因を整理するところから始め，支援対象者の決定や支援内容の話し合いを重ね退院し地域生活にいたるまでの課題を共有する一方，地域生活援助者の方々に病院へ出向いてもらい，面談やレクリエーションを通じて実

際に支援対象者となる患者との信頼関係を構築し，地域での生活について一緒にイメージを膨らませてもらった。

地域移行推進会議で明確となった課題として，退院に至らない主な要因は次の2つと考えられた。

1）医療者側の問題として，長期入院者の退院は難しいと感じているスタッフの多さ，あきらめ
2）本人の問題として，退院したいという意思，意欲がない，退院することへ不安がある，家族の意向に相違がある

これらを解消するために，精神保健福祉士だけでなく日常の生活指導を行っている看護師や医療を提供している医師を対象とした講演会や勉強会を開催し，院内スタッフの理解も得ることで，連携すべき地域生活援助者との信頼関係を深めていった。支援対象者側へは，「退院したい」という気持ちになるまでの動機づけのために，情報提供や個別面接を重ねることで，退院すること，地域生活を送ることへの意欲の向上や不安の解消など個々の課題を支援対象者，家族，院内の多職種スタッフ，地域生活援助者と共有し，一つひとつ課題解決を図ることにした。

多職種チーム（医師，看護師，精神保健福祉士，臨床心理士，作業療法士）や地域生活援助者（地域活動支援センター，訪問看護ステーション，福祉事務所の職員，作業所やグループホーム職員等）が関わるようになったことで，連携ネットワークのシステム化が必然となっていった。これは単に意識して作られたネットワークではなく，様々なケースの課題を共有し，一緒に試行錯誤しながら支援していくことにより，必然的に相互の力量に応じて役割分担をし，月日を重ねることで連携そのものも徐々にうまくなり，自然な形でネットワークが構築されていった。

さまざまなケースの支援を通してそれぞれの機関が自分たちの役割を理解し，無理のない支援を行う流れができ，どちらかだけが大変な思いをするといった支援ではなくバランスの良い連携をとることができるようになっていった。

(2) 2つ目の役割

入退院数をデータベース化し，これまでの成果と今後の課題を明らかにしていった。過去5年のデータから，当院の1年間新規入院者のうち，入院してから1年後の残存率は5.6〜8.3％であり，新規入院者の90％強が1年以内に退院となっ

Ⅲ　援助活動

ていることが分かった。また，毎年1月1日時点での1年以上入院している入院者は，平成22年から平成26年まで150名前後で推移しているのに対し，そのうち5年以上入院者は平成22年には80名であったのに対し，平成26年では51名に減少していることが分かった（図10－2）。年齢別の割合は，59歳以下が29％，60歳以上64歳未満が30％，65歳以上は41％であった。

　1年以上入院していた者のうち，その後1年以内に退院したのは，在院者の13〜19％。退院先は，自宅または施設等への退院が5〜8％であり，7〜11％は身体合併症等による転院または死亡であった（図10－3）。過去5年間の退院者の平均年齢は62〜69歳であり，そのうち5年以上入院していた者の平均年齢は65〜78歳であった。

　こうしたデータから，長期入院者への退院支援は，本人，家族，多職種スタッフ，地域生活援助者等のスタッフが支援対象者の個々の課題，具体的には，◆住まいのこと，◆お金のこと，◆食生活のこと，◆日中の過ごし方や医療の必要性等を共有し，一つひとつ課題解決を確実に行うことにより，一定の成果が得られていることが分かった。しかしながら，長期入院者は年々高齢化しており，退院支援を行う前や行っている途中で身体合併症を併発し，転院または死亡する例も多いことが分かった。

　高齢長期入院者は，高齢化による生活機能の低下等から退院先の選択肢が制限され，退院に向けた支援に困難さを感じることも多い。特に60〜65歳の入院者は，特定疾病等の病名がつかなければ介護保険によるサービスが導入できず，かつ高齢であることを理由に通過型の施設等を利用することも難しくなっている。

　長期入院者の70％超が60歳以上となっている現状を踏まえ，高齢長期入院者への退院に向けた取り組みとして介護保険サービス，高齢者福祉施設等の社会資源や制度を熟知し，高齢者関係機関とのネットワーク構築が課題となる。

　他方，精神科医療機関への入院について，平成26年の改正精神保健福祉法により医療保護入院者への退院後生活環境相談員の選任が義務づけられた。これにより入院後早期からの退院支援への取り組みがなされるようになった。退院という出口の支援のみならず，入院形態に捉われることなくすべての入院者に対し，入口である入院早期から入院が長期化しないための取り組みが重要になってきている。

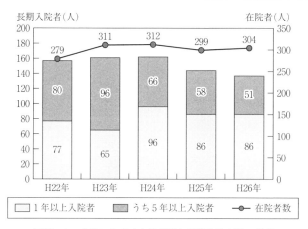

図10-2　本院における在院者数と長期入院者数の推移

▼多職種協働連携のキーパーソンの重要性

ここでいうキーパーソンとは，退院支援，地域定着支援を進める過程においてその時々にかかわるメンバーのなかで最も中心となる者が良いと考えている。

その役割は，入院している患者が退院可能であると判断された時点での地域関係機関との連絡調整，ケースカンファレンスや地域移行推進会議の招集，退院後の地域生活の見守りなどの一連の流れのなかで，支援対象者が地域生活に移行し，その後の地域生活を安心して送るために，「常に同じ人」がキーパーソンとなるのではなく，支援対象者がその時々の状況で最も必要としているリーダーシップが求められる。入院中から支援にかかわり，退院後のケアマネジメント，地域関係機関への移行と退院後のフォローアップが重要であることを共通認識として，個々の状況に応じて適切なメンバーが中心となる柔軟さが必要である。

▼地域ネットワークの効果

地域ネットワークをシステム化することにより，地域の関係機関の方々が指示を待つ姿勢から積極的に迎え入れる姿勢に転じたように感じている。行政や民間の協働が上手く機能し大きな効果を生み出したように思う。この協働は，業務といったフォーマルな形だけでなく，以前からのインフォーマルな個々のつながりが基盤にあったからとも言えるが，それ以上に個々のメンバーがそれぞれの場で各々の役割を理解し，各関係機関のリーダーシップをとれる存在となり地域生活

Ⅲ　援助活動

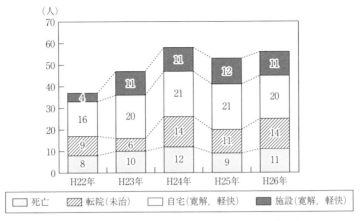

図10-3　本院における1年以上の入院者のうち，その後1年までに退院した数と転帰

への移行，地域生活定着支援におけるキーパーソンとしての適切な役割を果たせるようになったからだと感じている。

　地域生活移行支援，地域生活定着支援を行っているメンバーの共通認識は，「医療・福祉・介護をつなぐもの」であり，退院そのものではなく，対象者が望む生活を実現するために支援していくものである。退院を望まない患者に対しても患者本人の「やりたいこと」を実現する支援をしている過程で，「退院を希望する」，「地域で生活してみたい」と気持ちが変化することがあり，地域生活への移行，地域生活定着支援へとつながるケースも少なくない。そして，退院後の地域生活においても，あくまでも対象者の意向を重視し，地域での専門的なサービスで生活を固めるのではなく，対象者のペースに合わせた柔軟な対応が必要とされている。

　対象者と地域に移行後の生活設計を共に考え，地域での生活をより具体的にイメージし，スムーズな地域生活が定着できるような支援を行うことが大切である。具体的には，日常の金銭管理方法やゴミ出しなどの日常生活のルール，交通機関の利用方法などについて一緒に確認すること，その都度必要な相談に応じて必要なサービス，サポートを検討して居宅介護や地域活動支援センター，訪問看護ステーションの利用につなげることである。そして，その都度適切なメンバーがキーパーソンとなり支援していくことが安定した生活を送るために不可欠なもの

であり，その実現のためには各関係機関への地道な働きかけを行うことが必要である。今後は，民生委員やボランティア，地域住民等による見守り支援などの活動にもつなげることで，インフォーマルな支援を活用した地域で支える仕組みづくりが課題である。母体となるフォーマルなネットワークをより強靭にした上で，関係者のモチベーションを保ちつつ，より柔軟なネットワーク作りを構築していきたいと考えている。

3　予防——訪問看護ステーション「もも」

設立主旨，活動概要

　2003年に有限会社をつくり"ナーシングホームもも"という看護・介護サービス事業所を立ち上げた。当時，高齢者対策として保健・医療・介護の連携が課題であった。介護保険制度ができ3年目，地域には看護サービスを提供できる事業所が整っていないため在宅療養希望者が入院を余儀なくされていた。"看護"を活かし健康管理と生活支援の両面からかかわり，看取ることのできる看護サービスが必要あると考え，在宅療養者の看護ニーズに応えながら事業を開始した。

　事業所は，M県の北勢地域のY市，K市，I市，T町の5か所でサービスを展開している。企業理念に，「個人の尊重」「自己実現」「正義」を置き，小規模事業所で利用者と介護者の顔の見える関係を重視したサービスの展開である。施設長には看護師を置き，職員の専門性を重要視して（看護職，理学療法士，作業療法士，言語聴覚士，柔道整復士，管理栄養士，介護福祉士，介護支援専門員，相談支援員，介護員他など）お互いの専門的な能力を尊重し活かし協働で乳幼児から高齢者まで，地域の看護・介護ニーズに応えていくことを基本としている。また，看護・介護サービスは，診療の補助，療養上の世話として人工呼吸器の管理，腹膜透析，中心静脈栄養の管理，難病患者の看護ケア，入浴の介助，食事の介助等生活動作のケア，ターミナルケア，リハビリテーション等の支援が医療施設から在宅へ移っても切れ目のないケアに対応できるように全職種で取り組んでいる。

Ⅲ　援助活動

表10-1　㈲だいち　各施設とサービス

事業所	高齢者サービス(予防を含む)	障がい者サービス	他事業とサービス機能
Yもも	訪問看護，居宅介護支援事業，短期入所生活介護（9名）	日中一時支援，放課後デイサービス	お弁当 緊急時レスパイト
Kもも	訪問看護 居宅介護支援事業所	相談支援事業・ 小児相談支援事業	まちの保健室 小児在宅ケア研究会 カウンセリング研修会
Iもも	訪問看護，通所介護，認知症対応型通所介護	日中一時支援	緊急時レスパイト （日中） 1日シェフ（主婦）の店（レストラン）・お弁当 認知症カフェ （主催：I市社会福祉協議会　2／年） 認知症サポーター養成講座 （2／年） 介護講座（講師：M看護大学依頼……出張講座　2／年）
Tもも	訪問介護，通所介護 居宅介護支援事業 サテライト訪問看護， 有料老人ホーム（7名）	日中一時支援 居宅介護 外出支援	緊急時レスパイト （お泊り可） 福祉タクシー お弁当 新緑の会（ボランティア） （障がい者・児の外出訓練）

出典：筆者作成。

事業概要

　事業は，高齢者を対象とした介護保険サービス事業，障がい者を対象とした総合福祉事業，福祉タクシー事業，レストラン（1日シェフの店）を展開している。各業所は，それぞれの市町住民のニーズに応えながら高齢者サービスと障がい者（児）サービスを組み合わせて展開している（表10-1）。

▼訪問看護と介護予防

　訪問看護は，家庭において看護師等が通院の困難な患者・利用者に対して，その主治の医師の指示および訪問看護計画に基づき行われる看護活動である。訪問看護事業所の看護師等が指定訪問看護を行う。

　介護予防は，「要介護状態の発生をできる限り防ぐ（遅らせる）こと，そして要介護状態にあってもその悪化をできる限り防ぐこと，さらには軽減を目指すこと」と定義されている（図10-4）。

　また，介護保険法第4条（国民の努力及び義務）において，「国民は，自から要

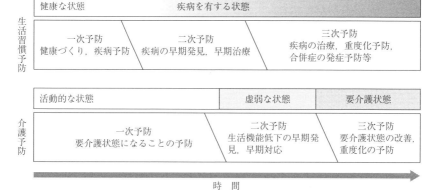

図10-4 生活習慣病予防および介護予防の「予防」の段階
出典：http://www.mhlw.go.jp/topics/2009/05/dl/tp0501-1_01.pdf

介護となることを予防するため，加齢にともなって生ずる心身の変化を自覚して常に健康の保持増進に努めるとともに，要介護状態となった場合においても，進んでリハビリテーションその他の適切な保健医療サービス及び福祉サービス利用することにより，その有する能力の維持向上に努めるものとする。」と規定されている。

介護予防とは，高齢者の運動機能や栄養状態といった個々の要素を改善させ，心身機能の改善や環境調整などを通じて，個々の高齢者の生活機能（活動レベル）や参加（役割レベル）の向上をもたらし，それによって生きがいや自己実現のための取り組みを支援して，生活の質（QOL）の向上を目指すものである。

活動事例

▼訪問看護と予防の取り組み

訪問看護の実践事例は，がん，肺疾患，脳卒中，認知症（ターミナル期），糖尿病，を取り上げている。しかし，同じ疾患で療養をしていても心身機能，身体構造，活動／参加，環境因子，個人因子（ICF：国際生活機能分類）の影響によりどの事例を取り上げても同じ経過をたどることはなく一人ひとりがその人らしく人生を過ごすのである。また，主疾患のみで療養していることはまれで，多疾患有病状態で療養生活を送っていることが多い。

Ⅲ 援助活動

1．大腸がんのAさんのケア【人工肛門の造設】

Aさん（78歳，男性）は，会社に定年まで勤めた後，シルバー人材センターや老人会などで活動をしていた。家事は一切妻にまかせ手を出すことはなかった。喫煙歴が長かったが入院を機会に禁煙をしている。

○現病歴

長年，便秘や腹満感があったが気にすることなく過ごしていた。ある日，排便後の出血があったことにより直腸がんが発見され，結腸の単孔式人工肛門（直腸から肛門までの切除）を造設し退院することになった。退院にあたり，医療施設において地域連携のためのカンファレンスが開かれ，Aさんや妻，医療施設の主医師，病棟看護師，退院調整看護師，医療ソーシャルワーカー，地域の訪問看護師，居宅介護支援専門員が療養の継続について話し合いを行った。

○家族構成

妻（77歳）と二人暮らし。子どもはいない。近隣に親戚はあるが日常の付きあいはない。

○現　況

日常生活動作は，起き上がりや立ち上がりの動作はベッドの柵等をもって行い，歩行は見守りを受けている。夜間の排尿はベッドサイドに座り尿器を使い行い昼間はトイレで自立している。人工肛門のケアや排便の処理は妻に依存している。清拭や入浴などの支援が必要である。食事摂取やコミュニケーション，意思決定他は自立している。手段的日常生活関連動作は，妻に依存した生活が習慣となっている。

○社会資源の利用

介護支援専門員（介護保険の利用）に相談をして居宅介護サービス計画の作成，訪問看護，特殊寝台の貸与，病院受診などの支援を行う。今後ずっと使うストーマを造設したため，身体障害者手帳を申請することで，ストーマ装具等の購入費の給付をはじめ，さまざまな支援を受けることができる。都道府県の指定を受けた医師に診断書を作成してもらい，居住地域の市町村役場に申請する。さらに，公的年金制度による障害年金や児童福祉法・生活保護法による治療費の支給が受けられる場合がある。くわしくは市区町村役場に問い合わせる。

○訪問看護の支援

Aさんは，ストーマ造設後のケアは依存的である。看護師の指導にはうなずきながら理解を示すのであるが手を出そうとはしない。妻は，ケアのための物品の準備はできるがパウチの交換はできない。訪問看護では，ストーマ装具を着けての生活の再構築の支援とストーマの管理，トラブル対処方法の指導，異常の早期発見を行うために週2日の訪問と24時間の対応体制で支援をすることになった。

診療の補助：観察によるストーマ狭窄や腸脱出，傍ストーマヘルニアの発生の有無，ストーマの性状，周辺の皮膚の観察と必要な処置を行う。

療養上の世話：一般状態や腸閉塞，感染の徴候，精神的・身体的な機能・日常生活機能の変化の観察をする。パウチの交換や排泄物の処理を実施しながら妻の協力を徐々に引き出していく。ストーマや周囲の皮膚の状態の観察ポイントを指導し異変に気づくことができるようにする。食事内容と排泄物の関連をみて献立や調理の工夫につながるようにする。入浴の受け入れ状況により，清拭や部分浴から徐々に浴室での入浴に移行する。入浴用の椅子や居室から浴室までの家屋の状況によっては段差の解消や手すりの取り付けなど必要に応じ介護支援専門員と連携を取りながら対処する。衣服の選択や動作の仕方，運動量の必要性などに触れながらボディイメージの受け入れや社会復帰のきっかけになるような働きかけを行う。

○家族支援

Aさんの退院で生活環境が一変したことは，妻にも生活を再構築させていることを念頭にいれながら支援をする。定期的な訪問以外にも24時間いつでも対応できること，看護師が訪問するまでの体調の変化（腹痛や発熱など）や排泄物のトラブルへの対処方法，緊急な状態についてなど訪問のたびに，また，紙面で確認できるようにする。

2．慢性閉塞性肺疾患のBさんのケア【在宅酸素療法】

Bさん（80歳，男性）は，子どものころより気管支炎や肺炎を思いやすかった。慢性気管支炎や気管支拡張症により75歳ごろより在宅酸素療法を受けるようになった。在宅酸素の管理困難や入浴などの動作による呼吸困難があるため訪問看護を行った。

Ⅲ　援助活動

○現病歴

　2年前に肺炎で入院したころより慢性閉塞性肺疾患の診断を受け在宅酸素療法中である。

○家族構成

　妻は7年前に亡くなっている。子どもが3人いるが長男と暮らしている。長男は朝早く会社に出かけ夜遅く帰ってくるので昼間は一人である。他の子どもは，他県に暮らし年に数回帰省する。

○現　況

　起き上がり，歩行動作は家具や壁を伝って行う。外出には付き添いが必要である。本人は必要なものがほしいときのみの外出であまり外出を好まない。長男が買ってきた食材から自分で選んで電子レンジで温め食べる。トイレは自立しているが便秘気味である。衣服の着脱や入浴は，ゆっくり介助を受けながら行う。

○社会資源の利用状況

　液体酸素・携帯酸素ボンベを使用して常時，酸素吸入を行っている。酸素ボンベの取り換えはたびたび指導しているが習得できず支援がいる。呼吸困難の変化に応じて酸素量の調整はできる。訪問看護を週に3回受ける（知らない人の出入りは好まない。介護サービス利用も最低限である）。

○訪問看護の支援

　Bさんの療養の意向は，「人に迷惑をかけずに自宅で過ごしたい。」である。呼吸器疾患は，易感染状態で肺炎などを発症しやすく急性増悪を繰り返しては入院をしている。看護の目標は，「呼吸器感染症を起こさず，安定した健康状態で過ごすことができる」としてケアを行っている。

　診療の補助：酸素の適切な投与ができているかを本人の生活状態と酸素量の調整について聞き取り酸素飽和濃度を測定して状態を判断，情報を記録に残す。器械の作動や正しい使用状況がたもたれているかチェックする。在宅酸素吸入に必要な物品のチェック，作動状況の確認，酸素の残量確認を行い不足物品の補充や交換の依頼をする。

　療養上の世話：体調の管理や異常の早期発見・対応をするために呼吸器症状の観察，意識レベル，食事摂取，排泄，睡眠，体重，在宅酸素の管理などの観察と支援をする。

また，口腔ケアや入浴・更衣などにより身体の清潔や住環境の気温や湿度の管理と指導などを行う。食事摂取の内容や量等，体力維持のための必要な栄養量や運動量の指導，一人でいるときの緊急時の連絡体制を整えている。

リハビリテーション：痰の出し方，効率的な呼吸法の日常生活での利用や省エネ動作・ゆっくりした動作の指導，呼吸訓練（口すぼめ呼吸，腹式呼吸の練習），座位での運動（肩の上げ下げ，首を回す，上体の左右・前後・回す運動）を行う。

○家族支援

体調不良や酸素吸入が適切に行われているのか酸素の流出音や酸素流量計見方，酸素ボンベ交換の仕方の指導をする。排便を促す食品や簡単な調理の提案，適度な運動の必要性，緊急時の対応方法を理解して家族支援を促している。

3．認知症のCさんのケア【アルツハイマー型認知症】【末期】

○現病歴

Cさん（78歳，男性）の認知症の発症に気づいたのは，53歳のときで，胃潰瘍で入院したときに記銘力障害（物忘れやミス）が出現したことによる。58歳のときには，実行機能障害が進行しアルツハイマー型認知症と診断を受け常に介護支援がないと生活ができない状態になる。65歳頃には，中核症状（BPSD）が進行し暴力行為，介護に抵抗，徘徊，妄想が著しく精神科での入院を余儀なくされた。入院後は暴力行為や介護の抵抗が強いため興奮抑制薬によって行動が抑制され歩行不能，受け答えなどの反応が著しく低下し家族の強い希望により1週間で退院をして自宅での療養に戻った。認知症対応型通所介護を利用する。発症して約20年，72歳のとき，痙攣・意識消失発作が現れる。脳萎縮（CTスキャン）が著しかったがそれ以外の異常はなかった。この頃より歩行は困難になり車いすでの生活になる。75歳頃より誤嚥性肺炎で年2回くらいの頻度で入院をするようになる。妻を認識できなくなる。78歳で誤嚥がさらに悪化し胃瘻造設，吸引が必要になった。病院受診が困難になり在宅医療に移行し訪問看護が始まった。

○家族構成

妻と二人暮らし。兄弟は亡くなり遠方に親戚があるが交流はない。妻は隣県に住む家族との交流はあるが訪問を受けることはない。本人の年金と妻が働き生計を立てている。

Ⅲ　援助活動

　○現　況

　介護認定は，要介護5で寝たきり状態，寝返りもできない。認知症が進行し強度の脳萎縮があり重度である。コミュニケーションはとれない状態であるが穏やかに座っていても，もぞもぞと動いて奇声を発して落ち着かない様子などの変化がある。移乗や移動は全介助で車いすを利用している。食事は，1日3回，胃瘻より経管栄養食を注入する。排泄はおむつを使い全介助である。清潔動作の入浴，口腔ケア，洗面等全介助である。コミュニケーション力は，相手を認識できているかの確認はできないが穏やかな表情，顔を紅らめて怒っている表情があり意味不明な声を発している。

　○社会資源の状況

　診療管理指導（訪問診療），訪問看護，通所介護1か所（暴力や介護の抵抗があった時期に利用を断られた事業所や胃ろう造設のために利用を受けられない事業所は多い）。福祉用具貸与：特殊寝台，特殊寝台附属品，車いす，車いす附属品（低反発クッション），褥瘡予防寝具（エアマット）である。

　○訪問看護の支援

　・診療の補助：状態の経過観察，胃瘻管理の管理（通所介護で測定している体重の管理）を行い状況の情報を提供する。

　・療養上の世話：全身状態の管理，呼吸器感染症の予防，褥瘡予防を中心にケアを展開する。バイタルサインや一般状態，住環境の観察をして快適に生活できるように環境を整える。胃瘻の観察やケア，経管食を注入する。排泄の調整をする。呼吸器や褥瘡などの合併症の観察や予防対応をする。全身清拭を行い発汗や皮膚の状況，関節の可動状態（関節運動），虐待が疑われる場合は，不自然な部位の出血斑など観察を行う（Eさんの場合は問題の発生はない）。寝具・衣類の汚れやしわの状況をみる。エアマットや安楽枕，ラバシーツなどが適切な状況でつかわれているか，適切なケアが行われているか等の観察も含まれる。また，コミュニケーションは穏和に取り話しかけを行う。緊急時の対応手順を医師や家族と共有，看取りやケアに対する意思の変更がないかの確認をする。

　・リハビリテーション：介助による起座位の保持や関節の可動域訓練を行う。

　・家族支援：胃瘻の管理や吸引の指導，呼吸器合併症の予防の体位やスクイージング指導，皮膚の合併症に予防として床ずれや紙おむつによる皮膚トラブルな

ど，現状にあった処置の指導を行う。体温管理のための環境整備や水分補給，脱水の判断と対応等を指導する。処置やケアが十分に行われていないときは，家族の体調や生活の変化に気を配る。

4．糖尿病のDさんのケア【インシュリンの管理，独居】

Dさん（80歳，女性）は5年前に2型糖尿病と診断されインシュリン注射による治療を受けている。左下肢の不随意運動が強く現れ入院となる。検査の結果糖尿病性舞踏病の併発であった。この5年間で血糖値のコントロールが悪化し4回の入退院を繰り返している。注射の手順や食事療法，体重のコントロールの理解が難しく施設入所を勧められたが，本人は自宅での生活を強く希望し訪問看護を利用する。

〇現病歴

2010年，2型糖尿病で血糖の測定，朝夕のインシュリン注射を行う。2015年，糖尿病性舞踏病による下肢の不随意運動があり歩行が不安定である。認知症による見当識障害がある。

〇家族構成

一人暮らし。甥と養子縁組をしている。隣町に住んでいる甥が毎日，訪問をしている。

年金で暮らしているが，貯えはあり生活は安定している。

〇現　況

歩行は，ふらつきはあるが自立していて近くの喫茶店までは歩いて行くことができる。掃除や洗濯，調理などの家事は生活に不自由しない程度はできている。排尿は自立しているが便秘気味で調整ができない。総入れ歯の手入れ，入浴などの清潔管理は自立している。

内服薬やインシュリンの管理，食事1,300kcalの管理ができない。お金は，甥に銀行からの引き出してもらい自己管理をしている。介護サービスを使うことに抵抗があり訪問看護の利用も渋々了解を得る。見当識障害があり訪問看護や病院受診日を忘れている。自宅は，自分で建てた家で愛着を持っている。

〇社会資源の利用状況

糖尿病食（カロリー制限の治療食）の宅配サービスを取っていたが，本人の嗜好にあわず開始まもなく中止をしている。訪問看護，家族（甥）による買物等生活

Ⅲ 援助活動

支援・インシュリン注射，友人の訪問や喫茶店への外出などがある。
　○訪問看護の支援
　Fさんの療養の意向は，「自分で建てた自宅で古い友人たちとお茶を飲みながら余生を過ごしたい」である。そのためには，血糖のコントロールが安定し再入院にならないように日常生活（薬物療法，食事療法，運動療法）を整えることや呼吸器や尿路感染などの合併症を起こさなさいように支援をする。
　・診療の補助：血糖チェックやインシュリンの注射を行う。血糖値に影響をおよぼす体調や１日の過ごし方（運動量など）を本人の記憶をたどりながら，また，生活環境の様子から推測して，記録に残し診療時の情報提供につなげる。定期的な体重測定を行う。
　・療養上の世話：生活習慣を整える。今までの生活習慣を見直し安静と活動のバランスや食事量や嗜好など本人の意思を尊重しながら少しずつ健全な生活習慣に整える。清潔観念は身なりや口腔の状態を見て指導をする。排尿や排便の状況は，聞き取りや腹部の触診により観察し便通を整え異常の発見に努める。
　・リハビリテーション：日常生活の動作や散歩，喫茶店への外出，簡単なストレッチ体操を行う。
　・家族支援：疾病や治療に対する理解不足に対して，Fさんの治療が確実に行えるように血糖チェックやインシュリン注射の技術指導をする。また，高血糖症状や低血糖症状の観察と対策や体調不良時の看護師や医師との連携の必要性などを理解してもらい，糖尿病の基礎知識の情報提供をする。
　家族（甥）は退院と同時に介護を担うことになるため，介護の負担感が一気に高まらないように10日前後は介護サービスを手厚く行い，様子を見ながら徐々に介護量を移行する。

4　住まい──四日市市北地域包括支援センター

設立主旨，活動概要

▼「住まい」「住まい方」
　高齢者の尊厳の保持と自立支援の目的のもとで，可能な限り住みなれた地域で

生活する。生活の基盤として必要な「住まい」が整備されることが，地域包括ケアシステムの前提である。

現在高齢者はどのような「住まい」で生活しているのか。一人暮らしの高齢者は年々増加している。内閣府の『高齢社会白書』では2010（平成22）年時点で男性139万人，女性341万人あわせて480万いると推計される。10年前の1995（平成7）年に比べると総数で260万人も増加している。今後増加の一途をたどることは間違いない。内閣府は2014（平成26）年度これらの一人暮らしの高齢者に生活に関する意識調査をしている。結果「今のまま一人でよい」76.3％の回答があった。約8割の高齢者が現状でよいと考えていることからも，一人で暮らし続ける意志を持っていると言える。つまり健康状態や要介護になることへの不安を持ちながらも，現在の「住まい」に住み続けたいのである。どのような居住形態であろうと住み続けたいと思える愛着のある「住まい」での暮らしであれば生きがいのある生活となるであろう。どこに住むか，住みたいかの選択こそ高齢者の自立支援の第一歩である。

▼認知症高齢者の「住まい」について

国民の大半は「認知症になってもできる限りわが家（住まい）で暮らしたい」というのが本音であろう。しかし現実，われわれがかかわっている認知症の方の在宅生活は，ぎりぎりまで介護を家族でがんばり，支援の手が入ったときには本人も家族も疲れ果ててしまっているケースが少なくない。

「オレンジプラン」が公表された2012（平成24）年認知症施策推進5か年計画によると，2017（平成29）年には要介護認知症高齢者373万人うち約50％にあたる186万人が自宅で生活を継続していると予測されている。186万人の要介護認知症高齢者がどのような居住形態で生活を継続しているのか認知症高齢者の「住まい」のあり方が今後の課題も見えると考える。

一般要介護高齢者から見ると，認知症高齢者は重度になればなるほど自宅での生活継続に困難さが見える。現実本人家族ともに大きな経済的，精神的，社会的負担がかかっているのも事実である。「地域包括ケアシステム」が，在宅の要介護認知症高齢者の社会環境として重要な制度になり得ることは間違いないが，認知症高齢者の「住まい」，住まい方については多様な考え方が必要である。

Ⅲ　援助活動

表10-2　四日市市地域包括支援センターの担当地域の概要（平成26年10月現在）

地域包括支援センターの名称	人口	高齢者人口	高齢化率	面積	在宅介護支援センターの設置数
四日市市北（きた）	100,826人	22,701人	22.5%	54.47km	9か所
四日市市中（なか）	93,839人	24,516人	26.1%	59.55km	8か所
四日市市南（みなみ）	118,069人	27,557人	23.8%	91.13km	9か所

出典：四日市市ホームページ市政情報より抜粋。

事業概要

▼地域包括ケアシステム──「住まい」実践事例の紹介

団体名　社会福祉法人　富田浜福祉会　四日市市北地域包括支援センター

設立主旨　四日市市より業務委託を受ける。地域包括ケアシステム構築と実現を目標とし達成するための中核機関として設立。

自治体の概要　三重県四日市市

地域概要　四日市市は三重県北部に位置し，西は鈴鹿山脈，東は伊勢湾に自然に恵まれた温暖な地域，戦後は日本初のコンビナートが立地し四日市港を中心に産業都市として発展，現在は多様な企業が集積する。

四日市市の人口　　312,734人（26年10月現在）

65歳以上人口　　74,774人（高齢化率23.9％）

うち75歳以上の人口　34,136人（高齢化率10.9％）

要介護認定者　　12,591人（要介護認定率17.0％　平成26年10月現在）

▼地域包括ケア推進体制として

地域包括支援センター3か所（北，中，南）社会福祉法人に委託（表10-2）[3]

各地区在宅介護支援センター26か所（行政区24地区。地区に1か所社会福祉法人委託整備地区により2か所設置）。地域包括支援センターのブランチとして在宅介護支援センターを位置づけ，在介，包括，行政の「三層構造」による支援体制の強化を図っている。

活動事例

▼四日市市北地域包括支援センター・富田在宅介護支援センター援助活動実践事例

①活動の地域，対象（図10-5）

中学校区を地区圏域に在住する高齢者および40歳以上の介護保険対象者（在宅

第10章 地域包括ケアシステムの実践

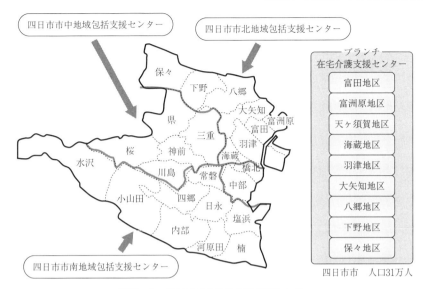

図10-5 四日市市の地域包括支援センター

介護支援センター中心）富田地区高齢者2,838名（うち75歳以上1,302名）

日常生活圏域（各中学校区9か所）に在住する高齢者および40歳以上の介護保険対象者（北地域包括支援センター）高齢者2万2,701名（うち75歳以上1万413名）

②キーワード：「顔が見える」「支える」「三層構造」

③活動は24時間365日

④活動の場所　四日市市北地域日常生活圏域，支援を必要とする個人の住まい，高齢者が集まれる場所（例　集会所，公民館，お寺，市民センター，各施設等）

⑤活動人員・地区担当

四日市市北地域包括支援センター職員15名，富田在宅介護支援センター職員2名，民生委員25名，老人会委員16名，自治会委員55名，地区ボランティア

⑥活動内容

四日市市は中学校区に1か所「在宅介護支援センター」に「デイサービスセンター」を併設し「在宅介護サービスセンター」と名づけて整備促進した。2001（平成13）年までに合計25か所，2015年1か所，合計26か所，高齢者の身近な初期相談窓口として24時間体制で機能し，それぞれの地域に根づいた活動をしている。

Ⅲ　援助活動

　2006（平成18）年介護保険法改正に伴い四日市市は「地域包括支援センター」の創設にあたり，地域に定着している25か所の「在宅介護支援センター」をそのまま残し「地域包括支援センターのブランチ」として位置づけ，3か所の地域包括支援センターを日常生活圏域として設置した。地域包括支援センターの初期相談窓口として，それぞれの中学校区にある在宅介護支援センターを地区圏域の拠点として高齢者の支援にあたっている。

　ひとり暮らし高齢者の見守りのため，手渡しによる安否確認を目的に在宅介護支援センターに「訪問給食サービス」を同時に委託された。

　担当の民生委員とともに連携して，孤立予防，孤独死早期発見機能を含め，在宅生活の安心安全への支援。在宅生活継続に貢献する地域の社会資源として開始した。現在では日常生活圏域に年間約30万食，配食時の緊急対応2,005件，死亡確認4件，救急車要請者5件等地域の高齢者にとってなくてはならない身近な安心の存在である。まさに地域で住み慣れた「住まい」での暮らしをつづけるための支えとなっている。地域を支えるには，高齢者がどの地区にどんな人がどのような生活をしているか知らねばならない。それには在宅高齢者の一番身近にいるのが民生委員である。一人の民生委員が担当している高齢者世帯は，12～15世帯であり，さまざまな情報を持っている。その民生委員との顔の見える関係づくりこそ，在宅高齢者の「住まい」のありようが見えてくる。もう一方で各地区には老人会が組織化されている。四日市市の地域特性である老人会は今なお健在である。老人会役員の方々の指導力は相当なものがあり，高齢者の実態把握においては不可欠かつ重要な存在である。そこで各地区の在宅介護支援センター職員は民生委員との協力関係は無論，老人会の方々との顔の見える関係づくりに力を入れ，担当地区の高齢者の「住まい」住まい方の実態把握に努めている。わが地区圏域の在宅介護支援センターそれぞれが，高齢者支援にはかなりの成果を上げている。

　さらに住みなれた地域「住まい」での生活を支え継続ができる施策として，法改正に伴って創設された地域密着型サービスのうち，「小規模多機能型居宅介護（訪問，通い，泊まり）」のメリットを生かしつつ，さらに使いやすくする目的で，四日市市独自の「在宅介護支援センター併設型ショートステイ」を小単位で8地区8か所を整備した（10床基準該当事業所）。これは各26地区にある在宅介護支援センターに上述した本来業務の自宅「訪問」（問題解決機能）に「通い」であるデ

イサービスセンター，さらに「泊り」の機能をもたせたのである。これは各地区で在宅介護支援センターが高齢者にかかわる，高齢者が在宅での生活が一日でも長く継続可能な住まい方ができるように考えたシステムであり，今後も各地区の状況にあわせた計画が推進される予定である。この四日市市独自のシステムが整備でき

「ひだまり」での集い

れば，各地区圏域において，安心して住み慣れた地域での自宅「住まい」で一日でも長く住まえる，地区完結型サービスが提供できるのではないかと考える。これらのシステムを支える実行部隊として在宅介護支援センターであり，北地域における地区圏域の在宅介護支援センターの支援活動の質，量等の向上に北地域包括支援センターが全面サポートしている。企画，財政支援のバックアップ体制は行政が行っている。この三層構造による活動を四日市システムとして積み重ね，今の「住まい」で安心して一日でも長く暮らし続け，最期を自宅で迎えることができる。高齢者自身が老後の生活設計をたてられることを可能にする，働きかけとしてさまざまな取り組みを地区圏域で実施している。

▼宅老所「ひだまり」

　富田地区にお住いの高齢者が，介護保険サービスを受けなくても，いつまでも元気で在宅で生活が出来ることを目的とし，富田地区の民生委員が中心となり地域高齢者の集いの場所として，富田駅前商店街の空き店を活用し，閉じ困り予防，社会参加による生活意欲の向上，予防運動等を行っている。

　開催日は毎週水曜日，午前10時から午後16時までの6時間とし，昼食は参加者が準備，参加費は無料となっている。定員は20名，ボランティアは民生委員が中心となり5名程度が参加している。主な活動内容としては，手芸，折り紙，カレンダー作り，ゲーム等，また，近郊の幼稚園，保育園，また，学童児童との交流も行われる。富田在宅介護支援センターは午後13時から14時までの約1時間を「暮らしと健康の相談」を担当し，ソーシャルワーカーが中心となり，行政からの情報を始めとする，暮らしの総合相談を行っている。一人暮らしの方や，何らかの障害のある方と同居されている方々からの相談を始め，ボランティアで参加している方（各地区の民生委員）からの相談にも対応し，住民が自宅で安全に暮ら

Ⅲ　援助活動

し続けられるための相談窓口として支援を実施している。具体的には，食事の確保が困難になった方への訪問給食の手配および孤立防止の安否確認，自宅での転倒予防のための住宅改修，認知症による徘徊の方への支援等を実施している。同，富田地区においては，古民家を改装し，子どもから高齢者までを対象としたサロンがある。

▼カフェサロン「よってこ家」

高齢者の男性を対象に料理教室を行う「おやじサロン」等，民生委員や自治会等が中心となった地域支援活動が行われている。このような活動に積極的に参加し，高齢者が住みなれた地域で自分らしく暮らせることが実現できるよう，社会福祉協議会，各種支援機関がサポート体制をとり活動を支援している。このように北地域包括支援センター日常生活圏域の，すべての地区圏域において，規模の差はあるが高齢者の在宅生活を支える　憩いの場，悩み事解決の場，リラクゼーションとなる地域住民主体の活動が行われている。これらの活動を「三層構造」をもって「支える」仕組みとなっている。

課題と展望

現在の高齢者の方々は理由の如何にかかわらずさまざまな「住まい」で生活している。

地域包括ケアシステムの目的は住みなれた自宅または地域での「住まい」で本人が望む生活継続ができることである。現状の「住まい」のあり方を見てみると，高齢者の健康状態，環境的要因を含め，一般的には，下記のように住居として利用していることがわかる。

　　元気高齢者　→　自宅　　有料老人ホーム　　軽費老人ホーム　　ケアハウス
　　虚弱高齢者　→　上記に加え　サービス付高齢者専用住宅
　　要支援認定者→　上記に加え　グループホーム
　　要介護認定者→　上記に加え　老人保健施設　介護療養型医療施設　特別養護老人ホーム

全国的な自宅死亡率（高齢者限定ではない）は2009（平成21）年12.4％に対し，

2013（平成25）年は12.9％とあまり変化がない。しかし当市においては2009年13.9％に対し，2013年18.1％と大きく変化している。2009年までの自宅死亡率に変化はないが，その後，年々増加傾向が見られることから「自宅で最期を迎えたい」との望みに少しずつ対応していると考える。これは上述の事例のように，身近に相談できる顔の見える関係づくりができており各段階の高齢者に早期より関わり支えることで，どこに住みたいか等を確認できる。また本人の望む暮らしへの意思決定においても影響をしているのではないかと推測する。

▼事例のなかから見えてくる課題として

現在の社会資源をもって本人が望んだ「住まい」での生活が実現できるには限界がある。実現できる方の特徴は，1．本人の判断能力がある，2．家族がいる，3．経済力，4．支える社会資源が生活の場にある。この4つの項目がポイントと考える。これを裏返せば，判断能力が低下した，家族がいない，お金がない，社会資源がないことが重なると，たちまち住み慣れた「住まい」での生活は困難となると言える。

このため，上記の4点を重要ポイントとして，以下の取り組みを進めていくことが，本人が望んだ最期のときまで自宅での生活ができることに近づくのではと考える。

①自己決定能力への働きかけ。判断能力が低下する前に，「自分はこんな風に生きたい最期を迎えたい」という意思を明確にできる支援。
②在宅における日常生活の困りごとを調査把握する。
　援助の必要な箇所がどこに潜んでいるのかを見つけ出すことで，より効果的に生活支援マネージメントが可能となる。
③現在困りごとに対して援助する地域社会資源を調査把握すること。
　公的な機関の支援は無論だが，実際には，お隣三軒や組等身近なご近所のちょっとした手助けなどがあれば，住みなれた「住まい」での生活への選択が広がる。
　地域近隣の人々援助の中身を知ることで，支えあう地域社会が実現するヒントが隠されていると思われる。

上記3つの項目を取り組んでいくことで，本人が望む地域での愛着のある「住まい」での生活が，最後まで実現できるのではないだろうか。

Ⅲ　援助活動

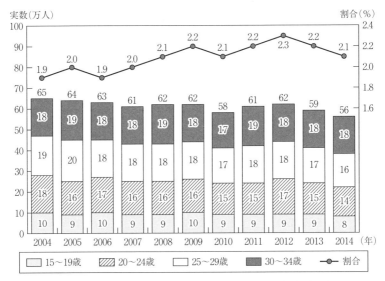

図10-6　年齢階級別若年無業者及び人口に占める割合の推移
出典：総務省「平成26年　労働力調査年報」基本集計より。[5]

5　生活支援——地域若者サポートステーション

設立主旨，活動概要

「若年無業者」と呼ばれる仕事や通学をしていない若者は，増加傾向にあり大きな社会問題となっている。

2014（平成26）年度の総務省による「労働力調査」によると，15～34歳の非労働力人口のうち，家事も通学もしていない若年無業者は，2004（平成16）年度から60万人前後で推移していたが，国の施策等，支援体制が整いつつあり，2014（平成26）年平均で56万人となり，前年に比べ4万人の減少となった。若年無業者を年齢階級別にみると，30～34歳が18万人と最も多く，次いで25～29歳が16万人となっている（図10-6）。

厚生労働省は，無業状態にある若者の自立に向けた包括的な支援を，各若者の置かれた状況に応じて個別的，継続的に実施していくため，2006（平成18）年度から地方自治体との緊密な連携のもと「地域における若者自立支援ネットワーク

整備モデル事業」として,「地域若者サポートステーション」が全国に開設された。

2010（平成22）年には「子ども・若者育成支援推進法」が施行され，これまで縦割りであった教育，医療，福祉，雇用分野の連携が開始された。これにより各分野のネットワークが整備され，就労問題など社会生活を営む上で困難を有する若者の支援体制が整い，若者に対する就労支援を推進することができるようになった。

「地域若者サポートステーション」は，地方自治体との協働により地域の若者支援機関のネットワークを構築し，ニート，ひきこもり等の若者の職業的自立支援を目的とし，厚生労働省からの委託を受けた全国の若者支援で実績のあるNPO法人，株式会社，社団法人，財団法人，学校法人などが運営している。2015（平成27）年現在，全国160か所に設置されている。[6]

事業概要

就労が困難な状況にある若者を対象とした取り組みは，「地域若者サポートステーション」を中心に行われており，若者自立支援のためのネットワークが整備され，ニート，ひきこもり等の若者の職業的自立支援を行い，就労に向けて多様な支援サービスで若者をサポートしている。

地域若者サポートステーションであるA事業所でも，専門家による個別相談，履歴書の書き方や面接練習等の就職支援講座，パソコン講座，職場見学・職場体験，保護者向けの支援，高等学校等へのアウトリーチなど，個別・継続的で包括的な支援を行っている。

活動事例（グループワークを中心としたストレス対処講座）

地域若者サポートステーションを訪れる若者のなかには，新しい環境に慣れないことや対人関係の困難さからストレスを感じ，その不安や緊張から就職活動を進められない者もおり，就労の前段階としての課題を抱えている者も少なくない。

本活動事例は，ストレスに対する正しい知識と職場で遭遇する困難事例を参加者全員で話し合い，その対処法を身につけるため，グループワークを中心としたストレス対処講座の報告である。今回の研修会では，一般的な講義だけでなくグ

Ⅲ　援助活動

ループワークを中心に研修を行った結果，活発な意見交換がなされ，参加者の考え方や捉え方が少しずつ変化していることがうかがえた（表10-3）。

①活動の対象

働くことに悩みを抱えている15歳～39歳までのニート，ひきこもり等の若者無業者。

②活動するうえでのキーワード

地域若者サポートステーション，若者無業者，ストレス対処講座

③活動の日時または時間

平成27年〇月△日10：00～16：00

④活動の場所

A地域若者サポートステーション

⑤活動の概要

(1)　研修の目的

ストレスに対する正しい知識と職場で遭遇する困難事例に対し，自身の中の感情の気づきと対処法を身につけるため，今回の研修では，グループワークの中で自分を表現する機会をもち，メンバーお互いが触発しあいながらストレス対処力を高めていくことを目的とした。

(2)　研修の内容

研修内容として，①唾液アミラーゼモニターによるストレス測定。②一人でもできるリラクゼーション。③ストレスに対する講義と困難事例に対するグループ・ディスカッションを実施した（表10-4）。

①ストレスチェック

研修前後に参加者のストレス値がわかるように唾液アミラーゼモニターによるストレス測定を実施した。

②一人でできるリラックス体操

参加者の緊張感の緩和等によるリラックス効果，場の和やかさや交流が深まることによる参加者の人間関係の深まりを目的にリラクゼーション・インストラクターの指導によるリラックス体操を実施した。

③困難事例に対するグループワーク

職場における就労者の多くが経験すると考えられる，困難事例が記載されたト

第10章　地域包括ケアシステムの実践

表10-3　研修の概要

講座名	ストレス対処講座
対　象	地域若者サポートステーションA事業所に登録している15～39歳の無職の方
研修方法	講義，グループワーク，唾液アミラーゼモニターによるストレスチェック
場　所	A地域若者サポートステーション
期　間	平成27年○月△日10：00～16：00
参加者	登録者10名。
スタッフ	4名

出典：筆者作成。

表10-4　研修内容

時　間	研　修　内　容
10：00～10：40	オリエンテーション（自己紹介を兼ねたレクリエーション）
10：40～11：00	ストレスチェック（唾液アミラーゼモニターによるストレスチェック）
11：00～12：00	リラックス体操（リラクゼーション・インストラクターによる体操）
13：00～13：20	講義（ストレスの理解と対処）
13：20～15：20	グループワーク（困難事例をもとに作成したトレーニングシートの活用）
15：20～15：40	全体討議・まとめ（研修会に参加してどのような学びや経験があったか）
15：40～16：00	ストレスチェック（唾液アミラーゼモニターによるストレスチェック）

出典：筆者作成。

レーニングシートを活用し，グループワークを実施した。

　困難事例については，前年度までに実施されたストレス対処講座の参加者から，実際に経験した困難事例を参考に，主催者がトレーニングシートを作成し，5事例の困難事例を準備した。

　グループワークの具体的な進め方は，①準備した5事例のグループワークシートの中から参加者が相談して取り上げる事例を選択する。②選択されたトレーニングシートを参加者に各自1枚配布し，自分がとる対処方法やその時の感情，その理由などを各自で考え記入する。③各自が記入したトレーニングシートを持ちより，項目にそって意見交換を行い，グループで共有する。④グループで話し合われた内容を全体で発表，意見交換を行い，全体で共有する。

（3）対象者

　地域若者サポートステーションに登録している者が対象であり，研修が始まる前より広報活動を行い，事前に広報内容をみて登録した10名である。参加者の年齢は，22～39歳で男性8名，女性2名であった。

Ⅲ 援助活動

(4) 研修の経過

①唾液アミラーゼモニターによるストレスチェック

研修前後に，唾液アミラーゼモニターチェックによるストレスチェックを実施した。唾液アミラーゼモニターによるストレスチェックは，参考値ではあるが，自分の唾液から体のストレス状態を実際に数値としてみることができるので，多くの参加者から次回も実施してほしいと要望が多くあった。

②グループワーク

トレーニングシートを使ったグループワークでは，各自が事例から自身に起こる感情やそのときにとる対処方法をシートに記入し発表することで，自身の傾向や自分に起こるストレス反応などが明確となり，参加者から「自分だけでなく皆さんも同じ思いをしていることがわかりました」「この対処法は参考になります」等，参加者同士で活発な意見交換が行われていた。

これまでの研修はストレス要因とストレスを緩衝させる対処方法を行ってきたが，困難事例に対する直接的な対処方法を考えるため，困難事例に即した対応や相談等，活発な意見交換が行え，各自が深めることができていた。

③まとめ

最後に，この研修会を通して全員で感想を述べ，話しあう時間をとった。参加者からは，「参加者全員が深刻な悩みを持っていた。社会と接点を持ちたい」「初めは恐る恐る参加していたけど，プログラムが進んでいくなかで何でも話せるようになった。ここで意見交換ができたことはよかった」「他人の意見が聞け，自分だけではないと思った。これからの自分にプラスになる」「似たような境遇の人の話が聞けてよかった。自分を再確認できた。新しい道に進んでいきたい」など前向きな感想を聞くことができた。

課題と展望

今回の研修を終えて，グループワークを中心とした研修会は，参加者にとって概ね好評であった。しかし，就職を目標としている若者が対象となっているので，ストレス対処講座だけでなく，職場で必要とされるコミュニケーション能力や資格等，すべてのプログラムをセットにしたプログラムの開発と検証が必要であると考える。また支援の効果として，精神健康調査（GHQ）やストレス対処力

(SOC)を講座受講前後で測定することで，その効果を検証することができ，今後，唾液アミラーゼモニターの活用方法も含め，今後の研修内容や効果について検討していく必要がある。

　今回の研修に参加したことによる，実際の現場での効果をみることはできないが，参加者の声を聞かせていただくことで，多少の効果は得られるのではないと思う。また，就労できていないという大きな悩みを抱えている参加者が中心となったグループワークであったが，参加者の活発な意見交換をみて，グループワークの有効性を感じることができた。主催者が一般的な講義形式だけでなく，グループワークの活用と今回のようにグループをサポートする，いわゆる黒子的な役割も主催者として重要な役割であると考える。

注
1) 内閣府『平成27年版高齢社会白書』「第1章第1節　高齢者の状況」。
2) 厚生労働省「認知症施策推進5か年計画（オレンジプラン）」別紙　認知症高齢者の介護サービス利用について。
3) 四日市市公式ホームページ。 http://www5.city.yokkaichi.mie.jp/
4) 厚生労働省『人口動態統計（2012）』。
5) 総務省「平成26年労働力調査年報，年齢階級別若年無業者及び人口に占める割合の推移」http://www.stat.go.jp/data/roudou/report/2014/index.htm，2015年9月15日閲覧。
6) 厚生労働省「雇用・労働，職業能力開発，労働者の方へ，地域若者サポートステーション」http://www.mhlw.go.jp/bunya/nouryoku/ys-station/，2015年9月15日閲覧。

（1　石賀丈士，2　山口さおり，3　福本美津子，4　鈴木廣子，5　大西信行）

第11章 地域包括ケアシステムとコミュニティワーク

　激増する高齢者人口に対応するための地域包括支援システムであるが，すべてを専門職が担うことはできない。セーフティネットの維持は，専門職の職務であるが，その一方で，今後は，地域住民が相互に支え合う持続可能な仕組みを整えることも重要な役割となる。従来のコミュニティワークの枠にとどまらない役割が求められるのである。しかし，その過程で，具体的に制度をつくる，仕組みを変えることは専門職にしかできない。それが今後の「仕事のやりがい」となるのである。

1　地域社会とコミュニティワーク

2025年問題

　ここまで本書により学修してきた読者は，団塊の世代が後期高齢者となる2025年までに地域包括ケアシステムを構築しなければならないことについては十分理解できたであろう。また，その際の専門職としての役割，そして，医療や介護の多職種協働の必要性についても認識できたはずである。

　しかし，専門職や多職種協働を実現するための制度改正が，人口減少，そしてそのなかで激増する高齢者という現実に追いついていないこともまた確かである。

　その大きな原因は，人口減少・高齢化という，有史以来，日本が初めて遭遇している現実を直視できない住民にあるといっても過言ではない。

　1945年の敗戦以降，生産年齢（15～64歳人口）人口がピークを迎えた1995年までの50年間，日本は，経済成長とともに増加する税収をどれだけ福祉分野に投入するか，そのことにより，高齢者向けの施設や専門職を充実し，税金によって賄

われる「公」のサービスの拡充を図ってきた。しかし，1995年を境に，働くことによって得られる税収は減少を来しはじめたことから，直接税収入だけではなく，福祉目的という大義名分のもとで間接税（消費税）を導入し始め（1989年），介護保険制度を2000年に創設した。しかし，住民は，税あるいは保険料によって，サービスを提供される立場に変わりはなかったのである。

　今後も，この仕組みが続くのであれば問題はなかろう。しかし，国立社会保障・人口問題研究所の平成24年1月推計によれば，わずか10年後，地域包括ケアシステムの完成が予定されている2025年には，2015年推計と比較して，総人口は約600万人減る。その減少は，19歳以下人口約327万人減，20～64歳人口約530万人減によるものである。また，65～74歳人口も約270万人減るものの，その一方で，75歳以上人口は約530万人激増するものと予測されている。

　今までのように，施設整備を続け，専門職によるサービスの提供体制を維持していこうにも，税金を払ってくれる人や次世代の担い手は減り続け，サービスの受け手だけが激増する時代に差し掛かっているのである。こうした時代認識は，次節で指摘されているように，都市部における「2025年問題」の深刻さと2014年に地方創生会議が「地方消滅」という問題提起が喧伝されたことによって，徐々に住民に浸透しつつある。「他人ごとではない」という，将来を見据えた住民の当事者意識の高まりである。

地域自治組織の形成

　今，この当事者意識の高まりを活かして，多くの地域で，「サービスの原資＝税・保険料＝公の仕事」という図式を見直す取り組みが始まっている。

　すなわち，町内会・自治会といった従来型の地縁組織を母体として，およそ小学校区程度の地域的拡がりのなかで，NPOやボランティア団体といった志縁組織，企業，やる気のある住民等を交えた，「地域自治組織」を形成する動きが既に各地で着実に実績を産み出しつつある。

　福祉分野で言えば，地域でできるだけ健やかに生活してもらおうという介護保険制度導入時の地域福祉（居住地福祉）の理念に沿って，整えていくべき地域包括ケアシステムのうち，セーフティネットを構成する在宅医療体制や要介護度3以上の施設整備については，対象者が激増したとしても，税金投入によって今後

Ⅲ　援助活動

も維持していくことを条件として，要介護度3未満への対応，介護予防，生活支援等については，できるだけ，住民自らが支え合う仕組みをつくっていこうとするものである。

　例えば，加齢によって困難を来すことの多い，ゴミ出しを，近隣の住民が安否確認を兼ねて見守りの一環として支援する，高所の電球交換や庭木の手入れなどの軽作業を近隣の比較的元気なお年寄りが，介護予防や社会参加による「いきがい」創出の観点から取り組む。また，買い物難民対策として，NPOを設立し，スーパーマーケットから資金を得て「買い物バス」を運行するなど，様々な取り組みがみられるようになっている。

　こうした取り組みは，「小さな拠点」（多世代交流・多機能型）の形成として，安倍内閣における地方創生戦略のなかでも，国の今後5年間の総合戦略基本目標「時代に合った地域をつくり，安全なくらしを守るとともに，地域と地域を連携する」のなかで例示されているところである。

　たしかに，同一自治体のなかでも地理的条件，交通条件等により，今後の人口減少・高齢化の動向は地域によって大きく異なっていく。そこで，「地域自治組織」は，人口減少と高齢化のなかで，まず，人口が伸びていく時代に，自治体からの補助金の受け皿として役所の各課各係ごとに縦割りとなってしまった地域の面識社会をつくり直し，次に，できるだけ多くの地域住民の参加によって，今後，地域はどうなっていくかという冷徹な人口推計データのもとで，生活していくうえでの諸課題を析出し，当事者意識を高め，今後5年程度の期間で，各主体が何をやるべきかという主語付の計画（地域づくり計画，まちづくり計画等）を作ることによって目標を共有し，さらに，その解決を目指して具体的に事業に取り組んでいこうとするものである。自治体は，こうした動きに対して，地域自治組織の設置根拠の条例化，活動拠点の整備，地域担当職員の配置，地域を縦割りにしてきた反省に立って各種補助金を統合し今後の地域課題の解決にとって使いやすい一括交付金制度の創設等の支援を行っていこうとしている。

これからのコミュニティワーク

　このように，地域自治組織作りに積極的に取り組んでいる自治体はいずれも，自治体として守るべきセーフティネットを明確にし，今後も維持するためには，

これまで受益者として自治体に任せてきた住民に当事者意識を持たせるべく，計画づくりと一括交付金の使途を委ねることによって，意識改革を迫り，そのための制度的仕組みとして，自治体と住民個人・企業・団体との間に地域自治組織を形成しようとする点に特徴がある。

それだけに，従来，地域福祉の世界で必要性が叫ばれてきたコミュニティワークも大きく，その概念を変えていかなければならなくなっている。すなわち，地域の福祉課題を巡って，他の専門職，あるいは影響下にある住民と協議をするだけではなく，これからは，当初は，地縁組織を手掛かりとして，地域の各団体・企業・個人の組織化を図り，次いで，計画策定の支援を行い，地域自治組織がコンプライアンスを果たすことに意を用いつつ，コミュニティビジネス等持続的な事業実施に繋げていくという，かなり困難な役割を担うこととなる。任務遂行のためのコミュニケーション能力，ファシリテーション能力，コンプライアンス意識が求められ，これはこれまでの専門職としてのスキルにとどまらない役割を求められることとなる。

しかし，地域と関わった結果，住民が課題解決のために取り組む際に桎梏となることが，現行の法や条例，あるいはお役所の仕組みであった場合，それを解決できるのは，唯一，専門職として法的知識を有する職員しかいないことは確かである。

分権改革により，法の解釈権が自治体にも存することは確認されている。国により是正の関与がなされれば，それに対抗する仕組みも分権改革の際に用意されている。地域の支持を背負って，人口減少社会に向かっての制度設計をすることは，今後の専門職にとって，何よりもやりがいであるに違いない。

住民が自ら動けば，地域は必ず変わる。住民や自治体が動きやすいように制度を変え，財政的にも支援していく——これが地方分権の本来の趣旨なのである。

2 これからの地域包括ケアシステム

地域包括ケアシステム構築の背景としての「2025年問題」と「地方消滅」

地域包括ケアシステム構築の必要性のひとつとしては，わが国の少子・高齢化，

Ⅲ　援助活動

　人口減少のなかで，来たる2025年頃から第1次ベビーブーム世代，いわゆる「団塊の世代」が75歳以上の後期高齢者となっていき，要介護高齢者の急激な増加をきたすことにより，必要とされる医療・介護が財源・マンパワーの面で崩壊する，いわゆる「2025年問題」が危惧されている点が挙げられる。

　そして「2025年問題」を原因とする「地方消滅」の可能性が指摘され始めた[1]。具体的には，「2025年問題」が特に首都圏において集中的に発生し，当地域における極端な医療，介護のマンパワー不足を補うべく，全国の，出生を担う年齢層の女性が首都圏に移住することによって，首都圏以外の地域人口が現在予測されているより急激に減少していくのではないかという予測である。

　つまり，高齢者が集中する都市部で特に深刻となる「2025年問題」と，それを原因として農村部で生ずる「地方消滅」の両者が指摘されており，この問題は広く全国に及ぶことが指摘されているわけである。

　しかし，ここで誤解してはならない点は，このシナリオは決して「宿命」として提示されたものではないということである。むしろこのシナリオに至らないようにするにはどうすれば良いかという点が重要であることは言うまでもない。

　その上で「2025年問題」および「地方消滅」の可能性を考えるとき，その重要な社会対応策のひとつとして，おのずと地域包括ケアシステムの内容の拡大と，それに伴うステークホルダーの拡大の必要性とが理解されてくる。

地域包括ケアシステムにおけるステークホルダーの拡大と外国人専門職の導入

　すでに第Ⅱ部第4章（4）「地域包括ケアシステムと老人医療のシステム化」に述べたごとく，まず医療との密接な協働をよりすすめる必要があり，その前提のひとつとして，医療行政をめぐる都道府県と市町村の関係を，より簡潔に整理する必要がある。

　またこれも同節で述べたように，喫緊の課題として認知症高齢者への対応が急がれ，そのためには，日常的な見守りのネットワーク構築が欠かせない。田中滋監修の近著においても「民間の事業者，そして住民も，すべて地域包括ケアシステムの担い手候補です」とされている[2]。このように見守りネットワークの担い手としてはNPO，住民ボランティア等が期待される。そして，今後は，見守りネットワークの対象は単に認知症高齢者にとどまらず，地域包括ケアを必要とする

すべての住民となる。

　そしてそのうえで筆者が指摘したいのは，外国人専門職の導入である。「2025年問題」を考えるとき，上記の「地方消滅」の想定は，外国人専門職の導入を前提とはしていない。外国人専門職の導入を図ることにより，「地方消滅」の原因となるとされる，全国若年女性層の首都圏への移住が緩和されるとすれば，これは検討されるに値することであろう。すでに，実質的に中小企業において重要な労働力となっている外国人技能実習制度の介護分野への拡大が決定しており，また東京圏，関西圏，愛知県，沖縄県，仙台市，福岡市，新潟市ほか2市では国家戦略特区への指定により，外国人医師の診療所での勤務が認められた。このような動きを踏まえるとき，日本の今後の少子・高齢化，人口減少への対応として医療，保健，介護をめぐる外国人専門職の導入は，広くわが国への移民を全面的に認めることと比較しても，そのハードルは低いものであり，決して非現実的とは言えない対応と言える。

地域包括ケアシステムの内容の拡大と「防災」観点の組み込み

　ここまで，地域包括ケアシステムの内容とそれに伴うステークホルダーとが必然的に拡大していくことを述べてきた。そのうえで筆者はその内容に「防災」の観点を加えることを提唱したい。その理由としては，「2025年問題」「地方消滅」と同様，今後10年以内に20％，30年以内に70～80％という高い確率で巨大な南海トラフ地震の発生が想定され，現状では最大32万人以上の死者等，甚大な被害想定がなされていることと，また東日本大震災以降，その影響により全国的に地震発生と火山活動の活発化が見られ，それに加え，地球温暖化によりいわゆる「スーパー台風」等，強力な低気圧の襲来等も予測されているためである。

　地域包括ケアの対象者は災害時には「災害弱者」となる可能性が高い人々であると言える。そうであるならば，昨今，企業においても災害時の事業継続性が重要視されてきているのと同様，地域包括ケアシステムにおいても切れ目のない，いわば「ケアの継続性」が求められることとなる。つまり，地域包括ケアシステムにおいても災害時を含んだ見守りネットワーク体制が，今後は重要視される。

　次にここで，意外に感じられるかもしれないが，地域包括ケアシステムにおける「マイナンバー」制度導入の意味を指摘しておきたい。「マイナンバー」とは，

Ⅲ　援助活動

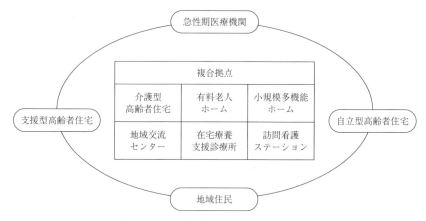

図11-1　「高齢者健康コミュニティ」のモデル
出典：馬場園明・窪田昌行『地域包括ケアを実現する高齢者健康コミュニティ』九州大学出版会，2014年，65頁。

住民票を有する者全員に一人ひとり固有の番号が定められる制度である。「マイナンバー」を導入することによって，結果として地域包括ケア対象者をめぐる各種の情報の一元管理がしやすくなる。現状では，年金をめぐる個人情報の不適切な管理等により「マイナンバー」の導入が不安視されている現状にあるが，「マイナンバー」制度は本質的には地域包括ケアシステムに寄与するものであることを申し添える。

地域包括ケアシステムの具体化としての CCRC の可能性

　地域包括ケアシステムの内容は，単に保健・医療・介護，見守り等のみならず，対象者の「住まい」もそこに含まれたものである。そこで最後に，今後の地域包括ケアシステムの具体化のひとつとして，CCRC（Continuing Care Retirement Community）の可能性について検討する。CCRC とは「生活支援・健康支援・介護・医療サービスを提供する複合施設と自立型，支援型，介護型高齢者住宅および高齢者の自宅をネットワークで結び，地域包括ケアシステムの機能を満たすコミュニティ」であり，「高齢者健康コミュニティ」とも呼ばれている。そしてその理念は「高齢者が自分の人生を前向きに肯定して統合することを支援する」とされ，「本人の意思の尊重」，「残存機能を活用した自立支援」，「生活とケアの連

続性の維持」をその原則とする。[3]

　そして「高齢者健康コミュニティ」を機能させるために必要不可欠な，最重要な要件として，「まず，高齢者一人ひとりに責任をとる主介護者の存在です」と述べ，「その主介護者が高齢者の情報を管理し，定期的にコミュニケーションをとっておかなければなりません」[4]としている。本人，および家族の意思の尊重が最も重要なことは言うまでもないが，それを踏まえつつ専門的見地からケアの提供について最終的に責任を担う者を明確に定めることが必要であるとされ，これは地域包括ケアシステムにおいても，全く同様の点を指摘し得る。このようにCCRCの理念，内容には，地域包括ケアシステムのそれにそのまま重なる部分が大きい。現状では欧米で展開されはじめているCCRCであるが，わが国に適した形で取り入れていくことも充分考えられる。

注
1)　増田寛也『地方消滅——東京一極集中が招く人口急減』中公新書，2014年。
2)　田中滋監修『地域包括ケアサクセスガイド』メディカ出版，2014年，9頁。
3)　馬場園明・窪田昌行『地域包括ケアを実現する高齢者健康コミュニティ』九州大学出版会，2014年，63頁。
4)　前掲書，68頁。

（1　岩崎恭典，2　東川　薫）

補章 スウェーデンの地域包括ケアシステム

　豊かな福祉の国と言われているSwedenでは，ASIHという名の高度在宅医療が行われている。本来なら病院での入院が必要な治癒困難な患者が，人生の最期までを自宅で過ごすためには，ASIHだけではなく，その他の医療そして福祉施設との連携が大きな主軸となる。本節では，まず疾患の診断から在宅までの一連の流れを紹介する。そして，ある重篤な肺疾患を抱えた一人暮らしの女性の自宅退院から最期までを，ASIHやその他の医療福祉機関がどうサポートしていったかを紹介する。

　また，「豊かな福祉の国」と思われがちなSwedenは，税金の国でもあり，消費税が12〜25％，所得税が13〜42％のなか，医療費削減に向けての政策が10年以上前からとられている。そのようななか，治癒困難な患者が自宅で高度医療を受けられるような組織づくりが発展してきた。診療所から総合病院への専門医との連携，中間医療施設の自宅退院前の福祉施設との連携の流れの中に，ASIHという高度医療在宅組織が存在する。そのなかで，現在のSwedenの医療が抱える問題点や今後の課題に触れていく。

1　Swedenでの高度在宅医療

　Swedenと言うと，ノーベル賞の国と「豊かな福祉の国」として，名前を聞いたことがある方が多いだろうか？　筆者は2001年にSwedenのStockholmに移住し，2003年から中間医療施設，その後ASIHという高度在宅医療施設，パリアティブ病棟[1)]に6年間勤務をし，Karolinska医療大学病院のがん化学療法病棟を経て，現在またASIHに戻って勤務をしている。本章では，がん患者だけではな

く，肺・心臓疾患や難病を抱えた人たちをケアしている ASIH の活動を紹介する。

ASIH の発足は，2000年前後に診療所のナースが「がん患者さんたちが病院に縛られず，自宅で過ごせたら」という考えのもと，診療所の医師とチームを組んで，高カロリー栄養の点滴を自宅でも行えるようにしたことから始まっている。その時期と相まって「医療費削減プロジェクト」を掲げ始めた政府の方針とも重なり，「患者を入院させるのではなく，自宅で看る」「患者や家族の QOL を高める」という指針のもと，発展してきた。

最初は，対象者はがん疾患が99％だったのだが，数年もたたないうちに肺・心疾患，難病などなど「治癒困難な疾患」に罹患している患者にも範囲が広がり，今に至っている。今回は，肺・心疾患患者の方を紹介しているが，ASIH はがんをはじめとするあらゆる「治癒困難な疾患」にかかった患者にも同様の医療ケアを提供している状況に発展している。

まずは，慢性閉塞性肺疾患（COPD：Chronic Obstructive Pulmonary Disease）を患った方の発症から死に至った最期までを，時系列でその時々にどんな医療福祉組織がかかわっていくかを報告する。

2 診療所から ASIH（高度在宅医療）までの流れ

診療所

診療所とは，日本でイメージされる開業医的なものではなく，各地域に置かれた患者が最初に訪れる外来のみの病院である。診療所の医師は，一般内科医が勤務しており，ありとあらゆる疾病患者の対応にあたる。単なる風邪からがん疾患・難病までを網羅し，専門医療が必要な場合は，総合病院を受診し専門医の診察を受けるように依頼書を書く。患者が専門病院または，中間医療施設から退院後で ASIH の在宅医療をまだ必要としていない期間は，この診療所ドクターが患者の投薬管理の責任を持ち，診療所ナースが定期的に訪問をして，COPD の悪化のモニタリングや COPD 外来との連絡役になる。

総合病院・COPD 外来

　COPD 外来には，COPD 専門医，ナース，COPD 専門の PT ／ OT[2]，MSW[3] が勤務している。ここでは，COPD の診断後，投薬治療，リハビリ，定期的な検診，患者グループ教室への参加手続きを行う。COPD 患者が治療だけではなく，疾患に対しての知識とそれに応じた日常生活の送り方のアドバイスやリハビリを受ける。ここには，酸素提供センターが設置されており，在宅で酸素吸入が必要になった際に，COPD 専門医の処方のもと診療所または ASIH へ連絡が行き，患者の自宅に酸素濃縮器の設置が行われる。

中間医療施設

　中間医療施設には，Geriatlic 病棟（老年期病棟）や整形リハビリ病棟があり，65歳以上の急性期治療を終えた患者が自宅に戻る前に，治療を受けながら在宅に向けて準備を整える機関である。2週間の入院期間の間に，感染症などの治療を受け，リハビリも受けながら，ナースが福祉事務所のSW[4]と連絡を取り，在宅介護の準備をする。在宅医療が必要な場合は，ASIH とも連絡をとる。どのような種類の介護がどれくらい必要なのかは，PT ／ OT が患者や家族とともに自宅に行き検討し，SW と患者・家族，ナース同席の上でミーティングを行い決定する。自宅退院が困難な場合は，福祉事務所のSW が老人ホームや特別老人ホームなどを，患者の意向に沿って提案する。

ASIH とは

　正式名称 Avsanserad sjukvard i hemmet（高度在宅医療）と称し，がんをはじめ治癒困難な疾患をもつ方々が，本来なら入院が必要なところを，在宅にいながら治療を続けていくための在宅医療組織である。レントゲンや大きな機械を必要とする検査・治療以外は，ほとんどの医療行為を在宅で行うことができる。また，治癒困難な疾患，全身に障害を持つ疾患から生じる，疼痛・呼吸困難・精神症状などのあらゆる症状 Symptom を緩和することに関しては，専門的な知識と経験を持つドクターやナースにより対応している。

　定期的なナースや医師の訪問に加え，緊急電話による連絡，症状が悪化した場合や疼痛が出てきた場合などは，患者や家族からの要請に24時間対応している。

原則的には緊急電話には30分以内に訪問できるようにすること[5]がASIHに課されている。

　対象患者は，がん疾患，心臓疾患，肺疾患や難病（MS，ALSなど）など非可逆性の疾患をもつ在宅でも医療が必要な患者である。その他にも，食道がんの治療中の患者で高カロリー栄養を必要とする患者なども対象となる。ここ数年，戦争難民の受け入れ数が増加しているStockholmでは，難民の小児が重篤なPTSD[6]になり食事摂取困難になった場合の対応として「難民児童ケア」という，高カロリー輸液医療を在宅で行っている。

　また，ASIHはパリアティブ病棟を併設しており，短期的に集中した治療が必要な場合や，終末期に在宅医療が何らかの事情で不可能な場合に入院できる。家族が旅行などで自宅を空ける場合に患者が短期間に入院することができる。

　ASIHからの訪問や投薬などのすべての医療行為は無料である。ASIHにかかる費用のすべては国が負担している。ただし，高額な抗がん剤などは，患者個人で購入しなければならないが，Swedenには高額医療費補助制度[7]があり，大きな負担とはならない。

　パリアティブ病棟に入院する場合は，一日80kr（約1,000円）が入院費として負担しなくてはならないが，どんな高度医療をどの医療施設で受けても，一日80kr以上にはならない。

福祉事務所

　在宅介護が必要な場合，SW[8]による自宅または入院病院の訪問でその人に必要な介護を計画する。自宅退院が困難な場合は，高齢者アパート，老人ホーム，特別養護老人ホームなどの紹介をする。費用は収入によって段階が決められている。

訪問介護

　各地域に公共のものからプライベートの訪問介護団体が多数存在し，対象者はそこから選ぶ。内容は，日常的な介護ケアから代行買い物や買い物の付き添い，散歩の付き添いなど多種におよび，24時間対応である。薬局での薬の受け取り[9]もできる。受けている介護に不満がある場合は，福祉事務所を通して解約し，新しい訪問介護を受けなおすことができる。

補章　スウェーデンの地域包括ケアシステム

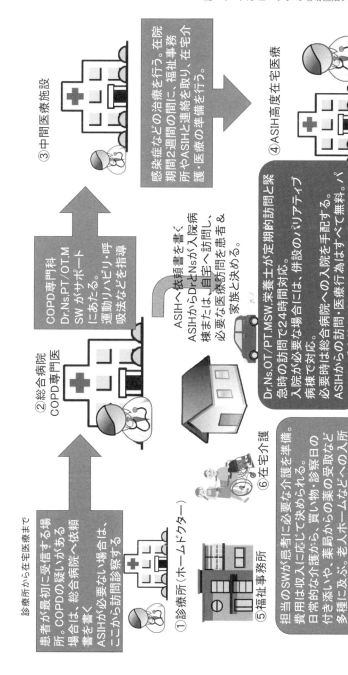

図補-1　診療所から在宅医療まで

出典：筆者作成。

243

Ⅲ　援助活動

3　活動事例

①活動の対象：氏名・Elsa　78歳　COPDおよび過去に心筋梗塞を発症およびリウマチ，喫煙者。

②活動するうえでのキーワード：「Heldygnasvård・24時間医療ケア」「Enstaka insatser・個別支援」

③活動の日時または期間：2011～2013年

④活動の場所：患者の自宅（在宅）およびパリアティブ病棟

⑤活動した人・参加した人，人数（スタッフの情報）

スタッフ編成・担当地域ごとに「Cancer Team・がんチーム」が2つと「Medicine Team・内科チーム」が2つ，合計4チームがある。チームごとにドクター1～2名，ナース（Oncology Nurseも在籍）10名，USK（Underskoterska）[10]，OTならびにPT，MSW，栄養士が配置されている。担当患者は，チーム毎に約50名で，患者ごとにプライマリーナースが決まっている。

⑥活動の内容

1）パニックから始まった出会い

Elsaとの最初の出会いは，中間医療施設の老年期病棟病室での面会からである。COPD外来の専門医と老年期病棟の担当医師からASIHに依頼書が送られてきて，ASIH内科チームのドクターとASIHのナースが入院施設に面会に行った。

酸素吸入を常にしていないとベッドから椅子への移動もできず，トイレ介助にはトイレ用の車いすで2人がかりの移動とADLに大きな制限があった。ただし，これは肺の感染症による一時的な悪化であると診断されており，治療後はADLにもさほど影響はないだろうと依頼書には書かれていた。

「まずは，家に帰ってからじゃないと何もわからない」とElsaの一言目である。総合病院から中間医療施設に移り，在宅介護の準備やそのためのミーティングで78歳の身には，何が何だかさっぱりわからないと必死に訴えていた。これは，どんな年齢層でも重篤な疾患に陥った患者ではみられる。私たちはとりあえず，ASIHの緊急電話番号の書いてあるパンフレットと退院後2日目の訪問を予約し，

その施設を後にした。

　退院後，Elsa はまだひどく混乱しており，まずはホームヘルパーの介護が始まる時間の前に毎日訪問し，呼吸状態のチェックと酸素濃縮器の操作の説明に重点を置いた。Elsa はヘビースモーカーだったので，酸素濃縮器設置によって喫煙ができなくなることが大きな負担だったが，火事の危険性と自分の呼吸状態を理解してもらうための目的が中心の訪問ともいえた。栄養状態が悪く，呼吸困難に伴う体力の消耗がひどかった Elsa は栄養士の訪問で，ラクトースアレルギー対応の経口高カロリージュースを処方され，それを使ってホームヘルパーがデザートを作り食事もとり始めることができた。2週間の定期訪問の後，ホームヘルパーの介護時には，酸素もつけず投薬も必要ではなくなったため，ASIH からの訪問は週に1回になった。

　2）一人暮らしと呼吸困難

　ASIH からの定期訪問にも慣れてきたころ，ホームヘルパーが洗髪をする火曜日には朝一番の ASIH からの訪問を予定して，呼吸困難が起こらないように皮下注射を受け，その後にホームヘルパーの洗髪介護を受けるというシステムを Elsa 自身が計画し始めるようになった。また，友人と食事をする予定の日は「今日は，Carin が家に来るから，15〜16時ごろ注射をお願いしたい」と，酸素チューブにつながれ，行動を制限されていながらも，自分の生活を満喫している様になってきた。日によっては，酸素吸入も夜間だけで大丈夫になり，COPD 外来でのリハビリを続けることができた。

　COPD は決して良くはならない疾患である。ASIH の訪問を受けている間にも，何度も感染症となり，心不全による浮腫みや動悸などが発症したが，体調のバランスを取りながら，在宅で介護と医療を受けていた。一時，心不全が悪化したときは，ASIH の医師の診断により救急車を要請し，循環器内科に入院になることがあった。退院した後に「入院したときは，本当につらかった。もう入院は絶対にお断りだ！」と入院による不満を声高々に怒りをぶつけてきた。

　以前のように COPD 外来に行ってリハビリを受けることもできなくなった Elsa にとっての楽しみは，なかよしのホームヘルパーとのおしゃべりと友人との食事だった。もちろん，食事予定の日は「いつもの呼吸の注射をお願い！」と前日に訪問の予約を入れてきた。このころから，Elsa からの呼吸困難を訴える

Ⅲ　援助活動

緊急電話が入るようになり，夕方や夜間の訪問が増えたが，これは，呼吸困難を起こしている可能性とともに，「寂しい呼吸困難」とも言われている緊急の呼吸困難の注射が必要なのではなく，呼吸機能の低下に伴い，不安が増強してくるものによる場合がある。その場合に毎回注射を打っていたのでは，解決にならないと考え，まずは状況を電話で確認し（どのくらい電話で会話が続けられるのかも呼吸状態をチェックする指標である），Elsa の自宅に行くまでの間に「自分で吸入器から気管支拡張の薬を吸引しておく」という形に持っていく対策をとった。ナースが自宅についたときには，吸入は終わっており，その時点での呼吸状態を確認する。Elsa の場合も，注射なしで吸入器からの投薬だけで済むことが多くなった。

3）最期はソファーで

Elsa の最期は自宅だった。呼吸困難と心不全のため，自宅のボロボロになったソファーからほとんど動かず，訪問時に「パリアティブ病棟に移ったほうが，スタッフも常にいるしいつでも介助が受けられる」と言っても「私は家から離れたくない」と断り続けていた。ホームヘルパーの訪問は昼夜合わせて 8 回，ASIH からの定期訪問は午前と午後の 2 回に加え，夜間 1 回に増え，それに Elsa 自身からの緊急電話が夕方から夜間は少なくとも 1 回はあった。最後に私が訪問したときは，夜勤に代わる前の定時訪問時ソファーで丸くなった背中をもっと丸めてチェーンストーク様の呼吸をしており，Elsa に残された時間の短さを示していた。当直医と連絡を取ったうえで，救急車での搬送は搬送中に亡くなる危険性が高いことと，搬送による身体的負担を考え，そのまま自宅で様子を見ることとした。一人暮らしの Elsa には家族はなく，そばに誰もいないことはできない状態なので，ホームヘルパーと連絡を取り夜勤のホームヘルパーが来るまで私がそばについていた。その後，呼吸困難に対する注射を受けた Elsa をホームヘルパーに託し，夜勤への引継ぎのために病院へ戻った。

夜勤ナースが再び Elsa の自宅へ出発したと同時に，ホームヘルパーから「たぶん，息をしていないと思う」との緊急電話が入り，夜勤ナースとホームヘルパーがいるなか，Elsa は息を引きとった。

ホームヘルパーは医療者ではないので，臨終時の患者の様子がどうなるかは事前に説明し「不安になったり，不確かな事態になったらいつでも緊急電話をするように」と言い，夜間担当の 2 人のホームヘルパーは，Elsa の両脇に座り，彼

女の手を握ったままソファーに座って見守っていた．

　Elsa は病院のベッドでの酸素吸入，心電図監視などのない自宅の古いソファーで亡くなったが，それが彼女の望む最期だったのである．

　死亡診断は，死亡診断の知識を持ったナースが時間を記録し，医師と連絡をとる．医師がすぐに来訪できない場合には，異常死でないかぎりは死後の処置を始める．医師が訪問して患者の死を確認したのちに医師は死亡診断書を書くが，死亡時刻はナースが確認した時間になることがほとんどである．遺体は遺体専門の搬送会社に連絡を取り，霊安室を備えている ASIH 病院または総合病院へ搬送する．家族がある場合には，家族の希望で，死亡確認後一晩を自宅で過ごした後，搬送する場合もよく見られる．遺体搬送時には，かならず ASIH のナースが同乗し，遺体の確認をした後に搬送会社の職員に引き継ぐ．

　家族は亡くなった患者が病院のベッドではなく，自宅の自分自身のベッドで寝ているのをみて「本当にただ寝ているみたい」と患者の死を振り返りながら，よく言われる．

　ASIH では，COPD 以外にもがん患者やその他の治癒困難な疾患を抱えた方々に Elsa と同じようなかかわりを持っている．しかし，決して同じケアや医療行為にはならない．

　息子のサッカーの試合を応援したいと願うがんに侵された年若い父親のために，救急隊員と交渉し，救急車搬送で息子のサッカーを見に行った日もあれば，パリアティブ病棟で「どうしてもウイスキーが飲みたい」という70歳の男性が，車いすに座りベランダでウイスキーを味わった次の朝に亡くなったということなど，毎日が予測不可能な出来事にあふれている．

　医療者が「こうあるべき」という医療を提供するのではなく，患者自身が「こうしたい」を支えるために地域の福祉ケアと連結し，専門外来やその他の医療組織と協力し，高度在宅医療を提供しているのが，ASIH・パリアティブ病棟という機関である．

Ⅲ 援助活動

4 課題と展望

団体として活動するうえに課題となること

　福祉の国，豊かな国，北欧Swedenと日本ではよく耳にすることが多いと思われる。日本からの視察団もよく訪れる。

　1）本当に豊かなのか？

　日本は消費税が8％に引き上げられ，多くの新聞での紙面を飾ったことと思われる。ここ福祉の国または，税金の国Swedenは消費税が12〜25％，所得税が13〜42％[12]である。それだけの税金を払っていれば，福祉医療が充実して当然と思われる方が多いかもしれないが，税金の行方については，非常にシビアな国である。医療施設は国から出た予算のなかで，目標とされている患者数をこなせば，そのままの予算が次年度にもらうことができるが，目標数に達しなかった場合は，予算を削られる現実がある。

　2014年度の調査では，パリアティブ病棟ではASIHからの患者が多く入院を必要とし，入院患者は常に満床の状態になっていた。その結果，政府は，パリアティブ病棟は総合病院または救急外来への難病・がん患者等の利用を減らし，医療費削減への貢献ができたと判断[13]。一方で，ASIHがんチームは受け持ち患者数が目標数に到達していないと報告され，185ミリオンクローナの予算のうち，2016年度は予算を20ミリオンクローナ減らされる（主な節約は人件費削除につながる）事態になった。

　反対にASIH内科チームは予算削減を逃れた。この背景には，がん患者の他にCOPDや心臓・肺疾患患者もおり，内科チームでの受け持ち患者数が増えたものの，反対にがんチームでの受け持ち患者数が結果少なくなったことからも派生している。

　つまり，数値的（残念ながら，患者の重篤度や医療の難易度などは考慮されない）に医療費削減に貢献していなければ，来年度の予算を削られるという仕組みになっているのである。

補　章　スウェーデンの地域包括ケアシステム

これからの活動予定

　まずは，大きな課題の予算削減に対しては，ASIH のがんチームのドクターと管理職の看護部チーフが予算会議のメンバーでもあるので，そこで ASIH がんチームの経済的貢献度を訴え予算削減の悪影響を少なくする努力をしていく。その予算会議に最初に出された報告書とその後の展開を示す報告書は，随時スタッフのメールボックスに転送され，スタッフ全員がその経過を知ることができ，スタッフからも予算削減時のアイデアを常に受けつけている。「医療機関に勤務しているから，予算のことを考えずに患者のことだけを考えればいい」という時代は過去のものになっている。

　どの薬品を使うか，どの瘡ケア，ストマケア用品等々を採用するかも経費削減のひとつである。経費の無駄を抑えることで，在宅医療の質を落とすことなくASIH の活動を続けることが可能となってくるのである。現場スタッフからのインシデントレポートも，政府に訴える手段の一つでもある。[14]

　そして，ASIH の存在意義を研究結果として，数値で常に表し政府に訴えていくことも大きな要となっており，患者の QOL アンケート調査は毎年 Stockholm 県内のすべての ASIH 機関で行われて報告されている。内科チームの医師は Karolinska 医療大学と合同研究を行い，COPD と心不全患者の「ASIH が介入する前と後との医療費の変化」を研究発表し，[15] ASIH 介入により救急外来受診の減少と総合病院入院の減少を証明し，政府に訴えていた。

5　Sweden の医療全休の問題と展望

　Sweden では，2010年に Vårdvalsreformen（医療選択改革）というものが始まった。内容は，今までは地域ごとで診療所や保健所または在宅介護・在宅医療の機関が決められていたのに対し，「個人（患者）が自分で診療所その他の医療・福祉機関を選択して，そこからのサービスを受ける自由がある」といったものである。今までは，東京都文京区の文京診療所や文京区内にある在宅医療しか利用できなかったが，江戸川区の診療所や在宅医療を希望すれば受けることができる，といったものと同様である。職場の近くの診療所を利用したり，プライベートの

Ⅲ　援助活動

介護団体を試してみたりということが可能になったということである。

　ただし，この改革では今までになかった問題が顕著となっている。問題点を簡単に表すと以下のようなことが言える。

1）利用率の上昇に伴った，医療待ち時間の延長

　特に，救急外来にインフルエンザや風邪の患者が殺到して，本来救急医療が必要な患者への対応がさらに遅れるといった悲劇が起こっている。

2）本当に介護医療が必要な人が選んでいない

　認知症協会会長のスティーナ・クララ・ヒューストルムは新聞社からのインタヴューで「医療改革は，健康でたくさんの選択肢から選ぶ余力のある人のためにあるようなもの。認知症患者や重度の多疾患り患患者は，120以上もある医療施設福祉施設から選ぶこともできない」とこの医療改革は「En Fars =（悲劇的な）喜劇」であると見解を述べている。

3）患者が本当に選んでいるわけでもない。そこからくる非効率性。

　ASIHに限って言えば，同じアパートに住む3世帯別々の患者のところへ他地域から3つのASIHのドクターまたはナースの訪問が重なったことが起こった。これは，患者がそれぞれ別のASIHを希望した結果ではなく，ASIHへの依頼書が出された時点で受け入れ可能なASIHが患者を順次受け入れた結果である。一人の患者は緊急アラームを鳴らせば，15分以内にはナースが訪問するASIHに対し，他の患者は30分から1時間弱かかるASIHにかかっているという非効率な在宅医療が起こってしまったのである。

　2015年は「医療選択改革」が始まってから5年目であり，現在盛んに議論批判が行われている。それは，政治家や有名なコメンテーターの議論だけではなく，患者家族会や認知症団体など非営利団体からの「生の声」が大きくなってきている。患者中心の医療福祉を唱えてきたSwedenがこの改革の問題点を踏まえたうえでさらに「改革」することは，決して非現実的な夢ではないと，思う。

注
　1）　パリアティブ病棟とは，「症状緩和病棟」の意であり，日本でよく言う「疼痛緩和病棟」に近いものである。大きな違いは，がんの疼痛緩和だけではなく，肺・心疾患から難病におけるあらゆる症状を緩和することを主とした病棟である。ホスピスとも違い，入居型の病棟ではなく，患者や家族が在宅を望む場合には，ASIHという高度在宅医療に切り替え

補　章　スウェーデンの地域包括ケアシステム

　　る。パリアティブ病棟は，何らかの事情で在宅が困難な場合の患者が入院する場所である。
2)　PT（Physical therapist）：理学療法士，鍼療法やマッサージの資格を持つ者も多い。OT（Occupational therapist）：作業療法士，在宅医療では家の改築や補助器具の選択を任されている。
3)　MSW（Medical social worker）：医療施設ケースワーカー，ASIH や専門外来に勤務する MSW は心理療法の資格を持つものも多い。
4)　SW・ケースワーカー，福祉事務所に勤務する SW は MSW とは専門が異なり，在宅介護や福祉ケアを提供するための職業であり，社会福祉士と訳されることが多い。児童ケースワーカー，老年期ケースワーカーなど専門分野がそれぞれあり，部署を移動することはほとんどない。
5)　ただし，症状によっては電話対応で済ませることもある。現実は，30分以内で行けるときもあれば，準備などで１時間かかることもある。緊急電話は，コーディネーターナースもしくは ASIH ナースが対応し，まずは患者の状態の緊急度を判断することから始まる。
6)　PTSD（Post Traumatic Stress Disorder）：心的外傷後ストレス障害。EU 同盟国のなかでは，次々と難民受け入れを拒否しているなか，ドイツと Sweden だけが受け入れをつづけている。
7)　医療費1,100kr（約１万7,000円），医薬品費2200kr（約３万3,000円）で最初の受診日から換算して，１年間医療無料カードが配布される。通院が困難な患者の場合は，一般のタクシーでも割安に乗れる病院タクシーカードを配布されることもある。
8)　中間医療施設文中の注（4）を参照。
9)　ホームヘルパーへの連絡ボタンが支給され，ボタンを押すだけでホームヘルパーが来てくれるようになっている。ホームヘルパーがすぐにこられない場合は，まずは電話連絡をとることが原則である。一人暮らしの患者の様態が悪化し，患者自身が ASIH などへ電話をできないときに，ホームヘルパーの連絡ボタンが押され，ホームヘルパーから ASIH や病院へ連絡が行くこともある。
10)　USK（Underskoterska）：準看護師だが，日本の准看護師とは異なる。採血はできるが，投薬注射などの医療行為は，ナースの責任下そして指導下でそれぞれができる範囲が厳密に決められている。USK はナースと異なり，病棟での患者ケアにかかわる時間が多く，褥瘡ケアの専門コースを受けている者や，ICU 勤務経験があり，ICU 治療の一端を担っているものなど，それぞれのレベルに違いがある。
11)　酸素濃縮器は室内の空気を取り込み，酸素だけを抽出し送りだす器械のこと。酸素濃縮器や酸素ボンベを自宅に設置する際には，ガスコンロを電気式に変更したり，火事のときに消防隊に機器があることを示す夜光塗料性の表札も県または地方公共団体から援助が出て行われる。
12)　消費税は，対象品によって税率が変わる。所得税も所得額により，13％から42％まで４段階で設定されている。大学などで勉強をしている学生や年間所得が18,824kr（約28万）以下には所得税がかからない。
13)　パリアティブ病棟入院は，ASIH 受け持ちの在宅患者が対象であるが，パリアティブ病棟が満床＝総合病院には他の疾患の患者を受け入れることができるという解釈になる。ただし，パリアティブ病棟満床は「ASIH での在宅患者受け持ち数が減少」という ASIH 受け持ち数が減ることにもつながる。以前はパリアティブ病棟の患者数と ASIH 受け持ち患者数を合計して予算が出ていたが，分けたことにより，ASIH も病棟も患者を常に過剰気味に受け持たないといけない状況を生み出している。
14)　予算削減によるインシデントレポートも現場のナースから出されている。「前くらいの

Ⅲ　援助活動

予算があれば，この機材を使いここまでよくできたのに今はできない」なども重要なインシデントである。
15) Sweden 国内で行われた第 3 回パリアティブ学会（2014年）にて発表。

（Biro　光子）

参考文献

第1章
E. H. エリクソン（西平直・中島由恵訳）『アイデンティティとライフサイクル』誠信書房，2011年．
国立社会保障・人口問題研究所編『地域包括ケアシステム――「住みなれた地域で老いる」社会をめざして』慶應義塾大学出版会，2013年．
高橋紘士編『地域包括ケアシステム』オーム社，2012年．
筒井孝子『地域包括ケアシステム構築のためのマネジメント戦略――integrated care の理論とその応用』中央法規出版，2014年．
日本看護協会編『平成26年版 看護白書』日本看護協会出版会，2014年．
宮本太郎編『地域包括ケアと生活保障の再編――新しい「支え合い」システムを創る』明石書店，2014年．

第2章1節
厚生労働省「人口動態統計」．
厚生労働省「簡易生命表」．
厚生労働省「完全生命表」．
厚生労働統計協会（2015）『国民衛生の動向2015/2016年版』．
国立社会保障・人口問題研究所「日本の将来推計人口（2012年1月推計）」．
総務省「国勢調査報告」．
総務省「2014年10月1日現在推計人口」．

第2章4節
厚生労働統計協会編著『国民衛生の動向2015/2016』厚生労働統計協会，2015年．
松浦尊麿『保健・医療・福祉の連携による包括的地域ケアの実践』金芳堂，2002年．
日本痴呆ケア学会編著『痴呆ケアにおける社会資源』ワールドプランニング，2005年．

第4章3節
OECD「医療の質レビュー――日本スタンダードの引き上げ 評価と提言」5 November，2014．www.oecd.org/.../Review of HealthCareQualityJAPAN
内閣官房「社会保障制度改革国民会議報告書」（平成25年8月6日），http://cas.go.jp/seisaku/syakaihosyou/
日本看護協会編『平成26年版 看護白書』日本看護協会出版会，2014年．

第8章4節
大橋謙策・白澤政和『地域包括ケアの実践と展望――先進的地域の取り組みから学ぶ』

中央法規出版，2014年。

田中滋監修『地域包括ケアサクセスガイド』メディカ出版，2014年。

東京大学高齢社会総合研究機構編『地域包括ケアのすすめ——在宅医療推進のための多職種連携の試み』東京大学出版会，2014年。

日本看護協会『看護白書　地域包括ケアシステムと看護（平成26年版）』日本看護協会出版会，2014年。

馬場園明・窪田昌行『地域包括ケアを実現する高齢者健康コミュニティ』九州大学出版会，2014年。

第10章 2 節

厚生労働省「障害福祉計画」。

西東京市「障害福祉計画」。

田中英樹『精神障害者の地域生活支援』中央法規出版，2001年。

山﨑順子・六波羅詩朗編『地域でささえる障害者の相談支援』中央法規出版，2006年。

第11章 1 節

岩崎恭典「地域コミュニティ——『地域自治組織』から『小規模多機能自治』へ」『ガバナンス No. 148　2013年 8 月号』所収，ぎょうせい，2013年。

岩崎恭典「地域コミュニティの構想力・計画力」『ガバナンス No. 173　2015年 9 月号』所収，ぎょうせい，2015年。

第11章 2 節

大橋謙策・白澤政和『地域包括ケアの実践と展望——先進的地域の取り組みから学ぶ』中央法規出版，2014年。

竹端寛『自分たちで創る現場を変える地域包括ケアシステム』ミネルヴァ書房，2015年。

東京大学高齢社会総合研究機構編『地域包括ケアのすすめ——在宅医療推進のための多職種連携の試み』東京大学出版会，2014年。

日本看護協会『看護白書　地域包括ケアシステムと看護（平成26年版）』日本看護協会出版会，2014年。

（公財）日本都市センター編『地域包括ケアシステムの成功の鍵——医療・介護・保健分野が連携した「見える化」・ヘルスリテラシーの向上』2015年。

補　章

Magnus Bäcklund, Ing-Britt Cannerfelt, Fredrik Sandlund: "Slutenvård I hemmet"- ASIH Långbro Park, nu och I frantiden: Socialmedicinsk 1/2013.

Daniel Erlandsson, Fredrik Sandlund: Vård I livets slutskede: Stockholms Läns Landsting 20150623.

Anna Häger Glenngård, ekonomie doktor i företagsekonomi, Ekonomihögskolan vid

Lunds universitet: Primärvården efter vårdvalsreformen: sns förlag 2015 ISBN 978-91-86949-66-2.

"Vårdvalsreformen gynnar rika och friska（医療選択改革は，健康で金持ちの人々が活用する）" Expressen 11 nov 2014.

Magnus Bäcklund, Jacob Ek: "Avencerad sjukvård i hemmet för KOL och hjärtsvikten kostnadsanalys". Krolinska institutet, ASIH Långbro Park, 3: e Nationella Konferensen i Palliativ Vård 02-04-2014.

Susanne Lind, RN, M Sc, PhD student, Palliative Research Centre, Ersta Sköndal University College and Ersta Hospital: "Quality indicators for palliative care and end-of-life care a review of Swedish policy documents" *BMJ Support Palliat Care doi : 10.1136/bmjspcare-2012-000390.*

Maja Holm R. N. M. Sc. 1, 2, Anette Henriksson R. N. PhD. 1, 2 Ida Carlander R. N. PhD. 2, 3, Yvonne Wengström R. N. PhD. 1, Joakim Öhlen R.N. PhD. "Preparing for family caregiving in specialized palliative home care: an ongoing process." Palliat Support Care 2015 Jun; 13（3）: 767-775.

索　引

あ

ICF モデル　*146*
ICT 化　*26*
ICD-10　*144*
アイデンティティ（自我同一性）　*174*
アウトカム評価　*24*
アウトリーチ事業　*152*
アウトリーチ推進　*159*
亜急性期　*94*
ACT　*149, 159*
ASIH（高度在宅医療）　*240*
アルツハイマー型認知症　*213*
安全・安心　*96*
医業　*58*
医行為　*59*
医師法　*49, 56*
異状死体等の届出義務　*60*
5つの構成要素　*12*
一般急性期　*94*
いのちの教育　*195*
医療　*2, 7*
医療介護総合確保推進法　*9*
医療介護総合確保促進法　*9, 80*
医療監視員　*55*
医療計画　*24, 56, 91*
医療事故　*51*
医療事故調査・支援センター　*51*
医療助成制度　*41*
医療選択改革　*250*
医療費削減プロジェクト　*240*
医療費助成制度　*41*
医療費無料制度　*46*
医療法　*49*
医療法人　*56*
医療保険　*41*
医療保護入院　*158*
インスリンの管理　*215*

インフォーマルサービス　*19*
インフォーマルな社会資源　*43*
インフォームド・コンセント　*48, 50, 134*
エイジング・イン・プレイス　*7*
NDB　*25*
MCI　*6*
エンドオブライフ・ケア　*168*
応招義務　*59*
オープンカンファレンス　*197*
オープンダイアローグ　*147*
オタワ憲章　*112*

か

介護　*7*
介護給付　*78*
外国人技能実習制度　*235*
外国人専門職　*235*
介護支援専門員（ケアマネジャー）　*78, 114*
介護認定審査会　*78*
介護福祉士　*72*
介護保険事業計画　*24, 169*
介護保険法　*76*
介護保険法改正　*47*
介護予防　*208*
介護予防事業　*77*
介護予防訪問介護　*78*
買い物バス　*232*
カウンセリング　*144*
家族介護力　*36*
家族形態　*5*
家族療法　*147*
課題整理総括表・評価表　*25*
学校看護　*114*
がん（悪性新生物）　*127*
がん看護　*131*
看護師　*62*
看護師業務　*98*

257

看護小規模多機能型居宅介護　38
がん性疼痛　131
がん性疼痛緩和のガイドライン　133
がん性疼痛治療法　133
感染症　67
感染症病床　53
感染症予防医療法　67
がん対策推進基本計画　135
緩和ケア　131
危機介入包括支援体制　151
危機理論　145
基金　11
機能強化型訪問看護ステーション　39,107
協会けんぽ　75
共助　21
居住安定計画　104
組合健康保険　75
クライシスマネジメント　28
グループワーク　228
ケア付きコミュニティ　14,15
ケアマネジャー　167
結核病床　53
現業員　70
健康　3
健康寿命　5
健康政策　88
健康日本21　88,117
健康保険組合　75
言語聴覚士法　47
権利擁護　81
高額医療費補助制度　242
後期高齢者人口　33
口腔機能低下予防　121
合計特殊出生率　30
公衆衛生看護　113
公助　21
向精神薬　144
構造設備基準　54
公的医療保険制度　76
高度急性期　93
後発医薬品（ジェネリック）　104
高齢化率　6,33,162

高齢者健康コミュニティ　236,237
高齢者総合的機能評価　165
高齢入院患者地域支援事業　151
コーディネーター　155
コーディネート力　156
国際障害分類（ICDH）　164
国際生活機能分類（ICF）　164
国民医療費　104
国民医療福祉総合対策本部　36
国民皆保険　74
国民健康保険　75
5事業　91
5疾患　91
互助　21
五大疾病　143
5W2H　27
子ども・若者育成支援推進法　225
コミュニケーション能力　233
コレクティブハウジング　5
根拠に基づく医療の実施（EBM）　135
コンサルテーション精神医学　147
コンプライアンス意識　233

さ――――
サービス付き高齢者向け住宅　5,104
在宅医療　33
在宅医療専門クリニック　192
在宅医療連携拠点機能　169,171
在宅介護支援センター　219
在宅看護　114
在宅緩和ケア　136,192
在宅酸素療法　211
在宅ホスピス専門診療所　198
在宅療養支援診療所　139
査察指導員　70
産業看護　114
産後ケア事業　178
三次医療圏　56
CCRC　5,236
シームレス　166
Geriatlic病棟（老年期病棟）　241
支持的精神療法　144

索　引

自助　20
自宅死亡率　223
市町村計画　80
市町村保健センター　67
児童虐待　178
死の質（QOD）　168
死亡率　33
社会資源　40
社会的包摂　159
社会福祉基礎構造改革　49
社会福祉士　72
社会福祉士及び介護福祉士法　47,71
社会福祉事業　69
社会福祉法　47,69
社会福祉法人　71
社会福祉六法　70
社会保障制度改革国民会議報告書　36
社会保障制度改革推進法　8
社会保障制度改革プログラム法　9
社会保障と税の一体改革　106
若年無業者　224
周産期医療施設　178
住宅政策　103
終末期医療　168
手術療法　129
主要死因別　96
主要4死因　128
准看護師　62
障害者基本法　48
障害者雇用促進法　159
障害者自立支援法　151
障害者総合支援法　151
小規模多機能型居宅介護　138,220
掌薫療法　59
証明文書交付義務　60
職場外訓練（OFF-JT）　4
職場内訓練（OJT）　4
初婚年齢　176
助産師　62
助産所　178
処方せん交付義務　61
自立支援医療費制度　41

人員配置基準　54
新オレンジプラン　7
新健康フロンティア戦略　118
人工肛門の造設　210
人口ピラミッド　29
審査支払機関　74
診療記録　55
診療所　51
診療報酬　106
診療録の記載・保存義務　61
健やか親子21　180
ストラクチャー評価　24
ストレス対処力（SOC）　229
ストレスチェック　228
ストレス理論　144
ストレングス　146
ストレングスモデル　164
性アイデンティティ　174
生活困窮者自立支援法　160
生活支援員　85
生活習慣病　117
生活の質（QOL）　168
生産年齢人口　87
精神科医療　149
精神看護学　143
精神健康調査（GHQ）　229
精神障害者アウトリーチ推進事業　155
精神障害者地域移行・地域定着支援事業　150
精神的健康　143
精神病床　53
精神保健医療福祉の改革ビジョン　149
精神保健福祉士　73
精神保健福祉士法　47,73
成人保健分野　116
精神療法　144
成年後見制度　82
成年被後見人　83
生物心理社会モデル（BPSモデル）　144
世界保健機関（WHO）　164
セカンドオピニオン　129,134
セクシュアリティ　175
絶対的欠格事由　57

259

セルフケア能力　113,151
前期高齢者人口　33
全国健康保険協会　75
専門員　85
専門看護師（CNS）　147
専門看護師制度　25
総合確保方針　11,80
総合周産期母子医療センター　178
相対的欠格事由　57
ソーシャル・インクルージョン　159
ソーシャルワーカー　114
組織化　120,152

た
第１号被保険者　77
第１次予防　145
第一種社会福祉事業　69
退院調整看護師　114
対応サービス　96
第３次予防　145
対人関係療法　144
第２号被保険者　77
第二種社会福祉事業　69
第２次予防　145
唾液アミラーゼモニター　228
多職種協働　6
多職種チーム　147,203
団塊の世代　29
地域移行支援　154
地域医療　115
地域医療構想　11
地域医療支援病院　52,55
地域完結型　8
地域看護　112
地域看護活動　116
地域ケア会議　17,169
地域支援事業　11
地域自治組織　231,232
地域周産期医療施設　178
地域生活移行支援　206
地域生活移行推進員　202
地域生活定着支援　206

地域定着支援　154
地域における若者自立支援ネットワーク整備モデル事業　225
地域ネットワーク　205
地域の特性　27
地域福祉　231
地域福祉計画　24
地域包括ケア圏域　8
地域包括ケア研究会　7
地域包括ケア研究会報告書　12
地域包括ケアシステム　9,12
地域包括ケア病棟　106,166
地域包括支援センター　21,171
地域保健法　66
地域連携クリティカルパス　135
地域若者サポートステーション　225
小さな拠点　232
地方消滅　233
超高齢社会　162
DSM-5　144
DPC　25
定期巡回　96
定期巡回・随時対応型訪問介護　37
定期巡回・随時対応型訪問介護看護　8
デイサービスセンター　219
デスカンファレンス　197
疼痛マネジメント　133
特定機能病院　52,55
特定疾病　77
特定保健指導　120
特別徴収　78
都道府県計画　80
都道府県保健所　113

な
ナイチンゲール看護論　145
難民児童ケア　242
二次医療圏　56
2025年問題　233
日常生活自立支援事業　84
担い手　4
日本再興戦略　26

索　引

入院医療　106
任意後見　83
認知行動療法　144
認知症家族会　122
認知症ケアパス　7
認知症初期集中支援チーム　25
認知症有病率推定値　6
ネウボラ　184
年齢調整死亡率　128

は ──────────

バーンアウト　148
発達課題　174
ピアサポーター　154
ピアサポート　155
PDCAサイクル　16, 27, 117
被保佐人　82
被補助人　82
秘密漏示罪　61
病院　51
病院医療　115
病院完結型　8
評価体制　24
被用者保険　75
病床区分　53
病床数　98
ファシリテーション能力　233
フォーマルサービス　19
フォーマルな社会資源　43
複合型サービス　37
福祉　2
福祉サービス利用援助事業　84
福祉事務所　70
普通徴収　78
プライマリーケア　52
プライマリーナーシング　178
プロセス評価　24
平均出産年齢　177
平均寿命　29, 30
紅療法　59
ヘルスプロモーション　101, 112, 175
ヘルスプロモーション活動　117

防災　235
放射線療法　129
法人　56
法定後見　82
法定雇用率　159
訪問介護　96
訪問看護　36, 96, 208
訪問看護アクションプラン2025　38
訪問看護ステーション　101, 114
訪問看護制度　36
保健　2
保健医療機関　74
保険給付　78
保健師　62
保健師助産師看護師法　49, 62
保健指導の義務　61
保健所　66
母子健康手帳　186
母子保健コーディネーター　186, 188
母子保健分野　116
ホスピス　130
母性　173
母性看護　173
ホテル・コスト　80
ボランティア　167

ま ──────────

マイナンバー　235
マクロの地域ケア会議　19
マタニティハラスメント　176
慢性期　94
慢性閉塞性肺疾患（COPD）　240
見える化　17
「見える化」システム　24
ミクロの地域ケア会議　19
未婚率　176
民生委員　121, 220
無床診療所　51
メタボリックシンドローム　117, 120
メディカル・ソーシャルワーカー　167

261

や─────────────

薬物療法 *144*
薬物療法（化学療法） *129*
有害事象 *130*
要介護認定 *78*
養護教諭 *114*
予防給付 *78*

ら─────────────

ライフサイクル *5*
リエゾン *147*
リカバリー *146*
リスクマネジメント *28*
リピーター医師 *57*

リプロダクティブ・ヘルス *173*
療養病床 *53*
臨床研修 *58*
レジリエンス *148*
連携・協働 *3,120*
老人看護 *162*
老人福祉計画 *24*
老人福祉法 *46*
老人保健施設 *46*
老人保健法 *46,48*
労働衛生関係法規 *114*
老年人口指数 *32*
ロボット介護機器 *26*

《執筆者紹介》(所属,執筆分担,執筆順,＊印は監修・編者)

＊宮﨑 徳子(監修者紹介参照：まえがき・第4章1〜2)

＊立石 宏昭(編著者紹介参照：第1章)

工藤 安史(四日市看護医療大学看護学部一般基礎講師：第2章1)

＊豊島 泰子(編著者紹介参照：第2章2〜3・第5章1〜2)

井倉 一政(三重県立看護大学地域在宅看護学助教：第2章4)

横藤田 誠(広島大学大学院社会科学研究科教授：第3章)

小川 惠子(社会福祉法人聖霊病院金沢聖霊病院看護部長：第4章3)

鈴木 みちえ(順天堂大学保健看護学部客員教授：第5章3〜4)

岩本 淳子(天理医療大学医療学部教授：第6章1〜2)

石賀 丈士(いしが在宅ケアクリニック院長：第6章3〜4・第10章1)

水野 正延(四日市看護医療大学副学長・地域研究機構看護研究交流センター長：第7章1)

萩 典子(四日市看護医療大学看護学部精神看護学教授：第7章2)

井上 清美(元姫路獨協大学看護学部公衆衛生看護学教授：第7章3〜4)

小松 美砂(三重県立看護大学老年看護学教授：第8章1〜3)

東川 薫(四日市看護医療大学看護学部一般基礎教授：第8章4・第11章2)

落合 富美江(四日市看護医療大学看護学部母性看護学教授：第9章)

山口 さおり(医療法人社団薫風会山田病院医療連携・相談室室長：第10章2)

福本 美津子(有限会社「だいち」,ナーシングホーム「もも」代表：第10章3)

鈴木 廣了(四日市市北地域包括支援センター・センター長：第10章4)

大西 信行(四日市看護医療大学看護学部精神看護学准教授：第10章5)

岩崎 恭典(四日市大学学長・総合政策学部教授：第11章1)

ビロー 光子(Langbro Park ASIH（Avancerd Sjukvard I Hemmet）ロングブロパルク高度在宅医療：補章)

《監修者紹介》

宮﨑德子（みやざき・とくこ）
 国立東京第一病院付属高等看護学院卒業
 佛教大学社会福祉学科卒業
 常葉学園大学大学院国際教育専攻
 国立福井大学医学部精神医学講座博士課程満期退学
 元・国立福井大学医学部看護学科教授
 現在 四日市看護医療大学特任教授
 主著 『よりよい看護実践能力の育成をめざして』（共著）メヂカルフレンド社，1983年。
    『臨床実習指導要領の活用と実際』（共著）日総研出版，1985年。
    『臨床看護事典』（分担執筆）メヂカルフレンド社，1990年。
    『事例を用いた高齢者の看護過程の展開』（共著）廣川書店，2000年。
    『保健・医療・福祉ネットワークのすすめ（第3版）』（編著）ミネルヴァ書房，2010年 ほか

《編著者紹介》

豊島泰子（とよしま・やすこ）
 大阪厚生年金看護専門学校（現，大阪病院附属看護専門学校）卒業
 奈良県立保健学院卒業
 佛教大学教育学部教育学科・社会学部社会福祉学科卒業
 聖隷クリストファー大学大学院看護学研究科看護学専攻修了
 神戸大学大学院医学系研究科保健学専攻博士後期課程（保健学）修了
 現在 四日市看護医療大学看護学部 地域・在宅看護学教授
 主著 川野雅資監修『看護学実践 地域看護学』（編著）ピラールプレス社，2013年。

立石宏昭（たていし・ひろあき）
 東北福祉大学社会福祉学部社会教育学科卒業
 福岡県立大学大学院人間社会学研究科福祉社会専攻修了
 九州保健福祉大学大学院社会福祉学研究科修了・博士（社会福祉学）
 現在 九州産業大学国際文化学部臨床心理学科（精神保健福祉コース）教授
 主著 『地域精神医療におけるソーシャルワーク実践』（単著）ミネルヴァ書房，2010年。
    『社会福祉調査のすすめ（第2版）』（単著）ミネルヴァ書房，2010年。
    『保健・医療・福祉ネットワークのすすめ（第3版）』（編著）ミネルヴァ書房，2010年。
    『福祉系NPOのすすめ』（編著）ミネルヴァ書房，2011年 ほか

地域包括ケアシステムのすすめ
——これからの保健・医療・福祉——

2016年4月15日	初版第1刷発行	〈検印省略〉
2018年1月30日	初版第2刷発行	

定価はカバーに
表示しています

監 修 者	宮　﨑　徳　子
編 著 者	豊　島　泰　子
	立　石　宏　昭
発 行 者	杉　田　啓　三
印 刷 者	中　村　勝　弘

発行所　株式会社　ミネルヴァ書房
607-8494 京都市山科区日ノ岡堤谷町1
電話代表　(075)581-5191
振替口座　01020-0-8076

© 宮﨑・豊島・立石ほか, 2016　　中村印刷・清水製本

ISBN978-4-623-07526-3
Printed in Japan

―― 実践のすすめ ――

保健・医療・福祉ネットワークのすすめ〔第3版〕
宮崎徳子／立石宏昭　編著
- ヒューマンサービスの実践　　A5版美装カバー・224頁・本体2,600円

福祉系NPOのすすめ
牧里毎治　監修　立石宏昭／守本友美／水谷　綾　編著
- 実践からのメッセージ　　A5版美装カバー・214頁・本体2,400円

ボランティアのすすめ
岡本栄一　監修　守本友美／河内昌彦／立石宏昭　編著
- 基礎から実践まで　　A5判美装カバー・260頁・本体2,400円

福祉教育のすすめ
阪野　貢　監修　新崎国広／立石宏昭　編著
- 理論・歴史・実践　　A5判美装カバー・260頁・本体2,500円

子育て支援のすすめ
北野幸子／立石宏昭　編著
- 施設・家庭・地域をむすぶ　　A5判美装カバー・248頁・本体2,400円

音楽療法のすすめ
小坂哲也／立石宏昭　編著
- 実践現場からのヒント　　A5判美装カバー・224頁・本体2,200円

社会福祉調査のすすめ〔第2版〕
立石宏昭　著
- 実践のための方法論　　A5判美装カバー・188頁・本体2,000円